ちくま文庫

喫茶店の時代

あのとき こんな店があった

林哲夫

筑摩書房

はじめに

「喫茶店の時代」と題した本書は、実のところ、喫茶店の本ではない。まず、これは喫茶店案内ではないし、経営の指南書でもない。それならば、喫茶店文化史ではないのか、と問われれば、結果的にそういう性格になったことを否定するつもりはないが、文化史を編むことが目的ではなかった。そもそも、著者自身、ほとんど喫茶店というものに入らないし、本書のためにとりたてて喫茶店を訪問調査するということもしなかった。要するに、現実の喫茶店という存在あるいは現象には関わっていないのである。

本書はひとつのコレクションである。子どもたちが牛乳瓶の蓋やきれいな小石を集めるのとまったく異ならない。喫茶店という文字を見つけると嬉しくなってメモしていく。喫茶店の写真や絵もできるだけ手許にためこんでいく。そういった遊びの延長にできあがったのがこの本なのである。研究あるいは文化史と名づけるほど精密な調査もしていなければ一次資料もほとんど使っていない。この点を心得ていただいて、著者の楽しみを読者の皆様にも味わっていただければ、それ以上の幸いはないと思うしだいである。

資料収集に協力してくださった方々、参照あるいは引用した書物を著された方々にたいして尊敬と深謝の意を表する。引用は原文に忠実にと心がけたが、ルビのほとんどを省略し、旧漢字を改めた。

コーヒ店永遠に在り秋の雨　耕衣

著者

目次

喫茶店の時代

あのとき　こんな店があった

喫茶店出現まで

日本人のコーヒー初体験

日本に初めてコーヒーが入ってきたのは一七世紀末頃。オランダ人の手によって長崎出島にもたらされたというのが通説である。大淀三千風（三井友翰）の長崎旅日記『丸山艶文』（一六八四）に皐蘆《なんばんちゃ》と見えるのが初出かと考えられているが、確実にコーヒーに言及しているのは志筑忠雄の『万国管窺』（一七八二）になる。東インド会社がジャワのバタビヤでコーヒー栽培を開始するのは一七世紀のことだから皐蘆がコーヒーであってもおかしくはない。バタビヤには慶長（一五九六〜一六一五）頃から日本人も相当数移住しており、コーヒー栽培にも従事したという。[1] ただ、同じく出島料理のベグネー（衣揚げ）がテンプラとして一般化したのと違って、コーヒーの普及はかなり遅れた。その第一の理由はやはり未知の風味が敬遠されたからであろう。江戸へ参府したオランダ人幕府の役人との質疑応答を記録した『和蘭問答』(一七二四)では、唐茶（コーヒーと推定）も《煎茶挽茶共に無御座候、唐茶を調へ給申候》と記されており、とくに風味についての感想はないようだが、麦酒（ビール）が《麦酒給見申候処、殊外悪敷物にて、何のあぢはひも無御座候》と不評だったので、コーヒーが好評だったとは考えにくい。[2]

さらに八〇年ほど後、長崎奉行時代の大田南畝が紅毛船でコーヒーを試飲している。その感想は《焦げくさくして味ふるに堪ず》（『瓊浦又綴』一八〇四）というものだった。ひょっとしてオランダのコーヒーが不味かったのではないかという疑いも浮かぶが、明治時代に長く東京大学で教鞭を執ったドイツ人フォン・ケーベルは《コフヒーが、凡ての飲料のうちで一番好きだ。此間和蘭公使館で飲んだコフヒーが一番上等である。》[3]と語ったそうだから、単純に比較はできないにしても、やはり南畝の味覚経験の問題が大きかったように思われる。

今ではそれこそ日常茶飯に飲まれている「茶」でさえ、初めて日本にもたらされたときには拒絶反応があった。茶の文献初出は『日本後紀』（八四〇）に見える、弘仁六年（八一五）に近江国崇福寺の大僧都永忠が自ら茶を煎じて嵯峨天皇に献上したという記事だとされるが、この喫茶の風習は中国趣味以外の何物でもなく、[4]遣唐使廃止（八九四）までには廃れてしまい、鎌倉時代になって栄西らが推奨し始めるまで、長く姿を消してしまう。おそらくこの空白も、国風化という風潮と相まって、いやそれ以上にその風味が敬遠されたのではなかっただろうか。

コーヒーの場合も同様であろう。ただし、江戸時代の日本人にも、ごく限られてはいたが、コーヒーを賞味する機会はあった。出島で催される「阿蘭陀冬至（クリスマス）」や「阿蘭陀正月」と呼ばれたパーティには長崎奉行所役員、通詞、乙名などの日本人関係者も招かれているし、前述したようにオランダ商館長の江戸参府も行われていた。何より長崎に留学した平賀源内を初めとする多数の知識人たちは、禁を破ってまで出島に潜入し、西欧の文物習慣を貪欲に吸収、模倣しようと試みた。天明八年（一七八八）に長崎に旅した司馬江漢は後に和蘭茶臼（コーヒー・ミル）を作っている。[5] また長崎から大阪へ初めてコーヒーを紹介したのは木村蒹葭堂で、その『蒹葭堂雑誌』[6] は「コツヒイ」を取り上げ簡単な説明を付した。

それら西洋かぶれの典型的な例が江戸の洋学者が

おらんだ正月　市川岳山「芝蘭堂新元會圖」（早稲田大学図書館蔵）部分

西暦の正月に集って洋食を食べる新年会、すなわち大槻玄沢の学塾芝蘭堂で催された通称「おらんだ正月」である。寛政六年(一七九四)から天保八年(一八三七)まで毎年続けられ「コッヒー」も供されていた。[7]

しかし、やはり本格的にコーヒーが認知されるのは黒船来航以降のことになる。安政六年(一八五九)に神奈川、長崎、箱館で貿易が開始され、翌万延元年(一八六〇)には横浜も開港されるが、この開国に先だって下田条約の締結された安政四年(一八五七)には、すでに日本人による西洋料理店が長崎や箱館でいくつも開店していた。彼らは居留する西洋人の下働きとして西洋料理を会得した者たちだった。慶応年間、長崎だけでも欧米人はおよそ一五〇人を数えたという。[8] 横浜に外国人居留地が建設されると堰を切ったようにどっと西洋が押し寄せてきた。居留地には領事館や商社、銀行、商店、住宅などの外にホテルや飲食店も作られる。当然、レストランやタヴァン、カフェやコーヒーハウスなども開店した。見物にやって来る日本人も少なくなかったようで、彼らから銭をとってコーヒーを飲ませた異人館もあったという。[9] 慶応四年(一八六八)、江戸の築地居留地に清水組が築地ホテル館を建設する。これは日本人の作った本格的ホテルとして最初のもので、フランス人シェフが作る食事は好評だった。大阪では、明治元年(一八六八)、オランダ船で料理を習った草野丈吉が大阪川口居留地の外国人止宿所の司長に任じられた。そこは自由亭ホテルと呼ばれ、明治一四年(一八八一)には中之島に新店を出し、二八年（一八九五）には大阪ホテルとなる。[10] 庶民にとってはまだまだ別世界とはいえ、本当の西洋料理そしてコーヒーも随分と身近になったわけである。

慶応三年（一八六七）、パリ万国博覧会に正式参加する幕府の一行に加わった渋沢栄一は『航西日記』の旧正月一二日に船中で出たコーヒーについてこうしたためている。《食後カッフヘエーといふ豆を煎じたる湯を出す、砂糖牛乳を和して之を飲む、頗る胸中を爽にす。[11]》

頗る胸中を爽にすという感想は、味はふるに堪ずの蜀山人からすれば、隔世の感がある。世界を舞台とする新人類登場である。

［1］『日本珈琲史』珈琲会館文化部、一九五九年。
［2］村岡實『日本人と西洋食』春秋社、一九八四年。出典は『海表叢書・巻二』（更生閣、一九二八年）所収の『和蘭問答』。なお村岡は唐茶を紅茶と解している。慶応二年（一八六六）に渡英した中井弘は『目見耳聞西洋紀行』（敦賀屋為吉、一八六八年）で「唐茶」に「コーヒ」とルビをふっている（和田博文「十九世紀後半の西洋カフェ体験」『彷書月刊』二七九号［二〇〇九年一月号］、彷徨舎、二〇〇八年一二月）。唐茶（皐蘆）は茶の一変種で苦味が強いところからコーヒーに当てられたのではないかと思われる。
［3］『漱石全集第十三巻日記及断片』岩波書店、一九八六年版。「日記」明治四四年（一九一一）七月一〇日。

［4］陸羽『茶経』（八世紀）によれば、その飲み方は、固形茶を碾で粉末にし羅で漉して用意した末茶を、沸騰した湯に入れ、塩を加え、竹べらで掻き回して点てるというもの（『中国の茶書』布目潮風＋中村喬編訳、東洋文庫、平凡社、一九七六年）。「チャ」や「ティー」の語源については、広州・香港・マカオから茶が広まった地域では広東語のchàh（茶）が、泉州・アモイから茶が広まった西ヨーロッパなどでは閩語のtê（茶）がもとになったと考えられている（吉岡乾『現地嫌いなフィールド言語学者、かく語りき。』創元社、二〇一九年）。

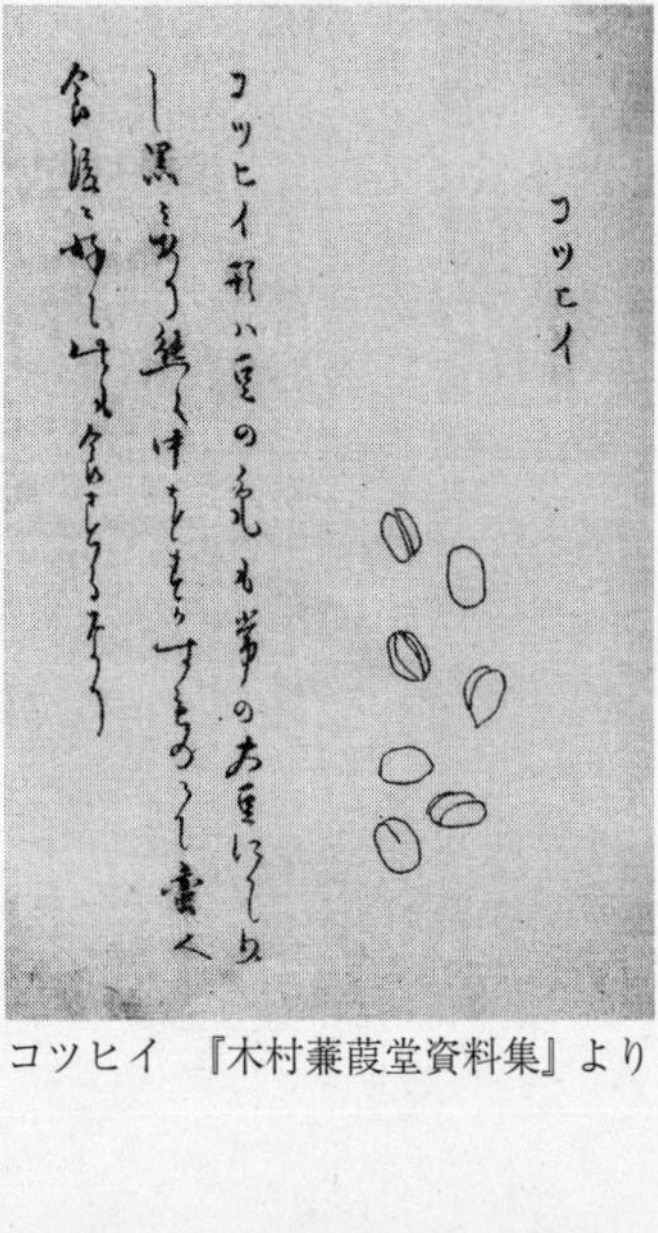

コツヒイ　『木村蒹葭堂資料集』より

［5］『原色日本の美術第25巻南蛮美術と洋風画』小学館、一九七七年。

［6］『木村蒹葭堂資料集』（蒼土舎、一九八八年）によればコーヒー豆の挿絵に《コツヒイ形は豆の色も常の大豆にて少し黒ミあり態々中をするすものにて蛮人食後ニ好て此を食するなり》と説明がある。

［7］市川岳山の描く「芝蘭堂新元会図」（早稲田大学図書館蔵）には「おらんだ正月」の様子が

活写されている。同じ頃に出版されたオランダ語と日本語の対訳字書『波留麻和解』（一七九六）ではコーヒーに関する語もかなり出ており、例えば《Koffy. *z. v.* 都児格国ノ豆ニシテ此ヲ炙リ擣キ粉ニシ茶ノ代ニ飲料トナスモノ也コッヒー》（早稲田大学図書館蔵写本）としている。

［8］小菅桂子『にっぽん洋食物語』新潮社、一九八三年。

［9］初田亨『カフェーと喫茶店』INAX、一九九三年。出典は三田村鳶魚『伸び行く銀座』銀座二丁目会、一九四二年。

［10］『大阪川口居留地の研究』堀田暁生＋西口忠編、思文閣出版、一九九五年。

［11］渋沢秀雄『明治を耕した話』青蛙房、一九七七年。

茶店の成立

明治二年（一八六九）に発行されたレオン・ド・ロニー著『初学仏語梯』の中にパリ一覧の項があり、この記事が日本で最初のパリ案内になるらしい。ロニーは日本びいきのフランス人で、日本の事情にも詳しく、パリの東洋語学校に日本語講座を開いたほどだった。珈琲店（カッへー）はもちろん、旅店（ホテル）、割庖店（レストラン）、湯屋（バン）、飛脚屋（ポスト）などが手際良く説明されている。珈琲店の記述はこうである。

《珈琲店

日本茶店ノ如クニテカッヘー及酒等ヲ售家ナリ都人及外国人常ニ其間ヲ消スル為ニ来ル時アリテハ日刊紙ヲ読ミ或ハ婦人ヲ看ル為ナリ同店ニテモ料理ヲナス併甚高価ナリ歌及

音楽ヲ奏スル店モアリ》[1]
「日本茶店ノ如ク」というところに注意したい。対して明治六年（一八七三）に来日したイギリスの言語学者チェンバレンはその著『日本事物誌』（一八九〇）の中で次のように観察している。

《茶屋は広くゆき亘り、社交的に重要であり、旅行者にとっては、日本の諸文物の中でもっとも楽しいものの一つとなっている。（中略）ヨーロッパ人がよくやることだが、茶屋（tea-house）を宿屋や食堂と呼ぶのは大きな間違いである。茶屋はそれだけ一箇の独立した物である。》[2]

前者は茶店をカフェのようなものだといい、後者は独立した概念だという。二つの感想はまったく食い違っているようでありながら、よく読むと、都市と地方とにおける茶屋の在り方の相違がこれらの意見に反映されているのが分かる。

柳田國男は『明治大正世相史 世相篇』（一九三一）の中で以下のように述べている。

《茶屋は文字の通り道傍に茶を鬻《ひさ》いだのであるが、手軽に温かな飲み物が得られるようになつて、弁当の意義がよほど変わつた。それから一歩を前へ煮売り茶屋というものの出来たのもまた自然である。講釈師ばかりは水戸黄門などのころから、こんな機関があつたように言うが、実は明治のわずか前からの世相で、世が改まり人の往来が繁くなつて、急に同業が田舎にも殖えたのであつた。（中略）

一方には料理茶屋といふものが、数は至ってわずかの町場だけに限られていたが、これより少し前方からできていた。これも最初は街道の脇のものであったことは、坂本橋本などの屋号がこれを語っている。》[3]

チェンバレンの印象を裏づけるような恰好になっているが、柳田のいう《明治のわずか前から》はいつ頃だろうか。喜多村信節の『嬉遊笑覧』（一八三〇）にこうある。《明和のころより通り町を始め所々に腰かけ茶屋多くなれり（中略）他国は繁華の地にも水茶屋いと稀なり所々に軒を並べてあるは江戸に限れり》[4]

水茶屋とは茶店のことで、料理茶屋などと区別する場合に用いる。明和年間（一七六四〜七二）は明治維新のおよそ一〇〇年前になる。これ以前には主に茶葉や茶道具を担いだ行商人が茶を売り歩いていた。行楽地や寺社の門前といった人の集る場所で茶をたてて飲ますのである。「高尾観楓図屏風」（一六世紀、東京国立博物館蔵）あるいは「上杉家本洛中洛外図屏風」（一六世紀、米沢市上杉博物館蔵）に分かりやすい例が見えている。

しかし、茶店のような形がまったく無かったかというと、そうでもない。営業的ではないにしろ、室町時代にはすでに喫茶之亭という建物があった。

《爰に奇殿有り。桟敷二階に峙《そばだ》って、眺望は四方に排《ひら》く。是れ則ち喫茶の亭、対月の砌《みぎり》なり。》[5]

喫茶之亭とは月を眺める展望台だというわけだが、この後に続く亭内の描写は豪奢を

狩野秀頼「高尾観楓図屏風」（16 世紀、東京国立博物館蔵）部分

雪舟「四季山水図巻」（15 世紀、毛利博物館蔵）部分

極めている。壁には牧谿等の中国絵画を掛け巡らせ、錦襴のテーブルクロス、銅の花瓶、真鍮のスプーン、椅子には豹の敷物、金の砂、種々の珍奇な果物。全てが中国からの直輸入のブランド品である。それらに囲まれた部屋に屏風を立て、茶釜で湯を沸かす。闘茶（茶の銘柄を当てるゲーム）をし、酒を飲み、珍味を賞する。無論、歌舞や音曲も欠かさない。ふつうは喫茶之亭を西本願寺飛雲閣などになぞらえるようだが、素直にこれを読むと、どうしても北山第の舎利殿こと金閣が連想されるのだが、どうであろう。三階のベランダなど眺めは良かろうし、喫茶の亭としてはもってこいに違いない。足利義満は応永一五年（一四〇八）に後小松天皇を招いて北山第で二〇日にわたる大饗宴を催した。義満の絶頂時である。むろん茶も出たことであろう。なお喫茶之亭の主が亭主なのである。

一方、下々でも、ちょうどその同じ頃、応永一〇年（一四〇三）四月に東寺南大門の前で茶を商う一服一銭の商人たちが、当地で営業するについては東寺さんにはご迷惑をおかけしません、という内容の誓約書「南大門前一服一銭茶売人道覚等連署条々請文」を提出している。[6]すでに後年の「洛中洛外図屏風」に見られるのと同様な門前の荷ない茶屋や座売りの茶屋が繁昌していた。どうやら応永に至っては貴賤を問わず飲茶三昧だったようである。栄西が熱心に飲茶を推奨した時代から約一〇〇年が経過している。

雪舟の代表作「四季山水図巻（山水長巻）」（一五世紀、毛利博物館蔵）には郊外の茶店らしき質素な店舗が描かれている。店の中央に釜が据えてあり、奥の棚には器が並んでいる。中国留学の記憶によった中国風俗なのだろうが、少なくともこういう茶店の概念は招来されていたことになる。旗に注目。酒屋を示す酒旗ならば上部が三角のはずで、雪舟も長巻に先立つ「四季山水図」（一五世紀、東京国立博物館蔵）の秋ではちゃんと三角に長い布巾の付いた形の旗を描いている。『水滸伝』に登場する王婆さんの茶坊（茶店）なぞはこんな様子ではなかったか。ちなみに茶坊の主人は茶博士（茶の親方）と呼ばれたそうである。[7]

下って天正一五年（一五八七）、秀吉の発案で千利休が仕切った大茶湯があった。百姓町人も参加して良いということで、会場となった京都北野の松原には一五〇〇以上の茶屋が隙間なく建ち並んだ。その様子を図示した「北野大茶湯図」（北野天満宮蔵）を見ると、さまざまなタイプの茶屋が描き込まれていて興味深い。この頃すでに『日葡辞書』（一六〇三）は「Chaya」を《道中にあって、茶碗に茶をたてて売る家》と定義している。[8]今日、桂離宮として知られる建物も元和六年（一六二〇）に普請されたときには《下桂の瓜畑のかろき茶屋》[9]と認識されていた。茶の湯の会に用いられたから茶屋なのであろうが、実際には夏の別荘である。そして桂離宮の造営に携わったとみられる小堀遠州は寛永三年（一六二六）、将軍上洛のために御茶屋なるものを草津水口城中および安土の伊庭という所に作っている。これは将軍用の休泊所、ホテルである。[10]

［1］谷口巖「明治初年の日本語版〈パリ案内〉―レオン・ド・ロニー著『初学仏語梯』のこと」『図書』岩波書店、一九九五年四月号。

［2］チェンバレン『日本事物誌』高梨健吉訳、東洋文庫、一九八〇年版。

［3］柳田國男『明治大正史世相篇（上）』講談社学術文庫、一九七六年。

［4］喜多村信節『日本随筆大成嬉遊笑覧』巻一〇下、成光館出版部、一九三〇年。

［5］玄恵法印「喫茶往来」『日本の茶書1』東洋文庫、一九七一年。

［6］熊倉功夫＋中村利則＋筒井紘一＋中村修也『史料による茶の湯の歴史』上巻、主婦の友社、一九九四年、「東寺百合文書」より。石段付近で営業しない、道具を宮仕部屋に預けない、火種を寺の香火から取らない、寺の井戸水をくまない、という四項目の誓約が記されている。同じく応永一五年（一四〇八）一一月二日付け文書に《不可懸茶屋煩等事》とあり、これは「茶屋」という言葉が記されている早い例。

［7］竹内実『中国喫茶詩話』淡交社、一九八二年。茶坊は禅宗との関係が想像される名称だが、茶局子ということもあったそうだし、明から清にかけては茶亭、茶館、茶室、茶場、茶舗等、その規模などに応じて呼び分けられていたらしい。現代の西湖あたりでは茶座とも呼ぶという。ちなみに茶室は大規模な店舗を指すようだ。また張択端の作とされる「清明上河図」（一二世紀）には茶店と思われる建物が描かれていて興味が尽きない。

［8］『邦訳日葡辞書』岩波書店、一九八〇年。

［9］和田邦平『桂離宮』保育社、一九七一年版。

[10] 京都国立博物館編『日本美術史の巨匠たち』(下)、筑摩書房、一九八二年。

煎茶の流行と茶屋の発展

中世において茶といえば、抹茶（挽茶）であった。狂言「ちやつぼ」のアドは主人に命じられて栂尾の銘茶《峯の坊谷の坊、殊に名誉しけるは、赤井の坊の穂風を、十斤ばかりかい入れ、背中に急度せおふて、兵庫をさして》[1]下っている途中、遊女に引き止められ、飲めや歌えやで酔っ払った翌日、茶壺を背負ったまま道端でうたた寝してしまう。そこへ通りかかったシテが茶壺をわが物にしようとする。目覚めたアドといさかいになる。そんな最中へ目代が現れ、仲裁しようとするが、結局、まとまりはつかず、言い募る二人を尻目に目代が茶壺を持ち逃げしてしまう。漁夫の利とはこのことか。

一六世紀後半の名物茶壺というのはだいたい六斤から七斤半くらい入るのがふつうだったようだ。例えば「捨子」と名付けられた茶壺は《一般的な茶の詰め方は、茶壺のなかへ並の茶を詰め、その中に上等な茶を紙袋（茶袋）に入れて埋める。茶袋は一袋二〇匁、半袋一〇匁とされ、捨子の場合、六斤の茶のほかに約一四〇～六〇匁の茶袋が入る容量であった》[2]というもの。お茶だけで四キログラム以上になった。

「ちやつぼ」のアドの口上によると《某の頼うだ者は殊無い茶数奇で、毎年栂の尾へ茶を詰めにやられまする》あるいは《おれが主殿は、中国一の法師にて、日の茶を点ぬ事なし。一族の寄合に、本の茶を点んと、五十貫のくりを持、おほくのあしを遣ふて、兵庫の津にも着たり。兵庫を立て二日に、栂の尾にも着しかば》[1]というような仔細である。茶は「おほくのあし」を使って手に入れる高価この上ない嗜好品だった。
《茶の生産地も拡大してゆき、上等なお茶（本茶）をつくる京都の栂尾に対して、下級のお茶（非茶）とされた伊勢や信楽などの茶を飲みわける本非飲茶勝負をはじめとするさまざまな種類の闘茶が誕生し、十四から十五世紀に大流行をみた。そうしたなかで京都の宇治の茶も本茶に加えられ、やがて宇治は茶業の中心地へと発展してゆく。》[2]
江戸時代に入ると新しい煎茶が登場する。立役者はやはり禅宗、京都は宇治の黄檗山万福寺である。開祖隠元が承応三年（一六五四）、長崎に渡来したとき、煎茶の作法を持ち込んだ。万福寺もいわば日本国内の中国租界のようなもので、出島と似た存在だった。そして、煎茶という新しいスタイルには、その頃までにひとつの権力機構を作り上げていた茶の湯に対するアンチテーゼの意味もこめられた気配がある。後水尾天皇の第六皇子尭恕《ぎょうじょ》法親王は《一生薄茶もまいらせず、煎茶のみなり》だったという近衛家熙《いえひろ》の証言など暗示的ではないだろうか。[3]
西鶴の『日本永代蔵』（一六八八）に「茶の十徳も一度に皆」と題した一篇がある。越前敦賀の才覚男利助が茶を売って成功する話である。
《荷ひ茶屋しほらしく拵へ其身は玉だすきをあげてくゝり袴利根に烏帽子おかしげに被

き人よりはやく市町に出ゑひすの朝茶といへは商人の移り気咽のかはかぬ人迄も此茶を呑て大かた十二文づつなげ入られ日毎の仕合程なく元手出来して葉茶見世を手広く其後はあまたの手代をかゝへ大問屋となれり。》

と、ここまでは順調だったのだが……

《それより道ならぬ悪心発りて越中越後に若ひ者をつかはし。捨り行く茶の煎辛を買集め京の染物に入事と申なし呑茶に是を入まぜて。人しれずこれを商売しければ一度は利を得て家栄へしに天是をとがめ給ふにや。此利助俄に乱人となりて我と身の事を国中に触れまはり茶辛〳〵と口をたゝけば扨はあの分限さもしき心底よりと人の付合絶て薬師を呼べど行人なくおのづから次第よはりに湯水のかよひ絶て既に末期におもむき。我今生のおもひ晴しに茶を一口と涙を漏す。》[4]

結局、利助は茶辛（殻）を買い集めて再販売した罰が当って死んでしまう。この記述から、当時すでに茶がらで間に合わせなければならないほど茶の需要が高かったことが分かる。一二文というのは蕎麦一杯一六文の時代だから安くはない。面白いことに、西鶴の時代とそう違わない一七〇〇年頃のイギリスでも、茶の人気が急速に高まった結果、その需要を充たすために他の植物の葉を茶葉に混ぜたり、茶がらを乾燥させて二度売りすることがしばしば行われたそうである。[5]

煎茶道の祖とされる功労者は肥前の黄檗僧だった売茶《ばいさ》翁《おう》高遊外である。延宝三年（一六七五）生まれ、一一歳で出家し禅を学んだ。師の没後、寺を法弟に任せて京に上り、茶具を担って洛中洛外に売茶しつつ自活した。亀田窮楽、宇野士新、池大雅らの文化人たちと一種のサークルを作り、茶を飲んではその交遊を深めたという。その風が上田秋成、木村蒹葭堂、田能村竹田、頼山陽らに受け継がれてゆく。山陽に「茶声」と題した七言絶句があるが、茶による脱俗の境地が上手く盛り込まれている。

禅榻愛聞茶鼎鳴
細如宝瑟大如笙
十年一覚楊州夢
何識人間有此声[6]

禅家の椅子に座って茶釜の鳴る音を聞いていると金持ちになりたいなんて夢は覚めてしまう、こんな美しい音色が世の中にあったんだなあ……。売茶翁は万福寺に煎茶の祖として祀られている。

江戸中期以降、茶の湯が富裕層を中心とした町人の間で流行したのと併行して、庶民の間でも煎茶が普及し、茶店はその数を急速に増やしていった。寛政一〇年（一七九八）の浅草境内絵図には、茶屋が約一〇〇軒、菜飯茶屋、団子茶屋が各四軒、甘酒茶屋が一軒、描かれている。[7]これは尋常な数ではない。その隆盛を反映して『誹諷柳多留』には茶屋風俗を切り取った軽妙な川柳がいくつも出ている。[8]

水茶屋へ来ては輪を吹日をくらし　もしや〳〵と〳〵（初篇）

茶汲み女を目当てに茶を飲み煙草をふかして一日中ねばったり、

茶を喫し尻をつねる代百銅（一五篇）

女の子のおしりにタッチするのに茶代五文のところチップ一〇〇文をはずむ。いつの時代も男性の行動様式はさほど変わらないと見える。

大和茶を十人なみで思ひたち（『誹諷末摘花』二篇）

ということだから、そこそこの器量の娘を持った親は茶店でも開こうかという世相であった。『柳多留』は明和二年（一七六五）から天保一一年（一八四〇）にかけて、『末摘花』は安永五年（一七七六）から享和元年（一八〇一）にかけて、どちらも寛政の改革を挟んだバブル期に編まれているわけだから、右の句などまさにその時代を象徴しているといえよう。

そしてまた、茶屋は道中においても不可欠のものとなり、茶だけでなく様々な利便が供せられた。例えば『鸚鵡籠中記』（一六九一〜一七一八）の筆者朝日文左衛門は尾張から京へ公用で出張する途次、早朝に水口の宿を立って大津の茶屋で休息した。そこで行水をし髪を結い直し、風体を整えてから駕篭に乗って入京、蹴上げの茶屋で迎えの御用商人たちと合流している。[9] または『東海道中膝栗毛』初篇（一八〇二）にも種々な茶屋が描き出されているが、江戸を出て早々の神奈川辺にはこういう茶屋があった。

《金川の台に来る。爰は片側に茶店軒をならべ。いづれも座敷二階造。欄干つきの廊下桟などわたして。浪うちぎはの景色いたつてよし「ちややのおんなかどに立て　おやすみなさいやアせ。あつたかな冷飯もございやアす。煮たての肴のさめたのもございやアす。そばのふといのをあがりやアせ。うどんのおつきなのもございやアす。（中略）トきた八そこらを見廻し、さかなをさしづして、さけをいひつける。》[10]

眺めが良く、酒、飯、魚、うどん、蕎

鈴木春信「笠森おせん」（18 世紀、東京国立博物館蔵）部分　お仙は笠森稲荷の門前にあった水茶屋鍵屋の看板娘。当時江戸では評判の美人でアイドル的存在だった。

麦、なんでも揃っている、ただし味はいまひとつ。観光地によくあるドライブインか喫茶レストラン、二〇〇年前にもあったのである。

茶屋で食事を出すようになったのは志賀理斎『三省録』によれば《明暦の大火後、浅草金龍山の門前に、はじめて茶屋に、茶食豆腐志る、煮染、煮豆等をと、のへ、奈良茶と名付け》[11]て出したのが江戸中に広まったそうである。精進料理ふうのメニューであるが、奈良茶とは今日の奈良で「おかいさん」と呼ばれる茶粥であろうか。茶粥の作り方は様々だが、米一水八〜一〇で炊き、煮上ってくると茶ん袋を入れてよくまぜ、余熱で仕上げる。袋を取り出し少しさまして食べるのが本格的だという。茶ん袋には粉茶を入れる。他に東大寺には粥をザルでこしておもゆを除き、煎茶をかけて食べる「あげ茶」が伝えられている。また、和歌山県日高地方では番茶で白米を煮て作るとも。[12]

明暦の大火は一六五七年。都市としての江戸はこの大火を機に大きく変貌した。復興のために人や物資が流入し、市域は拡大した。必然的に外食産業も飛躍的に発展する。茶屋はたちまちレストラン化し、さらには都市文化の爛熟とともに風俗営業へと転じていくのである。

もっと面白いのは、珍妙な茶屋、飲食以外の付加価値を持った店の登場である。木下直之『美術という見世物』によれば、寛政年間（一七九〇年代）に孔雀茶屋（後に花鳥茶屋と改称）、兎茶屋、鹿茶屋などが評判を呼んだ。歌川豊国の錦絵「志可茶や」を見ると、金網を張った大きな檻の中には孔雀が飼われている。その檻の前に着飾った美男美女が居並び、茶や煙草盆を提げた下男が床几の間を給仕して回る、そのような様子である。また、その名もずばり珍物茶屋などもあった。何やら怪しげな品々、大蟹、珊瑚、鉱物、骨、皮、器物などなど、を格子で区切った展示コーナーに陳列、その前に床几を置いてある。そして口上（案内係）が指し棒を持って展示物の説明をしてくれた。実はこれら博物茶屋出現の背景には、貝原益軒による観察に基づいた植物図鑑『大和本草』（一七〇九）の公刊、平賀源内の企画による諸国の物産を集めた薬品会の開催（一七五七年より）など、科学する精神の発達と、その大本となる旺盛な好奇心が存在していたのである。

[1]『大蔵虎寛本能狂言』下巻、笹野堅校訂、岩波文庫、一九五九年版。
[2]『山上宗二記　付茶話指月集』熊倉功夫校注、岩波文庫、二〇〇八年版。
[3] 小川後楽「近代煎茶の誕生」『図説・煎茶1　伝統と美』講談社、一九八二年。近衛家煕の言行を侍医の山科道安が記した『槐記』享保一〇年（一七二五）正月五日の条による。奥田素子によれば、煎茶は文人が継承した文人派と小川可進らによる宗匠派に別れて行くが、幕末になると、勤皇の国士たちは茶会の名で国策を討議したという。また富岡鉄斎が所蔵していた売茶翁の自筆「売茶翁対客言志」に《売茶ハ児女独夫ノ所業ニ〆《シテ》、世ノ最モ賎ズル所ナリ、人の賎ズル所、我レコレ

ヲ貴シトナス》とあって、当時は路傍の茶売りが賤業とみなされていたことが分かる（『鉄斎と煎茶の世界』鉄斎美術館、一九九一年）。

［4］井原西鶴『日本永代蔵』和田萬吉校訂、岩波文庫、一九二八年版。

［5］滝口明子『英国紅茶論争』講談社、一九九六年。敗戦直後の横浜ではアメリカ兵が捨てたダシガラを煮て作った薄く色がついて少し苦味のあるコーヒーを売っていたという（清水幾太郎「コーヒーと私」『あまカラ』一二三号、甘辛社、一九六一年一一月）。戦時中、満州では茶殻の再利用を訴えた細谷清という人物がいた。軍馬の糧食にしたり、人間が食べられる総菜を工夫している。茶殻の天ぷら、佃煮、ライスカレーに入れるなど（田村治芳『彷書月刊編集長』晶文社、二〇〇二年）。

［6］『頼山陽詩抄』頼成一＋伊藤吉三訳註、岩波文庫、一九四四年。

［7］『日本の近世14 文化の大衆化』中央公論社、一九九三年。絵図より三〇年余ほど後になるが、寺門静軒『江戸繁昌記』初篇（一八三二）の「金龍山浅草寺」によれば《東のかた院に対する一店餈を売り、直に金龍山を以つて名と為す。此に次いで

売茶翁　東園編『清風煎茶要覧』（1851）より

茶舗数十櫛比す。（中略）堂に接し殿に連なりて、娘誰れ茶竈を開き、娘何弓場を起こす》（朝倉治彦+安藤菊二校注、東洋文庫、一九八〇年版）とある。茶竈は茶屋に同じ。

[8]『誹諷柳多留』初篇、浜田義一郎校注、現代教養文庫、一九八六年版。

[9] 神坂次郎『元禄御畳奉行の日記』中公新書、一九八七年版。

[10] 十返舎一九『東海道中膝栗毛』和田萬吉校訂、岩波文庫、一九四〇年版。

[11] 物集高見『広文庫』広文庫刊行会、一九一三年版、「ちゃや」の項より。『三省録』は前編が天保一四年（一八四三）、後編が文久三年（一八六三）に刊行された。

[12]『あまカラ』四六号、甘辛社、一九五五年六月。同七一号、一九五七年七月。

明治のコーヒー店

梅亭金鵞こと瓜生政和は『西洋見聞図解』（一八七三）の中で「西洋人茶並加非を嗜む説」を開陳しつつロンドンのコーヒー店の数を挙げている。

《また珈琲をも茶と同様に嗜む珈琲《かつぴ》ハ亜剌伯《あらびや》、巴西《ぶらじる》の如き熱国に生する草の実にして豆の如きものなり是を熬《いり》て擣《つ》き摧《くだ》き其煎じ汁に砂糖を和《あハ》せ用ゆ苦味のあるを以て胃中を空《すか》せ食物の消化を能為《よくす》るといふ西洋諸方にて飲料とする珈琲《かつぴい》の高年々六万石に下らず英吉利《いぎりす》の首都倫敦《ろんどん》の中ばかりに珈琲を商ふ店ハ八百軒あり以て其盛んなるを知るべし》[1]

六万石が多いのかどうか、八百軒とともにどこから来た数字なのか、穿鑿はさておいて、珈琲の説明としてはおおむね妥当な内容である。日本人のコーヒーに対する理解もかなり進んで来たと思われる。
明治二一年（一八八八）に上野（東京下谷西黒門町）に開店した「可否茶《カヒーさ》館《かん》」を日本最初の珈琲店だとするのが定説である。ただし可否茶館に先だって、珈琲店と呼ぶべきかどうか多少迷うけれども、画家であり写真師として知られる下岡蓮杖が浅草奥山に「油絵茶屋」なるものを開設していた。平成三年（一九九一）、蓮杖作の巨大油絵が靖国神社の収蔵庫から発見され、それらが明治九年（一八七六）に浅草で見世物にされたものだと判明したが、当時の展示の様子は以下のようであった。
《奥山めぐり花やしき名人揃ひの細工物とりわき安本亀八が昔し角力の生人形六三郎の花卉盆栽広瀬自慤の電信機続いて象もしほらしや後ばせなる大油絵小さきも交る油画茶屋さま〴〵見せて休ませてねだんも殊にれんぢやう斎いかさま近く新聞紙に顕ハれたるハ虚ならず》[2]
生人形と花卉盆栽はスーパーリアルな彫刻作品。そこへ電信機と写実的な油絵が加わっているのだから、江戸時代から抜け切っていなかった当時としてはかなり奇抜かつ未来的な見世物であったに違いない。喫茶店というのは何時の時代も新しいモノ好きだ。昭和三〇年（一九五五）頃、出始めたばかりのテレビジョンを設置して客を呼んだことに通じる進取の感覚がある。蓮杖の大作は縦二メートル、横五メートル七〇センチ、それが二枚だから相当な規模になる。そして、それぞれ函館戦争（一八六九）と台湾戦争

（一八七四）の図だった、ということはドキュメンタリー・ニュースの性格も持っていた。ヨーロッパで流行ったパノラマ絵画の模倣だろうが、とにかく画面が巨大で迫真的な描写なのだから臨場感溢れる会場だったろう。これ以外に高橋由一、横山松三郎らの小品油彩画も展覧されていた。別の新聞記事は油絵茶屋について

《是等ハ開帳まゐりや花見の序に一寸と御覧になされても随分お為に成りませう茶代が只た一銭五厘で外に何にも入らぬとハ実に看板の通り御安見所だ》[3]

と値段入で報じている。入場料の代わりにコーヒーを売っていた。《只た一銭五厘》といっているが、本当に安いのだろうか？　明治五年（一八七二）、浅草奥山の茶店の茶代は五厘だった。[4]また、服部誠一『東京新繁昌記』に「西洋目鏡」という覗きカラクリの店が紹介されており、世界各地の写真を覗いて《値は僅かに一銭也》とある。[5]この一銭に茶代を足せばちょうど一銭五厘。そして油絵茶屋で出していたのが茶ではなくコーヒーだったとすれば決して高価ではなかったであろう。平木政次はこう回想している。

《その時の会場は、掘立小屋の休み茶屋を其の侭利用して、亭の内部へ小形の油画額（スケッチ板大）へ御歴代の天皇の尊像又は古名将の肖像等を描いたものを陳列しました。その肖像は集古十種から選んだもので、中に一枚米国の提督ペルリ氏の半身像がありました。一通り画を見終ると、主婦が手づから入場者へ、珈琲を進められたものです。これが当時としては珍しく他に類がないので、一つの呼物になりました》[6]

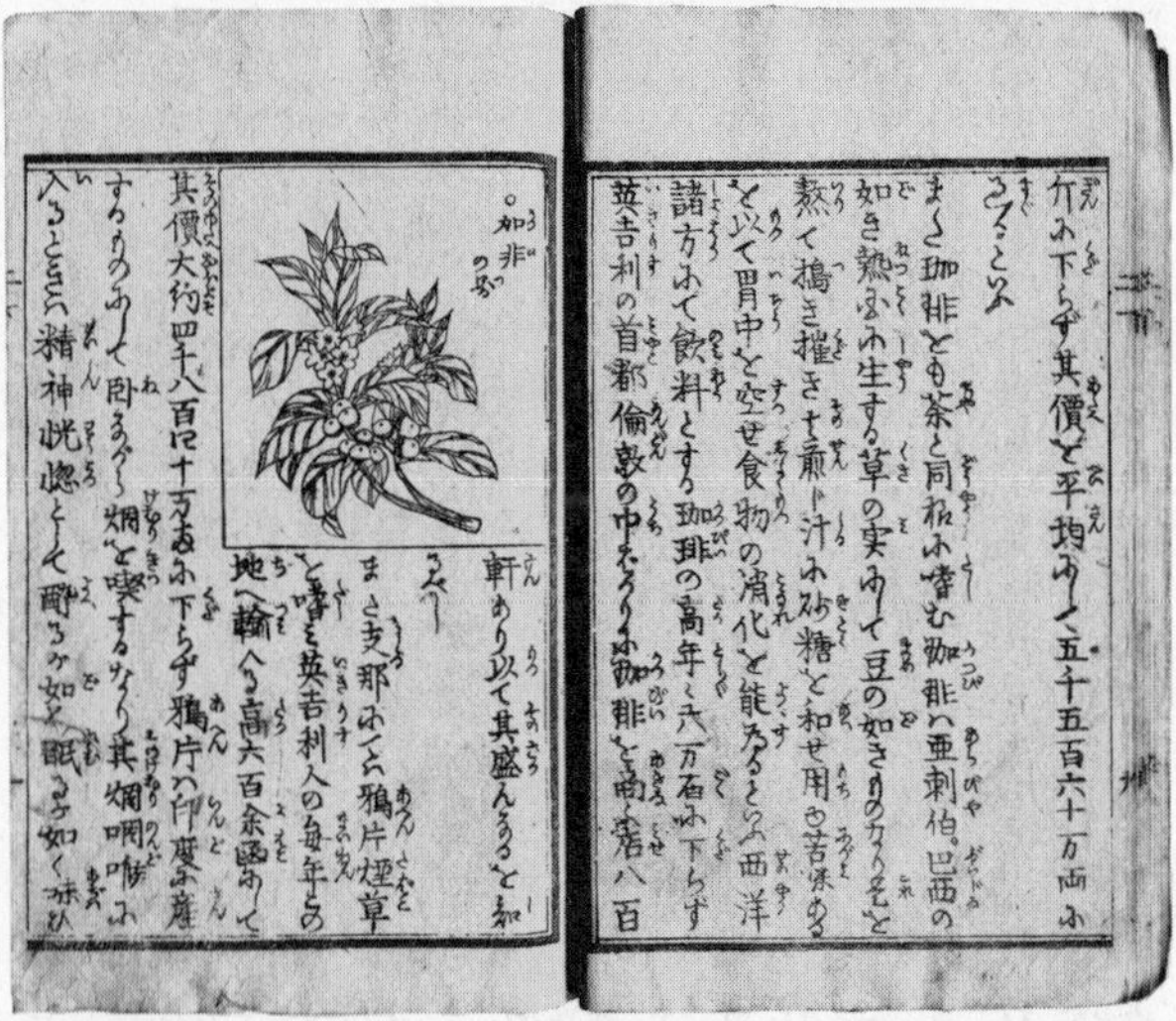
弗に下らず其價を平均して五千五百六十万両に
至ることあり
また珈琲とも茶と同じく嗜む珈琲は亜剌伯、巴西の
如き熱国に生ずる草の実にて豆の如きものなるを
熬て搗き摧き煎じ汁に砂糖と和せ用ゆ苦味ある
を以て胃中を空せ食物の消化を能くするとて西洋
諸方にて飲料とする珈琲の高年々六万石に下らず
英吉利の首都倫敦の中にも珈琲を商ふ店八百
軒あり以て其盛んなると知
るべし
また支那にては鴉片烟草
を嗜む英吉利人の毎年此の
地へ輸入る高六百余函にて
其價大約四千八百に十万両に下らず鴉片は印度に産
するものにて睡るべく烟を喫するなり其烟咽喉に
入るときは精神恍惚として睡るが如く眠るが如く

西洋人茶並加非を嗜む説　梅亭金鵞『西洋見聞図解』(1873) より

神戸元町の茶商放香堂　『豪商神兵湊の魁』(1882) より

さて、明治九年（一八七六）ともなると各地に西洋料理店が営業を開始していた。その頃輸入されるコーヒー豆はほとんどがそれら西洋料理店で消費されていたようだ。[7] 明治一七年（一八八四）四月二九日の『郵便報知新聞』はこう報じている。

《珈琲の輸入せしは去る十四年中、一万四千零十五弗廿四仙にて、此内、精養軒の買入高、六百六十円、二千百斤、但百六十目斤》[8]

二千百斤というのは一二六〇キログラムに相当し、それは六六〇円だから一キロ当り約〇・五二円になる。明治一五年に白米一〇キロが八二銭[9]だったのでコーヒー豆の値は白米の約六・三倍である。では、総輸入額一万四千ドル余が一体どの程度の邦貨になるか。仮に一ドル一円[10]ならば、一万四千円余だ。すると精養軒は五％程度のシェアになる。

この『郵便報知新聞』の記事は小笠原島における国産コーヒーの栽培状況を伝えるのが眼目で、それによれば《樹数四万本に達した》ということである。日本の領土内でコーヒー栽培の北限北緯二五度前後に位置するのは沖縄か小笠原諸島しかない（台湾割譲は一八九五年）。明治二年（一八六九）以来の貿易赤字をなんとか減らしたい政府の苦肉の策であろう。勧農局の武田昌次が明治一一年（一八七八）に苗木を移入していた。[11]

その後、大正期になると台湾やサイパン島において日本人によるコーヒー栽培が始まる。とくに台湾では昭和五年（一九三〇）に住田物産、六年（一九三一）に木村コーヒー店が進出して本格的に生産されることになる。国産紅茶も、明治三一年（一八九八）に三井合名会社（日東紅茶）がやはり台湾で製茶に着手したのを端緒とするが、試みは早くからあった。益田孝は《政府は明治四年に人を四人ばかりインドへ派遣して、紅茶の製造を修業させて紅茶の輸出を奨励したが、これは失敗で、それがため三井物産会社も十万円ばかり損をしたことがある。[12]》と回想している。

油絵茶屋の他に、明治初期にコーヒーを飲ませた店としては、明治一一年（一八七八）一二月二六日の『読売新聞』に広告を出した神戸元町の茶商・放香堂、[13]『絵入朝野新聞』の明治一八年（一八八五）九月五日号に広告を出している東京日本橋小網町の洗愁亭などがある。洗愁亭は「のみや」ながら、広告には《西洋酒コップ売／一ぱい二銭より　ただし《当日御光来の方へハ珈琲一ぱい無代償にて呈上す》と記されている。[14]

坪内逍遥が明治一九年（一八八六）に発表した未完の小説「内地雑居未来之夢」にコーヒー店を開くという挿話があるところを見ると、どうやらこの時期には、コーヒー店というのはまだ夢の範疇にあったらしいことが分かる。現実にも明治二一年（一八八八）一一月出版の宮川久次郎編『東京著名録』に記載されている珈琲店は可否茶館一軒のみだという。[15]

内田百閒はその随筆「可否茶館」に《私は明治二十一年四月版の「可否茶館広告」と云ふ小冊子を持つてゐる。但しその翻刻版である》[16]と書いているが、そこには次のようにある。

《但
カヒー　一碗　代価　金一銭五厘
同牛乳入　一碗　代価　金二銭
下谷区上野西黒門二番地
元御成道警察署南隣
明治廿一年四月吉辰　可否茶館主人　敬白》[17]

カヒー（コーヒー）一銭五厘は、西南戦争後のインフレを挟んで一〇年以上の隔たりがあるにもかかわらず、油絵茶屋の茶代と同じである。店主鄭永慶は長崎の唐通詞の子孫だそうで日本人。父の永寧は清国公使も務めた。京都仏学校を経て渡米。エール大学で学んだが、病気のために帰国。外務省や大蔵省などに奉職した。明治二〇年（一八八七）に自宅が火事になり、その焼跡二〇〇坪に八間と二間の二階建ての洋館を新設して開店したのが可否茶館である。それはコーヒー店といっても、支那茶館やアメリカ珈琲店を手本にした、後のカフェーに近い営業形態だった。内外の新聞雑誌、和漢洋書籍、書画を置き、酒は勃兒陀《ボルドー》、伯林《ベルリン》、煙草は久巴《キユバー》、麻尼喇《マニラ》、軽食としてパン、バター、数種の菓子も取り揃えていた。他にビリヤード、トランプ、碁、将棋も用意され、化粧室もあり、夏場にはシャワー室、氷店も設けられたという。収容人数は五〇余人。しかし、いかんせん時期尚早だった。営業に失敗した永慶は明治二五年（一八九二）米国に密航。

明治二八年（一八九五）、シアトルで客死した。[18]

可否茶館に次いで明治二三年（一八九〇）には上野の第三回内国勧業博覧会会場にダイヤモンド珈琲店という軽飲食の店ができ、人気を博した。八木新蔵がアメリカで研究してきたコーヒーを飲ませるというふれこみだった。[11]浅草六区の日本パノラマ館内にも出店した。当時の引札によれば次のようなメニューになっている。[19]

コフヒー	三銭
牛乳入コフヒー	五銭
紅茶	三銭
アイスクリーム	四銭
チョコレート	五銭
オムレツ	七銭
ビフテキ	七銭
ライスカレー	七銭

コーヒー三銭は可否茶館の倍額である。オムレツもビフテキも同じ値段というのは興味深い。例えば、松原岩五郎『最暗黒の東京』（岩波文庫、一九九九年版）によれば、明治二〇年代、東京市中、室町、芝、牛込あたりの商賈職工たちを顧客とする飯屋では一人前平均八、九銭より一〇銭くらいの勘定だった。

ちょうどこの頃流行った川上音二郎のオッペケペー節に《はらにも馴れない洋食を、矢鱈に食うのも負惜しみ、内緒でソッと反吐はいて、真面目な顔してコーヒー飲む、可笑しいね、オッペケペ、オッペケペッポーペッポーポー》という歌詞があった。[20] 明治二八年（一八九五）、一七歳の寺田寅彦は生まれて初めて西洋料理を食べたとき、こういう印象をもった。

《変な味のする奇妙な肉片を食はされた後で、今のは牛の舌だと聞いて胸が悪くなつて困つた。その時に、うまいと思つたのは、おしまひの菓子とコーヒーだけであつた。》[21]

オッペケペー節の揶揄そのままである。チェンバレンが観察したごとく、茶屋というしごく軽快な喫茶店が日常化していたのだから、そうやすやすとコーヒー店が割り込めるはずはないにしても、寺田青年の感想はコーヒー店の将来がかなり有望なことを感じさせる。

・

［1］瓜生政和『西洋見聞図解』二篇坤、丁子屋忠七、一八七三年版。

［2］木下直之『美術という見世物』平凡社、一九九三年。出典は『東京日日新聞』一八七六年四月二九日号。

［3］木下直之、前掲書。出典は『東京日日新聞』一八七六年四月七日号。

［4］内川芳美『新聞史話』社会思想社、一九六八年版。明治五年（一八七二）一一月の『愛知新

聞』記事による。田中芳男編『捃拾帖』（東京大学総合図書館蔵）に載っている明治四年（一八七一）の西洋料理南海亭の品書に見える「コヘイ」は一匁二分。円銭の使用はこの年から。古金銀停止は明治七年（一八七四）。一匁二分は今日の一五〇〇円ほどか。

[5] 服部誠一『東京新繁昌記』初篇（奎章閣、一八七四年）に《自針孔覗世界而値僅一銭也》とある。ただし、鏡室の外の、ケバい化粧で着飾った娘が膝詰めに猫なで声でもてなす小さな茶店は《二銭茶料》だったとも。茶店も様々であった。

[6] 平木政次『明治初期洋画壇回顧』湖北社、二〇〇一年。原本は一九三六年に日本エッチング研究所出版部より刊行されている。

[7] 小菅桂子『にっぽん洋食物語』（新潮社、一九八三年）によると、横浜では明治二年（一八六九）に谷蔵の西洋割烹、四年に開陽亭、五年に開化亭、東京では明治四年（一八七一）に神田の三河屋、六年に京橋の精養軒、九年に精養軒の上野支店などが開店している。そういうこともあってか、英国教師ベーリー編『万国新聞』第一五集（一八六九年二月）に横浜裁判所向いのエドワルズが食品等の販売広告を出している中に《生珈琲《なまこをへい》並焼珈琲《やきこをへい》》という記述が見える。ただし明治一一年（一八七八）に来日したイザベラ・バードの『日本奥地紀行』（高梨健吉訳、平凡社、二〇〇〇年）でも《実際に日本では、多くの人が出かける保養地の外人用の少数のホテルを除いては、パン、バター、ミルク、肉、鶏肉、コーヒー、葡萄酒、ビールが手に入らない》とあるように需要は限られていた。

[8] 西沢爽『雑学歌謡昭和史』毎日新聞社、一九八〇年。

[9]『値段の明治大正昭和風俗史』上巻、朝日文庫、一九八八年版。

［10］『ビールと日本人』（キリンビール編、三省堂、一九八四年）に示されているビールの値段から類推。明治一四年（一八八一）、六〇ガロン入大樽の輸入価格が一五ドル、小売が六〇ガロン二四円。手数料と儲けをどのくらいにするかでレートは変わってくるが、六掛けで一ドル一円になる。イザベラ・バードは《一円は一ドルあるいは私たちのお金の約三シリング七ペンスに相当する紙幣である》と記録している（前掲書）。三上隆三『円の社会史』（中公新書、一九八九年）によれば、一八五四年に江戸幕府とアメリカが合意した交換レートは一両（一円）＝四ドルであった。その後一八六七年のパリ第一回国際貨幣会議において純金量によって五〇フラン＝四〇マルク＝一〇ドル＝二ポンドという決議がなされ、それは一〇円に相当した。すなわち貨幣に含まれる金の量から一ドル＝一円が通用することとなったのである。明治三〇年（一八九七）に日本政府が第二次金本位制度を設定するにあたって旧一円を二円と評価し直すまでこのレートが用いられていたらしい。

［11］『日本珈琲史』珈琲会館文化部、一九五九年。

［12］『自叙益田孝翁伝』中公文庫、一九八九年。

［13］明治一五年（一八八二）発行の『豪商神兵湊の魁』に放香堂の店頭図が掲載されている。《神戸で最初にコーヒーを販売したのは、元町三丁目の茶商「放香堂」です。放香堂は明治七年（一八七四）開業で主に宇治茶の販売をおこなっていましたが、明治十一年（一八七八）よりコーヒーの販売も始めました。同年十二月二十六日付の読売新聞に、広告を出しています。そこには、「焦製《しょうせい》飲料コフィー弊店にて御飲用或ハ粉にて御求共に御自由」と書かれており、コーヒーを飲用と粉で販売していたことがわかります》（『神戸とコーヒー　港からはじまる物語』神戸新聞総合出版センター、二〇一七年）。

[14] 林丈二『明治がらくた博覧会』晶文社、二〇〇〇年。また、実在の店かどうか分からないが、可否茶館開店の前年（一八八七）、『東京絵入新聞』に連載された広津柳浪の処女小説「女子参政蜃中楼」に大阪中之島の珈琲店が描かれている。《中の嶋公園の西の入口梅檀の木橋の北詰に名代の珈琲店《かうひーてん》ありまだ午前九時頃にて少うし不適当の時間と思はる、に早くも此店に休息せる二人の書生あり各々年は十七八と見ゆるに其話しぶりの「マセ」過ぎたる傍聴せば随分抱腹すべき事ぞ多かる聽て十五六の愛くるしき娘《ねへ》さんが運び出す珈琲を前に扣《ひか》へ》云々、二人の学生は新聞種となった事件の顚末を話し合う。読者はそれにより結末を知る仕掛けである（『女子参政蜃中楼』大原武雄、一八八九年）。

[15] 星田宏司「日本最初の珈琲店（可否茶館）—その記述をめぐる問題点」『日本古書通信』七〇三号、日本古書通信社、一九八八年二月。

[16] 内田百閒「可否茶館」『御馳走帖』中公文庫、一九七九年版。

[17] この原本は石井研堂が所蔵していたもので、奥山儀八郎がそれを譲り受けて、昭和一五年（一九四〇）に写真版で復刻した。原本は『可否茶館広告 付世界茶館事情』鄭永慶、明治二一年（一八八八）四月六日出版。

[18] 星田宏司『日本最初の珈琲店』いなほ書房、一九八八年。小菅桂子、前掲書。湯本豪一『図説明治事物起源事典』柏書房、一九九六年。前掲『日本珈琲史』は閉店の理由について父永寧が『日本新聞』紙上で日本国を批判したことが影響したとしている。

[19] 奥山儀八郎『珈琲遍歴』旭屋出版、一九七三年。引用したのはメニューの一部。パノラマ館とは円筒形の建物の内側に連続した絵を掲げ、中央から観客が眺める建物。一八世紀にイギリス人

ロバート・バーカーが発明した。日本で初めて建てられたパノラマ館は明治二三年（一八九〇）五月七日に上野公園内に開館した上野パノラマ館で、半月ほど遅れてこの日本パノラマ館がオープンした（木下直之、前掲書）。日本パノラマ館は大倉喜八郎が明治初年（一八六八）にニューヨークで見たパノラマ館の迫真性が忘れられずに開設したものだった（坪内祐三『靖国』新潮社、一九九九年）。当時のちらしによればフランス人画家ヂフトが描いた南北戦争の場面が高さ二〇間（約三

可否茶館　硯友社の機関誌『文庫』1889 年 4 月 12 日号より

鄭永慶の肖像　『可否茶館広告』復刻版より

六メートル）周囲八〇間（約一四五メートル）の所に環列されるとなっている。人物は等身大に描かれていた。大阪難波にも明治二四年（一八九一）パノラマ展覧所がオープンし、そこにはナポレオンが捕縛された「セダンの戦い」が描かれていた（橋爪節也「普仏戦争略記」『書影でたどる関西の出版100』創元社、二〇一〇年）。さらに日露戦争後の明治三九年（一九〇六）には浅草日本堤のパノラマ館で旅順大激戦のパノラマが公開された。それは明治四二年（一九〇九）頃、芝公園内の勧工場でも興行されていたようで《見物は、汽車の客車の如く作られた客席に座って、窓外を走る戦線を眺める仕掛けになっていた》という（長崎抜天『絵本明治風物詩』東京書房社、一九七一年）。

[20] 阪田寛夫『わが小林一三』河出書房新社、一九八三年。出典は堀内敬三『音楽五十年史』鱒書房、一九四二年。川上音二郎は明治一八年（一八八五）頃から一座を率いて「オッペケペー節」で人気を博した。書生芝居と呼ばれたその時期の刷物「川上の新作当世穴さがしおツぺけぺー歌」には《はらにも馴ない洋食を。やたらに喰ふのもまけをしミ。ないしよでこうかでへど吐いて。まじめな顔してコーヒ飲む。おかしいねエラペケペツポ。ペツポーポー》とある。

[21] 寺田寅彦「銀座アルプス」『寺田寅彦随筆集』第四巻、岩波文庫、一九五〇年版。

薬局からカフェへ

薬効

コーヒーを飲む習慣、胃がん防ぐ？

こういう見出しで愛知県がんセンター研究所疫学部の嶽崎俊郎主任研究員らがまとめた調査結果が報道されたことがある。[1]名古屋市内在住の約二万人に対して一〇年間追跡調査したところ、二六二人が胃癌にかかった内、コーヒーを一日三杯以上飲む人の発生率はまったく飲まない人の半分だったというのだ。なぜコーヒーが良いのかというと、コーヒーに含まれている成分が癌を引き起こす活性酸素を抑制するからだそうである。コーヒーの成分といえば、まずはカフェインだが、[2]カフェイン・オイルとも呼ばれるクロロゲン酸（ポリフェノールの一種）が発癌物質であるニトロサミンの働きを抑えるのだそうだ。また、アルカロイドの一種であるカフェインは脳や筋肉の働きを活発にし、血液循環を良くし、さらに利尿効果もある。そして豊富なビタミンB群は疲労回復を促すのである。

茶 がんの予防に効果[3]

静岡県立短大の小国伊太郎教授がまとめた免疫学的調査によると、癌死亡率が全国平均を著しく下回っている静岡県でも、緑茶の産地である県中西部においてとくにSMR(標準化死亡比:年齢を考慮して補正した死亡率)が低く、全国値の五分の一から三分の一だったという。生産地の人たちは濃い目のお茶を頻繁に、非生産地の一・五倍以上、飲む傾向が見られたそうだ。それが効いたと考えられるわけだが、なかでも渋味成分のカテキンが良いらしい。癌抑制の他にも、血中総コレステロール濃度、血圧上昇、血糖値上昇を抑え、しかも抗菌抗毒作用もある。カテキン以外にも、ビタミンC、E、カロチン、カフェイン、フッ素、フラボノイド、サポニンなどが含まれている。緑茶のみならず、茶に関しては紅茶でもウーロン茶でも成分に大差はなく、磯淵猛『紅茶 おいしさの決め手』[4]によれば、カフェインは覚醒作用、強心作用、利尿作用があり、消化液の分泌を良くし、中枢神経刺激によって脳の働きを活潑にするばかりでなく頭痛やめまいを抑え、疲労を回復させてくれる。カテキン類(タンニン)は胃腸の働きを活発化させ、抗菌作用によって食中毒やインフルエンザ・ウイルスの感染を予防、脂質の酸化を妨げ老化を防ぐ。金属類と結合し水を浄化する。悪玉コレステロールを減少させ、血圧や血糖値を下げる、つまり肥満防止になる。フッ素は虫歯を予防する。ビタミンB群は疲労回復、アミノ酸はうまみ成分で味わいを豊かにしてくれる。

このような茶の効用は今に言い出されたものではない。一六七八年、オランダの医師ボンテクーが出版した『茶 このすぐれた薬草について』[5]の中には《昼食後すぐ一〇杯から一二杯の茶を飲んでも決して害はない。茶は食後の消化を助ける》あるいは《一日に五〇〜六〇杯の茶を飲めば熱を下げることができる》さらに《もしすべての人々が、皆同じ体質ならば、私はなんのためらいもなく、五〇杯か一〇〇杯の茶を一度に飲むように勧めるだろう》などと書かれている。この主張はその後かなり物議をかもしもしたようだが、前述の小国教授は家庭用の湯飲みで一日一〇杯（約一二〇〇cc）飲めばカテキン一グラムが摂取され、適量、すなわち癌予防に効果がありかつ副作用がない、としている。

古代の人々も茶の薬効については決して無知ではなかった。ボンテクーに先んずること千年、唐代の『新修本草』（六五九）には次のように書かれている。

《茗の味は甘苦、微かな寒、毒は無く、瘻瘡《できもの》に効き、小便を利くし、痰・熱・渇きを去り、人を睡らせず、秋に採む。[6]》

茗は茶のこと。寒とは薬草の気味を温・涼・寒・熱の四種に分け、鎮静の薬効を指すが、このような分類には古代の医学知識を集大成したギリシア人ガレノス（一二九年頃

〜二〇〇年頃）の四元素・四体液理論に通じるものがある。自然界を土・火・風・水の元素に還元し、人間の体内には黄胆汁・黒胆汁・粘液・血液があって、それらがそれぞれ、怒りっぽい・憂うつ・快活・多血の性格を決定するというもので、各々がまた温・冷・寒・湿を組み合わせた性質をもつとされる。このバランスが崩れると病気になると考えられた。

アラビアの医術も長きにわたってガレノスを理論的根拠としていた。一六世紀の高名な医師ダーウード・アルアンターキーは薬草事典を編纂したとき、ブン（コーヒー豆の仁）を薬草としてそこに含め、利尿作用があって腎臓に良く、血を鎮め、天然痘や麻疹、出血性発疹を防ぐなどとした。そしてコーヒーは冷・乾であって憂うつ性の人には有害であるという説に対し、コーヒーは苦く、苦い物質はすべて温、ただし仁そのものは平衡か第一段階の冷であると反駁を加えたそうである。[7]

茶はわが国でもやはり薬用として高く評価されている。真偽はともかく、平安時代中頃、都に悪疫が蔓延したとき、空也は観音像を車に載せて引き回しつつ、病人に茶を飲ませて回復させた。時の帝も服用したところから「王服茶」と称されたという。また、よく知られる栄西の『喫茶養生記』（一二一一）は《茶也、末代養生之仙薬、人倫延齢之妙術也》に始まり、次のように茶を推奨する。[8]

《其示養生之術計。可安五臓。肝、肺、心、脾、腎也。五臓中、心臓為王乎。心臓建立

之方。喫茶是妙術也。》

養生するには五臓、とくに心臓を健康に保つことであり、そのためには茶を飲むのが良い。

《殊以濃為美。食飯飲酒之次、必喫茶消食。》

濃いお茶を食事や酒の後に飲んで消化を助けるべきである。そして

《諸薬唯主一種病、各施用力耳。茶為万病之薬而已。》

薬は一種類の病気に効くだけだが、茶は万病に効く。これが決して大げさな表現でないことは始めに引用した科学的な実験によって証明されていると考えてよいだろう。

[1]『朝日新聞』一九九八年九月八日号。

[2] ベネット・アラン・ワインバーグ＋ボニー・K・ビーラー『カフェイン大全』（別宮貞徳他訳、八坂書房、二〇〇六年）によれば、コーヒーの薬効に着目していたゲーテに勧められて、一八一九年、モカ豆の分析をした医師フリードリープ・フェルディナント・ルンゲが初めてカフェインの抽出に成功した。当時はアルカロイド（植物から抽出される有機化合物の一種）の発見が続いていた。モルヒネ、ストリキニーネ、キニーネ、ニコチン、アトロピン、コカイン……いずれも毒性と薬効の二面性を持っている。

[3]『日本經濟新聞』一九九五年一月一四日号。ただし《コーヒー1日4杯で「死亡率アップ」》という研究もある。米サウスカロライナ大学などが行った疫学調査によれば《55歳未満に限ると週

に28杯以上コーヒーを飲む人の死亡率は、男性では1・5倍、女性は2・1倍になっていた。（中略）コーヒーは世界で最もよく飲まれている飲み物の一つだが、健康影響はよくわかっていない。米国立保健研究所などは昨年、50〜71歳の男女40万人対象の疫学調査で、1日3杯以上飲む人の死亡率が1割ほど低いとの結果を発表している》（『朝日新聞』二〇一三年八月二六日号）。国立がんセンターなどの調査では《コーヒーを1日に3〜4杯飲む人ではほとんど飲まない人に比べて死亡リスクが24％低かった。緑茶は1日1杯未満の人に比べ、1日5杯以上飲む男性で死亡リスクが13％、女性で17％低かった》（『朝日新聞』二〇一五年五月七日号）。飲み方などにもよるだろうが、コーヒーには、糖尿病や肝臓がんの発症を抑える効果があり、大腸がん、子宮体がんなどを発症しにくくする可能性がある。他方、緑内障、膀胱がんなどは発症しやすくなる可能性があり、重い心臓病、腎不全の人や妊婦には悪影響があるようだ。浅煎り、砂糖少なめ、一日三〜四杯がおすすめ（『朝日新聞』二〇一五年六月六日号）。また二〇〇三年に厚生労働省がブラジル産のコーヒー豆から基準値以上の残留農薬（ジクロルボス）を検出したと発表したことがある。当時ブラジル産は輸入される全コーヒー豆の二三％を占めてトップ。年間九万五〇〇〇トンが輸入されていた（『朝日新聞』二〇〇三年九月五日号）。

［4］磯淵猛『紅茶　おいしさの決めて』保育社カラーブックス、一九九四年版。

［5］滝口明子『英国紅茶論争』講談社、一九九六年。

［6］『中国の茶書』布目潮風＋中村喬編訳、東洋文庫、一九七六年。陶弘景『神農本草経集注』を増補したもので、外来種が多く含まれる「新附品」の中に茗（茶）は初めて中国本草書で独立項目として登場した。布目潮風は飲茶が中国で普及した後、七世紀後半になってようやく本草書に記

載されたことを重く見て、茶は薬用から飲用に転じたのではないと主張している（布目潮風『中国喫茶文化史』岩波書店、二〇〇一年）。

［7］ラルフ・S・ハトックス『コーヒーとコーヒーハウス』斎藤富美子＋田村愛理訳、同文館出版、一九九三年。

［8］熊倉功夫＋中村利則＋筒井紘一＋中村修也『史料による茶の湯の歴史』上巻、主婦の友社、一九九四年。

覚醒作用

禅家が茶を好んだのは健康のためばかりではなく、眠気覚ましという効果のためでもあった。『臨済録』（九世紀末）の「行録《あんろく》」すなわち臨済義玄の修業ぶりを記録した中に、彼が襄州の華厳院を訪問した場面がある。するとちょうどそこの和尚は居眠りをしていた。実は、眠ったふりをして修業者を試したのだ。臨済は難じた。「和尚さん、いねむりなどしてなんですか！」。すると和尚は「いっぱしの禅客はもっと頭が柔らかいもんじゃがなあ」と返した。臨済はなるほどと思い、「茶をたてて持って来て、和尚のために眠気覚ましに飲ましてあげてくれ」と侍者に命じたそうである。和尚は茶をぐっとあおった後、「この方をいちばん奥の良い部屋へお通ししろ」と寺の者に言いつけた。臨済は茶を有効に用いることを学んだ。[1]

そもそも飲茶が中国において一般に広く行われるようになったのは、封演の著した『封氏見聞記』の記すところによると、唐の玄宗の開元中（七一三〜七四一）に泰山（山東省）にある霊巌寺《りようがんじ》の降魔師《こうまし》が禅教を広めるとき、眠気を払うため座禅中に茶を飲むことを許したのがきっかけだとされる。その風が一般に流行し泰山から首都長安に伝わり、人々は道俗を問わず銭を出して茶を飲んだ。たちまち長安城内には喫茶店が軒を並べたという。[2]

アラビアにおいても、これと全く同じようなコーヒー普及の逸話が伝えられている。コーヒーの語源には二つの有力な説があり、一つはエチオピアの地名カッファ（Kaffa）からきたというもの、もう一つはアラビア語のカフワ（qahwa）が変化したというものである。カフワとは酒の別称だったのだが、その意味は「取り去る」であって、飲酒が食欲を取り去ることからそう呼ばれ、眠気を取り去るコーヒーも同じ発想でカフワと呼ばれるようになったと推定されている。この説に与すれば、コーヒーは名称自体に眠気覚ましの意味が込められていることになる。そしてやはりコーヒーを最初に用いたと考えられているのはイエメンのスーフィーすなわちイスラム神秘主義者たちだった。彼らは一五世紀半ば、おそらく紅海を挟んで隣り合うエチオピアから持ち帰ったコーヒー豆を飲用に供することを始めた。スーフィーたちは修道場で神との合一を得るための勤行を集団で行う。外界を忘却し聖的なものと交歓するために没我の境地を達成する。その恍惚体験を得るため種々の薬物を用いた。彼らは夜の修行のため、精神を昂らせ眠気を覚ますコーヒーを神への献身を助けるものとみなし奨励した。信者たちは俗界では職人や商人であったから、自然、コーヒーは一般に普及することになったという。[3]

また、さらにスーフィー教徒たちのコーヒーの飲み方というのも禅宗のやり方に酷似している。一六世紀初め頃のイエメンでは次のように喫茶が行われていた。《素焼きの大きな容器（mājūr）にコーヒーを注いで飲んだ。教団の指導者は小さな柄杓でそれをすくい、メンバーに手渡し、彼らは右方向に廻し飲みするのだった。》[4]

やや状況は違うが、今日のアラビア遊牧民も山盛りいっぱいにラクダの乳を満たした洗面器状のボウルを皆で廻し飲みする。[5] あるいは南米パラグアイのマテ茶（イェルバ・マテ）も瓢箪型の容器からボンビジャという管で飲むとき、正式な作法では同じマテを同じボンビジャを使い二人もしくは六人の客で廻し飲みする。[6] フィジー島ではヤンゴーナという植物の根から調整した汁をカヴァと呼び、神聖な儀式や客のもてなしの際に皆で廻し飲みする。ヤンゴーナは胡椒科の植物なので刺激的な味覚を持ち、かつ酩酊を得ることができる。[7]

そして禅宗はというと、岡倉覚三の『茶の本』にこのようなくだりがある。《仏教徒の間では、道教の教義を多く交えた南方の禅宗が苦心丹精の茶の儀式を組み立てた。僧らは菩提達磨の像の前に集って、ただ一個の碗から聖餐のようにすこぶる儀式

張って茶を飲むのであった。この禅の儀式こそはついに発達して十五世紀における日本の茶の湯となった。[8]》

コフェア・アラビカ（coffea arabica アラビカコーヒーノキ）はその名に反してアラビア半島の原産ではない。アラビアに自生していなかったとすれば、イエメンのスーフィーたちもどこか余所《よそ》から持ち込まなければならなかった。原産地とされるエチオピア（アビシニア）でコーヒーがどう扱われていたのかはっきりしないが、おそらく実をビンロウのようにそのまま噛んでいたのか、あるいは潰して液状にして用いたようである。いずれにせよ、スーフィーたちの用法からすれば、興奮剤に近い感覚だったのではないだろうか。[9]

［1］『臨済録』（古田紹欽訳注、角川文庫、一九六二年）による著者の意訳。

［2］『中国の茶書』布目潮風＋中村喬編訳、東洋文庫、一九七六年。

［3］ラルフ・S・ハトックス『コーヒーとコーヒーハウス』斎藤富美子＋田村愛理訳、同文館出版、一九九三年。第二章。もっと早く一三世紀頃にはコーヒーが飲まれていたという説もあるが、ハトックスは否定している。ワインバーグ＋ビーラー『カフェイン大全』（八坂書房、二〇〇六年）はカフタの木（アラビアチャイノキ）から作る飲み物カートから借用した説、活力や力を意味するquwwa あるいは cahuha に由来する説などを紹介している。ザイールのピグミーはボンボリアとい

う飲料をもっている。コーラの実とトウガラシとナス科の非常に苦い実とを混ぜてついて、熱湯で溶いたもので、カフェインが豊富だそうだ（大橋力編『ピグミーの脳、西洋人の脳』朝日新聞社、一九九二年）。コーヒーも最初はボンボリアと同じように飲まれていたのかもしれない。

［4］ハトックス、前掲書。

［5］本多勝一『アラビア遊牧民』講談社文庫、一九七三年版。本多の体験したアラビア・コーヒーは《コーヒー豆のほかに、ヘイルと呼ばれる強い香料の実（ショウズク＝Elettaria cardamomum）を加えるから、たとえばショウガがはいっているような感じになる。それを、サカズキくらいの小さな杯に、ほんの少しずつ、せいぜい10c.c.くらい注いでは渡してくれる》ものだった。エジプトの作家ターハー・フセインの小説には《召使いがコーヒー豆と皮（肉桂の根の皮で香料として利用する）を材料にしたコーヒーを持って同席者らの間をまわって》とある（『不幸の樹』池田修訳、河出書房新社、一九七八年）。チベットにはプッチャがある。茶にバターとミルクと食塩を混ぜたもので、一日に何十回と飲み塩分を補給するという（真鍋俊照『チベット美術の旅』六興出版、一九八一年）。

［6］ベン・マッキンタイアー『エリーザベト・ニーチェ』藤川芳朗訳、白水社、一九九五年版。W・H・コーベル『パラグアイ』（一九一七）からの引用。

［7］山田美恵「忘れられない不思議なカヴァの味」『ON THE LINE』一二巻六号、KDD広報室、二〇〇〇年二月。

［8］岡倉覚三『茶の本』村岡博訳、岩波文庫、一九八九年版。

［9］ビンロウは台湾チューインガムとも呼ばれ、弱い覚醒作用のあるヤシ科常緑樹の果実。アジ

アでは他に、キンマ、パーン（ビンロウの実に石灰を加えキンマの葉でくるむ）、カートなどと呼ばれる同様の嗜好植物が現在も広く用いられている。ビルマの山地民は茶の葉を乳酸醱酵させた漬物レッドペッドを持ち、北部タイには嚙み茶ミエン、雲南省西双版納にはニイエン（食べる茶）などがある（『太陽』平凡社、一九八四年五月号）。雲南省の少数民族が竹筒で醱酵させて作る飲料は日本にも伝来し、高知の碁石茶、徳島の阿波番茶などとして残っている（『朝日新聞』一九九三年五月三〇日号）。森達也によれば《カートとはニシキギ科やアカネ科の樹木の葉で、イエメンではほとんどの男たちが愛好する嗜好品だ。朝摘みのこの葉っぱをスークで購入した男たちは、葉っぱを少しずつ口に入れて延々と嚙みつづける。口の中に汁が溜まったところで水や炭酸飲料でエキスを飲み下す。（中略）嚙み始めてから一、二時間でハイになるらしい。いわば酒の代わりなのだろう。ここイエメンでは昼間から男たちのほとんどがカートを嚙んでいるが、隣国のサウジアラビアやエジプトでは麻薬扱いで逮捕される》（「虚実亭日乗　善悪の狭間に悶える南京」『ｓｃｒｉｐｔａ』紀伊國屋書店、二〇〇七年秋号）。

コーヒーの伝播と薬局

その後、コーヒーの普及は案外と早かった。スーフィーたちが飲み始めてから五〇年もたたない内にメッカに伝わり、一六世紀初めにはカイロに達していた。次いでシリアからイスタンブールへと拡大するのに発見から一〇〇年を要しなかった模様である。コンスタンチノープル（イスタンブール）に世界初のコーヒーハウスが開店したとされるのが一六世紀中頃。オスマン帝国の年代史家イブラヒム・ペチェヴィは一五五五年頃にコーヒー一式が二人のシリア人によってイスタンブールに持ち込まれたと記している。[1]一五二八年頃、シリアに滞在していたドイツ人医師ラウオルフがヨーロッパにコーヒーを紹介し、ヴェネチアのエジプト駐在大使プロスペル・アルピンが一五九一年に薬としてコーヒーの実を持ち帰った。[2]同じ頃、やはりヴェネチアのオスマン帝国駐在大使ジャンフランコ・モロシーニもトルコからカヴェと呼ばれる種を携えて戻り、ヴェネチアの上流社会にコーヒーを知らしめる。[3]人気は徐々に広がる。フランスにコーヒーを流行させたのはトルコ大使のソリマン・アガで、ルイ一四世も一六四四年に初めて喫飲したという。[4]オックスフォードにイギリス初のコーヒーハウスができたのが一六五〇年。[5]一六八三年、サン・マルコ広場の一角にヴェネチア初のコーヒーハウス。そしてパリ最古のカフェ・プロコプは一六八六年創業。ヨーロッパ各地に続々と喫茶店は増え、オリエンタリズムとともに大衆的な流行を見せた。そうなると当然供給が追いつかなくなる。早くも一七世紀半ばにはオランダがジャワ、スマトラで栽培を開始すると、フランスもやや遅れて一八世紀初めマルチニーク島で[6]増殖に成功するなど、今日まで続くコーヒーの産地が世界的に形成されていったのである。

ただ、やはり最初は、その独特な風味から、二日酔いの薬あるいは胃薬として医師によって推奨されていた。一六五二年、ロンドンにイギリス人パスカ・ロゼが[7]開いたコーヒーハウスのちらし「コーヒー飲料の美徳」にはこううたってある。

《さてもその効能とは、何よりも胃を引き緊めその熱を去り、おおよそ消化の助けとなるものだから、午後三時、四時ごろ用いるのによいが、朝ならばいっそうよい。また、速やかに精神や気持ちを爽快にし、眼病にはその湯気を当てれば効き目がある。また気持ちの悪い時や頭痛によく、その他、リウマチス、胃病、風邪、肺病、咳、浮腫、痛風、壊血病、不妊症、肝臓、憂鬱症、気力減退によく、眠む気醒ましとして執務には好適だが、夕食後は摂取しない方がよい。これを常用しているトルコでは、結石や痛風、壊血病、白癬、その他の皮膚の患いなく、また、下痢や秘結などを起こすことがない。》[8]

今日の研究によって支持されているカフェインの薬効はかなり理解されていたことが分かる。このちらしから間もない一六六五年、ロンドンはペストの大流行という試練に晒された。当時、人口約五〇万人の内およそ七万人が死亡したといわれる。市当局は伝染防止策として人々がコーヒーハウスやタヴァーンへ出入りすることを制限したが、あまり効果はなかったそうである。反対にコーヒーがペストの予防薬になるという噂がまことしやかに囁かれた。[5]

一六世紀初頭のヴェネチア、まだ希少品としてコーヒー豆が売られていたのは薬屋であった。[3] 一六五五年、オックスフォードにコーヒーハウスを開いたアーサー・ティリヤードは王党派の薬剤師だった。[5] さらに、オーストリアではカフェを開店するために、薬局同様、政府の許可が必要だった。手っ取り早く、すでに許可を受けている薬局をカフェにしてしまえ、というような事情があったらしく、一九世紀ウィーンの有名な文学カフェのひとつグリエンシュタイドルも元は薬局だった。[9]一九二四年にフィレンツェへ留学していた美術研究者の児島喜久雄は《イタリアではよく薬舗でカフェーを開いてゐる》と書き、高名な美術史家フォン・ボーデの逸話を紹介している。ボーデは《或る年マサッチオ研究のためエムポリオへ行つた時一寸疲れを休めるために町で一番大きなカフェステラーニという薬舗に入つてキュラソーか何かを飲んでゐた》[10]。すると、その店の初対面の主人から息子をドイツで勉強させたいと相談を受け、図らずもライプツィヒ大学へ入学させてやったそうである。

コーヒーとともに茶も薬局にはあった。『自叙益田孝翁伝』によれば、《ベルツ博士の意見によって、赤十字社の病院では患者の膳に玉露を紙で少し包んで付けることにした。ドイツでは、玉露を強心剤として薬屋で売っているということを聞いた。[11]》

というような事実があったらしいし、後年、マリー・ローランサンから百姓娘と揶揄されることになるココ・シャネルは少女時代の会話をこのように回想している。

《「お茶をのみにゆかない」とあたしが言うと、「お茶？」「どこへ行くの？」ときく。「モード雑誌にあったわ。パリではお茶をのむのよ。とにかくそうなのよ。儀式みたいなものよ」
「ココ、お前はどうかしているよ」
「お茶がのみたいわ」
「そんなものはありません」
「薬屋にあるわ」》[12]

ココはオーヴェルニュの出身である。そして面白いことに、このオーヴェルニュすなわちフランス中南部の山岳地帯がパリのカフェとは切っても切れない縁にあるのだ。《現在、パリのカフェ、ブラッスリーの経営者のうちの八割以上が、オーヴェルニュ人である。使用人、ギャルソンの出身地に関しては正確な数字がつかみ難いが、やはりオーヴェルニュ人が圧倒的な多数を占めていることはたしかだ》[13]と玉村豊男は検証している。一九世紀後半、水を運搬する労働力としてパリに出稼ぎに来た彼らは時代とともに持ち前の体力と倹約精神を発揮し炭屋として成功する。店を持ち、安い地酒を置くようになる。それがブーニャと呼ばれる炭屋兼業の酒場である。ブーニャはコーヒーの大衆化にともなってコーヒーをメニューに加え、いわゆるカフェへと発展してゆく。自然、同郷人を働き手として呼び寄せることになる。よく働くので一〇年くらいで独立する。この繰り返しでカフェはことごとくオーヴェルニュ人のものになっていくわけである。そして、パリのカフェの特徴のひとつに必ず挙げられる道路に面した明るいテラス席を考案し、テラス席とカウンターでの立ち飲みを別料金にすることなどは彼らの作り上げたスタイルだという。また、玉村は有名なカフェ、ドゥー・マゴの主人らが薬剤師と関係の深いことを知り、オーヴェルニュ地方がハーブや薬草に恵まれていることをその理由かと考えているが、もともとカフェは薬局に属していたのであった。

[1] ラルフ・S・ハトックス『コーヒーとコーヒーハウス』斎藤富美子+田村愛理訳、同文館出版、一九九三年。

[2] 井上誠『珈琲記』ジープ社、一九五〇年。この記事はオランダ人イエ・ハーヘン (I. Hagen) によるとしている。

[3] 塩野七生『イタリア遺聞』新潮文庫、一九九八年版。

[4] 鈴木信太郎『文学付近』白水社、一九三六年。

[5] 小林章夫『ロンドンのコーヒー・ハウス』PHP文庫、一九九四年。クロムウェルがユダヤ人のイギリス居住を認めるとともにオックスフォードにやって来たジェイコブという人物が、自らの主人だったトルコ人が大事にしていたコーヒーの実を持ち込み、飲み物として店で提供したという。

[6] ジャン・メイエール『奴隷と奴隷商人』(国領苑子訳、創元社、一九九五年版) によれば、一七二〇年頃にマルチニーク、グアドル、ギアナに移植され、一八世紀末には西インド諸島が奴隷を使って生産高を上げた。コーヒーは綿花に次いで多くの人手が必要な植物だという。詩人として

知られるアルチュール・ランボーは二〇歳で詩を捨てた。一八八〇年、イエメンのアデン（当時は英国の保護領）へ流れ着いてバルデー商会に勤め始める。一八八五年一月一五日付けのアデンから家族宛に出された手紙には《ここでのぼくの仕事はコーヒーの購入です。月におよそ二十万フラン分購入します。一八八三年の一年間に三百万フラン以上を購入しました。》とか、同年四月一四日には《主な取引はモカと呼ばれるコーヒーです。モカ〔イエメン北部の紅海岸の港で、十七・十八世紀にはコーヒーの積み換え・輸出の一大拠点。モカ種はこの地名に由来する〕がさびれて以来、モカ種のコーヒーはすべて当地から搬出されます。》などとしたためられている（『ランボー全集』平井啓之他訳、青土社、二〇〇六年）。

[7] 中東方面を縄張りにしていたイギリス商人エドワーズがともなって帰国したギリシア人の召使いパスカ・ロゼがセント・マイケル小路に開店した（小林章夫、前掲書）。

[8] 井上誠『コーヒー入門』現代教養文庫、一九六二年。大英博物館所蔵のちらしの写真版が掲載されている。

[9] 菊盛英夫『文学カフェ』中公新書、一九八〇年。

[10] 児島喜久雄『塡空随筆』全国書房、一九五一年版。

[11]『自叙益田孝翁伝』中公文庫、一九八九年。

[12] ポール・モラン『獅子座の女シャネル』秦早穂子訳、文化出版局、一九七七年。

[13] 玉村豊男『パリのカフェをつくった人々』中公文庫、一九九七年。ニューヨークにも同じような現象があるようだ。《それにしてもコーヒーショップといえばギリシャ人の経営と相場が決まっているのはなぜなんだろう。持ち帰り用のコップに描かれているのはいつも古代ギリシャの半裸

の影像だ》（ジェイ・マキナニー『ブライト・ライツ、ビッグ・シティ』高橋源一郎訳、新潮文庫、一九九一年）。スターバックスはギリシャ系ではないが、たしかに、セイレーン（ギリシャ神話の怪物）をロゴとして用いている。

ドラッグストア

昭和一〇年（一九三五）前後に日本で用いられたマッチラベルのコレクションが手許にある。その中にも喫茶店と薬局の関係を示す珍しいマッチを見つけることができる。ひとつは神戸元町の三星堂のもの。ラベル片面には《喫茶のピカ一　元町六　三星堂》、もう一方には《毛によろし　養毛剤　抜毛止　オードコーカス　元町三星堂》とある。養毛剤と喫茶店、しかも絵柄は花札のボウズと松。毛が生えるというナゾだろうか。なんともミスマッチ感覚に溢れたマッチだ。三星堂は今も神戸市の北野坂に本社ビルを持つ医薬品販売会社として健在だが、[1] 元来は薬局であり、この養毛剤オードコーカスは戦後も長く同社の主力商品のひとつだった。

三星堂の喫茶部については淀川長治が次のように回想している。あるとき、淀川は喫茶店に名前を付けて欲しいと頼まれ「オリオン」と命名した。

《しかし考えると神戸の元町の入口に三星堂という薬局があって、その二階がすでに喫茶店だったので、その三星堂の三ツ星からオリオンという名を考えついたのかもしれぬ。

この三星堂では、紅茶を注文すると銀のポットに入れてきて一人まえで二杯も三杯も呑めたのと、ミルクと砂糖のほかに小皿にレモンのうす切りを二枚のせてくるのが嬉しかった。それは大正の末のころで、私の中学生のころだった。》[2]

文中、喫茶店とあるが、正しくはソーダファウンテン。『風雪七十年 三星堂社史』によると、大正一二年（一九二三）に開設したソーダファウンテンは薬品売場の一角に五、六卓を並べてアイスクリーム、ソーダ水などを売っていただけだった。ところが、それが評判を呼び、元ブラ（元町をぶらつくこと）文化人が押しかけた。そこで、翌年の店舗改装を機に同ビル二階に本格的な店作りをしたのだという。同書に収められている座談会で及川英雄は次のように発言している。

《あの時分は、おたくのコーヒーはあんまり高くなかったんですね。十五銭でした。僕が覚えているのは、おたくへ一人行くとコーヒー茶わん、ところが二人以上行くとポットに入れてくれるんです。四人行ったたって金持っていないときがある。そうすると、あのボーイさんは田井さんといいましたかな。あの人はようできた人で（笑）、文学好きで、ちょっとした作家のシリーズなんか持っているんです。四人ほど行くでしょう。

「二つやで」

「はい」

というて、それがコップ四つ持ってきて、みな一ぱい入れていません。少しづつわけ

神戸元町の薬舗三星堂（1924 頃）『風雪七十年 三星堂社史』より

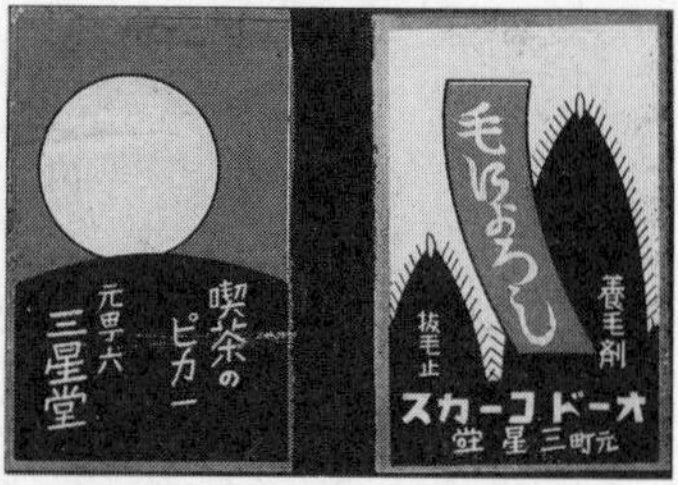

三星堂のマッチラベル

三星堂ソーダファウンテン　『風雪七十年 三星堂社史』より

る。

森本倉庫の森本さん、これはご承知でしょうが、年いった人だが、自分の息子のようなものとしかつき合わない。われわれ文学青年に理解あるおっさんです。「来よったで」というようなことで、網張っておった思い出がありますがね。[3]》

この森本倉庫の森本清については、淀川長治もその『淀川長治自伝』に一項を立てて交遊を詳述している。昭和八年（一九三三）のこと。

《神戸で映画ファンの集りというようなものを私は、月に一回元町の「ビーハイブ」（ミツバチの巣箱）と呼ぶ喫茶店で催していた。（中略）そこへ一人の黒服つめえりの手にきんちゃくのごときものを提げた初老の人が現われて、「わたくしも参加させていただきましてもかまいはいたしませぬか」と申された。この人はいったい誰なのであろう、学校の下働きのオジイさんか、銀行のげんかん番か、私たちはしかし喜んでその人にも加わってもらうことにした。[4]》

この後、淀川は須磨の豪邸で開かれたクリスマスパーティーに招かれ、そのオジイさんが富豪森本清だったという事実を目の当たりにする。

大正一三年（一九二四）、関西学院の学生だった竹中郁と明治大学を中退して家業を手伝っていた福原清が出会った。二人はすぐに意気投合し、アポリネールの六年忌に神戸三宮神社前の神戸商品陳列館一階にあったカフェー・ガスで詩の展覧会を開いた後、詩誌『羅針』を創刊する。そこに集まる若者たちはしばしば三星堂で会合を持った。山村順、一柳信二、富田彰、亀山勝、天野隆一、岡本登喜夫(唐貴)、浅野孟府らである。浅野は「アクション」や「MAVO」などの前衛運動に参加し、岡本とともにプロレタリア美術へ向かう。浅野、岡本らのグループ「DVL」も大正一三年(一九二四)に第一回展をカフェー・ガスで開催している。ちなみに一柳信二の息子が一柳慧、岡本唐貴の息子は白土三平になる。[5]さらに岸本水府は興味深い記述を残している。

《カフェーお多福は以前神戸瓦斯会社が経営したカフェー・ガスの跡を承けたものだが、そのカフェー・ガスはまた神戸のカフェーに女給なるものが現はれた最初の店だらうと言はれてゐる。[6]》

ガス会社が経営していたからカフェー・ガスだったのである。

神戸市立美術館長を務めた荒尾親成は大正期に青年団運動をやっており、今井善兵衛(今井朝路の兄)、菊田一夫らの会員と三星堂を会合の席に使っていた。荒尾が三星堂でよく見かけた人物は池長孟、西村貫一、鈴木岩治郎、岡成志、平野零児、古川ロッパ、高田稔、高木新平、佐藤隆(佐藤紅緑の息子)、竹中郁らであったという。[7]

竹中郁は元町の思い出を次のように語っている。

《竹中　フルーツホールも知っているけれど、喫茶店では三星堂とエスペロイドという店をよく知っていました。小さい時計屋があってその隣に間口一間ぐらいだったかな、エスペロイドという店は。

宮崎　三星堂は2階へ上がるんですね。

野網　3人で行って2杯注文するんです。それでポットに入れてきて、コップを3つ持ってこさせ2人分で3人飲めるわけです。砂糖は入れ放題だったしね（笑）。[8]》

三星堂のポットサービスはよほど印象的だったとみえる。

昭和一二年（一九三七）刊の雑誌『喫茶街』一月号所載「阪神茶房巡り」には、元町六丁目三星堂の喫茶ガールは《阪神間の御影、芦屋のブルジョアのマダム、むすめが、殆んど、喫茶店はこゝより知らないと云ふ風に運んで来る[9]》と書かれており、高級感のある店だったことが分かる。

マッチラベルに戻れば、もうひとつ、大阪心斎橋丹平薬局も面白い。そこには営業種目として《一般薬品／内外化粧品／滋養強壮剤／衛生材料／内外煙草／ソーダファウンテン／美粧部／度量衡器／写真材料／洋画材料》というふうに書き込まれている。ここにも出てくるソーダファウンテンとはソーダ類、サンデー、アイスクリームなどを用意するカウンター設備のことで、一八四〇年代にアメリカに登場したものである。ドラッグストアには必ずあった。

《若者が来て小銭をじゃらつかせ、気のきいたげなことを言い、野球のスコアブックやエロ雑誌を買い、ジャズを聴き、コカ・コーラを飲み、貸本の新刊恋愛小説をぺらぺら

めくる。》[10]

これは一九四〇年頃のアメリカ風俗だが、薬局でありながら雑貨店を兼ねるような店舗である。

丹平製薬は大正一三年（一九二四）、大阪心斎橋筋二丁目に丹平ハウスという木造モルタル三階建てのビルをオープンさせた。一階入口の左右を薬局とソーダファウンテンとし、大正一五年（一九二六）には二階、三階に赤松麟作の指導する赤松洋画研究所が入居した。昭和五年（一九三〇）になると同ハウスを拠点として丹平写真倶楽部が創設され、三階の展覧会場では活発な作品発表が行われた。[11]

こういう例は大阪だけではなかった。国画会の画家木内廣は次のように回想している。昭和一五年（一九四〇）頃のこと。

《えのぐがなくなると、神田小川町の裏の角にあったクサカベ薬局へ行った。薬局経営のかたわら、えのぐの製造販売もやっていて、そこで買うと、よそに出廻っている製品より、かなり安く入手できるのだった。スタジオスタイルというやつで、ずんぐりしたかたちのチューブは、他社にさきがけてつくられたようだ。》[12]

クサカベはホルベイン画材、マツダ（松田油絵具）とともに国産油絵具の代表メーカーだが、前身は薬局だった。ただ、クサカベ薬局に喫茶部はなかったのか、木内は絵具を買った後、同じく小川町にあった名曲喫茶・田園へ向かうのを常としていた。

ソーダファウンテンが銀座に誕生したのは明治三五年（一九〇二）、資生堂の福原有信が一九〇〇年のパリ万博の帰路に立ち寄ったアメリカでドラッグストアの光景を目にして帰国後直ちに取り入れたものだという。明治末から大正にかけて大流行した。銀座に限っても、早くから不二家、柳屋などが設備しており、四丁目交差点には三共銀座売店があった。松崎天民の『銀座』（一九二七）の巻末に可愛い広告が出ている。そこには《薬品化粧品／衛生材料一切／ラヂオ部品／ソーダファウンテーン》と列記されている。階上は丹平と同じように貸し会場としても機能していたようで、展覧会などが行われていた。[13] また宮地嘉六の大正八年（一九一九）に発表された小説「群像」には次のような記述がある。

《森口の個人展覧会場は京橋通りの星製薬店の三階であつた。大きなサイコロの形をみるやうな白煉瓦の四角な建物は三階から五階にかけて常にいろ〳〵の自由な展覧会が催され、最下層は販売部とカフエーとなつてゐた。[14]》

いずれも薬局・喫茶・画廊が一体となっていたわけである。

戦争によって酒類が払底した時期、東大仏文の辰野隆、鈴木信太郎、渡辺一夫、佐藤正彰、岩田豊雄、中島健蔵らは各自なけなしのワインや日本酒を持ち寄って本郷薬局の喫茶室に集まった。たちまち酒が足りなくなり、そこにあったエチール・アルコールを紅茶とビタミンで調合してウィスキーのような合成酒を一升作った。その酒はそうとう強烈だったらしく、したたかに酔った中島健蔵は気が付いてみると、筑摩書房主古田晁の家に上がり込んでいたという。[15] 薬局がカフェーを開店する理由が納得できるような逸話ではある。

一九九〇年代になって、スーパーやコンビニと何ら変わるところのない薬局が急増した。コーヒー、紅茶、日本茶、中国茶などは当然ぬかりなく置いているし、日用雑貨や文具の他、酒屋顔負けに酒類を取り揃えている薬局もある。逆にコンビニ業界には薬品を販売したいという要望があるらしい。現在すでに、規制緩和により、一部の薬品に類する商品は置かれている。店頭での調理販売を強化しているコンビニとは、要するにドラッグストアが元祖だったと結論することができるようだ。[16]

[1] 明治三一年（一八九八）、熊田佐一郎が元町六丁目で熊田三星堂薬舗を創業。二〇〇〇年に東京医薬品およびクラヤ薬品と合併しクラヤ三星堂となり、現在はメディパルホールディングス。

[2] 淀川長治「砂糖がいっぱい」『文藝春秋デラックス』一九七七年一一月号、文藝春秋。

[3] 『風雪七十年　三星堂社史』三星堂、一九六八年。

[4] 『淀川長治自伝』上巻、中公文庫、一九八八年。本書では、淀川の姉富子が西柳原に喫茶店を出すとき、野尻抱影の星の短篇集を愛読していた彼が「オリオン」と名付けたとある。また《そのころは「みずいろ」とか「椿」とかそのような名の喫茶店がそろそろ出かかったころに「オリオ

ン」という名はひどくモダンでハイカラな店名だった》とも。

［5］『大阪・神戸のモダニズム1920-1940』展図録、兵庫県立近代美術館、一九八五年。足立巻一『評伝竹中郁』理論社、一九八六年。および天野隆一『八坂通』文童社、一九九三年。岡本唐貴は一九二〇年代を回想して「或る日のカフェ・ガス」（一九八〇）と題した油彩画を描いている。林喜芳の聞いたところでは《そこのおやじの秋元さんと言うのが相当変わった男で、もと「上野精養軒」のチーフコックだったとか。無類の磊落人であるのと珈琲が五銭ということもあって、高等遊民めいた男が始終屯ろしていた。アナキスト、新聞記者、学生、労働運動家、詩人、文学的サラリーマン、画家、時に演劇人も顔を覗かせたと言う。また学生に関西学院の文学部学生のほか社会科の元気者や画学生まで集い寄った。（中略）そんなのが賑やかに屯ろする「カフェー・ガス」だから、たちまち広い壁を利用して展覧会を月一回やろうということになり、文学部の連中は連中で詩や歌の会をということになって、こんなルンペン傾向を帯びたインテリたちが自由に振る舞うので一般の客の足はまばらになった。しかし太っ腹な秋元さんは一向に気にしなかった》とのこと（『神戸文芸雑兵物語』冬鵲房、一九八六年）。当時、関西学院文学部の学生だった青山順三はクリスマスの夜の秋元のことをよく覚えている。《金モールでピカピカ飾つた大礼服をきこんで、まるで伊藤博文みたいな格好で、しかもナポレオンのような帽子をかぶって、上機嫌で店内を歩き回るのだった》（高木伸夫「自伝の虚と実」『歴史と神戸』二八〇号、神戸史学会、二〇一〇年六月）。

［6］岸本水府『京阪神盛り場風景』誠文堂十銭文庫、一九三一年。

［7］荒尾親成「三星堂」『神戸っ子』一七八号、神戸っ子編集室、一九七六年一一月。

［8］『こうべ元町100年』元町地域ＰＲ委員会、一九七一年。座談会。宮崎は第一三代神戸市

長宮崎辰雄、野網は野網敏一。

[9]『喫茶街』一九三七年一月号、話の王国社森田書房。

[10]『世界大百科事典』平凡社、一九八八年、「ドラッグストア」の項。カール・シャピロの詩集『人物、土地、事物』（一九四二）に収められている詩「ドラッグストア」より。執筆は亀井俊介。なお、佐藤哲也『コーヒー入門』（保育社、一九七四年版）によれば新大陸初のコーヒーハウス、キングス・アームスができたのは一六九六年だという。

[11]『美術都市・大阪の発見』大阪市立近代美術館（仮称）建設準備室編、大阪市教育委員会、一九九七年。

[12]木内廣『ある絵の周辺』造形社、一九七八年。クサカベのホームページによれば創業は昭和三年（一九二八）である。

[13]昭和九年（一九三四）に三共薬局楼上で開催された「大橋了介滞欧作展」のポスターが『書架』五六号（えびな書店）に掲載されている。銀座三共売店が銀座四丁目に開設されたのは大正一五年（一九二六）三月。

[14]『宮地嘉六著作集』第三巻、慶友社、一九八四年。初出は大正八年（一九一九）『福岡日日新聞』。星製薬は京橋二丁目、現在の京橋第一生命ビルディングの場所にあったようだ。

[15]中島健蔵「その肖像」『そのひと　ある出版者の肖像』臼井吉見編、径書房、一九八〇年。

[16]佐野眞一『カリスマ　中内㓛とダイエーの「戦後」』（日経BP社、一九九八年）によれば、サカエ薬局を離れた中内は《いずれドラッグストアのチェーンをつくる。おまえは知らんやろが、アメリカのドラッグストアにはソーダファウンテンなんかを飲ませるカウンターもあってカッコえ

えんや》と側近に語っていたとのことである。一九五八年頃、ニューヨークで桂ユキ子はアフリカ・スタイルの風変りなティーハウスがあるといって案内された。ところがそれは日本人には珍しくもない喫茶店だった。《ニューヨークには、ドラッグ・ストア以外に、ゆっくり腰かけて、だべりながらコーヒーを飲むなどというのんきな場所がないらしい》と感じたそうだ（桂ユキ子『女ひとり原始部落に入る』光文社、一九六二年）。

代用コーヒーの系譜

チコリー

フランスのコーヒーはまずいという意見がある。それに対して、かつて福島慶子は戦前と比べて《コーヒーがまずくなったという人もあるが、それよりも昔よりまずいコーヒーがふえただけで、おいしいコーヒーが無くなったわけではない》[1]とやや苦しい擁護をしていた。どうして戦後のコーヒーがまずいのか、それには理由がある。

例えば、『ファーブル昆虫記』の翻訳などで知られる椎名其二の評伝『パリに死す』には次のような会話が見えている。長年パリに暮らす椎名家でのひととき。客の森有正が、コーヒーがまずくなった、近くのカフェの女主人がチコリーをあまりまぜないで出したいと言っている、と口火を切る。すると、それは「コーヒー豆がなかった戦時中の名残りだね」と椎名が返す。「お客も、そのまがいもののチコリーに慣れて味覚まで貧しくなったらしく、チコリー入りコーヒーを望む客もあるんですと女主人は言っています」と森。「そんな馬鹿なこと。君もチコリーでいいのかね。私は人が何といってもメゾン・ド・カフェの銘柄しか買わないし、それを自分でいれる方法しか信じない」と椎名は憤慨する。[2] 昭和三〇年（一九五五）頃のことなのだが、椎名其二のモノへのこだわり具合が窺える印象的な回想である。

戦争中の名残りだとすれば、ボーヴォワールが『女ざかり』の中で描いているカフェ・フロールの代用コーヒーも、あるいはチコリーだったかもしれない。

《私はいつもボナパルト街の本屋の女主人を羨ましげに眺めた。彼女は赤毛の、馬のような感じの女性で、いつも美男子が傍にひっついており、法外に高価な、紅茶と小さな壜入りジャムを注文するのだった。お客の大多数は私と同じように黒っぽい飲み物でがまんしていた。（中略）一九三八年や九年に、ドイツ人たちはどんぐりを煎じたものを平気で飲んでいると聞いた時、私はびっくり仰天したものだ。白い蛆を食べる未開人たちと同じくらい彼らがかけ離れた人種に属しているように思われたのである。ところが、こんなありさまになってしまったのだ！》[3]

チコリーをコーヒーに混入するのは、必ずしも椎名が断定したように物資不足の名残りばかりではないようだ。例えば、オペラ『ラ・ボエーム』として有名なアンリ・ミュルジェールの『ボエーム生活の情景』（一八四九）には、次のような乱暴なエピソードが出てくる。
《彼等は当カッフェのモカ珈琲へ菊萵苣粉を混じてゐる現場を押さへたりと称してアルコールの濾過器を持ち来つて、法外の安値にて求めし砂糖をもつて甘味をつけ自ら珈琲を作れり。》[4]

無頼な若き芸術家たちがカフェに言いがかりをつけ、自分たちで勝手にコーヒーを作ってしまったことに対するカフェの主人からの苦情である。ここで「菊萵苣粉」と訳されているのがチコリーのことだろう。細かく言えばキクヂシャはエンダイブを指す。チコリーはキクニガナ。[5] この挿話からすれば、コーヒーにチコリーを混ぜるのは単純な物資不足のせいだけではなく、一種の詐欺まがいの行為だったということになる。

もう少し遡ると、ヘーゲルも『精神現象学序論』（一八〇七）において、神的な啓示や他分野の常識が哲学という精神の長くきびしい形成過程と完全に等価で、前者が後者の代用になると考えられていることに不満を述べ、ふたつの関係を《ちょうど、菊萵苣の根がコーヒーの代用品としてもてはやされるようなものである》[6]と表現している。ヘーゲルはまったく素性の異なる植物飲料が同一視されることに苦言を呈しつつ、コーヒー（哲学）の方が菊萵苣（啓示や常識）よりずっと香り高く、手に入れるのが困難であると言いたかったのであろう。これにより、少なくとも当時からチコリーがよく飲まれていたらしいことが分かる。ヨーロッパ各地には、コーヒー伝来の以前から野草を煎じて飲む習慣があったはずだ。実際、それはハーブティーとして今日にいたるまで多くの人々に愛飲されている。コーヒーが一番というのはインテリたちの偏見としたいところだが、やはりコーヒーにはそれだけの魅力、魔力があるということなのだろう。


［1］福島慶子『うちの宿六』中公文庫、一九九一年。元版は文藝春秋新社、一九五五年。

［2］蜷川譲『パリに死す 評伝・椎名其二』藤原書店、一九九六年。

［3］シモーヌ・ド・ボーヴォワール『女ざかり』朝吹登水子＋二宮フサ訳、紀伊國屋書店、一九八一年版。ただし、第二次大戦下のパリをうたったポール・エリュアールの詩「勇気」には《パリは凍えパリは飢えている／パリはもう道に落ちたマロンしか食べない》とある。このマロンはパリのいたるところに植えられているマロニエ（セイヨウトチノキ）の実のこと。比喩的な表現かもしれないが、本当にトチの実を食べた時代もあったのだろう。逆に第二次大戦末期のドイツではマルクで何も買うことができず、コーヒーとタバコが通貨の代わりになっていた（金倉英一「大戦末期のドイツ、そして抑留生活」『SPAZIO』三三号、日本オリベッティ、一九八五年）。

［4］プローチー、ミユルゼ『ステラ・ダラス、ラ・ボエーム』森岩雄訳、改造社、一九二八年。

［5］チコリーはキク科の多年生野菜。和名はキクニガナ（菊苦菜）。近縁種のエンダイブは一年草で和名はキクヂシャ（菊萵苣）。

［6］『世界の名著35 ヘーゲル』山本信訳、中央公論社、一九六七年。セルバンテス『ドン・キホーテ』にも《彼の胃袋は菊萵苣水よりもつと強いもので一杯になつてゐた》（片上伸訳、新潮社、

一九四三年）と出ている。

タンポポ

タンポポ・コーヒーというものもある。タンポポはチコリーと同じキク科の多年生草本。属名（Taraxacum）が「苦い菜」を意味するアラビア語（tarakhchakon）に由来するらしいように、そのほろ苦さが北半球の各地で賞味されてきた。フランスなどではサラダ用に品種改良されたものが出回っていると聞くが、岸恵子はこう書いている。

《庭に咲いているタンポポの葉っぱに、ブタの背あぶらをフライパンで炒って、ヴィネガーソースをかけ、ポッシュした卵をポトンと落として出したりする。[1]》

北朝鮮、満州では早春の頃盛んに食べる。日本でも宮崎安貞の『農業全書』（一六九七）に《葉をとり茹き、ひたし物、あへ物、汁などに料理してよし[2]》と解説されているように、食用として一般に用いられてきた。幸田露伴は蒲公英《たんぽぽ》について、

《土筆や蒲公英もいいです。蒲公英は少し苦い。蒲公英の花は黄色いのが普通だが、奥州へ行くと白い。白花の蒲公英は黄花より苦味が薄くてうまい。少し風流な人なら黄色いのだって食へるよ。[3]》

と語っているし、小野十三郎は幼年期の回想に続けて次のように述べている。

《早春の候になると、わたしはいつまでも、まだ風のきびしい野辺に出て、ツクシの頭

を見つけたり、枯芝の下に根を張っているタンポポのロゼッタをさがしたくなる。(中略)苦いタンポポは根も葉もロゼッタぐるみ油でいためて喰べるとうまい。》[4]

また、薬効の方もコーヒーに劣るものではなく、利尿剤、健胃剤として、あるいは抗菌消炎作用により各種炎症、咬傷などに効果のある民間薬として重宝されてきた。

以上のような、欧州～満州～朝鮮～日本というルートを単純になぞると、どうやらタンポポ食は遊牧民の文化に属するように考えられる。一例としてイスラエル民族の過越祭(ペサハ)にはタンポポが欠かせないということがある。ペサハとは「出エジプト記」一二章八節に、エホバがモーセとアロンに対してエジプトの国の長子をすべて殺すから、汝等は羔羊の血を門口に塗っておけ、そして《此夜その肉を火に炙きて食ひ又酵いれぬパンに苦菜をそへて食らふべし》[5]と告げ、門口の血が目印となってイスラエルの長子は災いを過ぎ越せたという出来事を記念する祭りである。研究者によれば、この儀式は古代オリエント起源のものとされ、元来は遊牧民が夏の牧草地に向かって移動する前夜の儀式であったという。[6]同章一一節には《腰をひきからげ足に鞋を穿きて手に杖をとりて急ぎて之を食ふべし》ともあり、出発を前にしての儀式であることはたしかだろう。ここでいう苦菜は具体的には、キクニガナ(チコリー)、トゲヂシャ、タンポポなどが考えられるそうだ。[7]もしそれが妥当ならば、食用の古さという点において、通説では中世アラビアに飲料として登場したとされるコーヒーをはるかに抜いていることになる。

ただし、コーヒーもすでに聖書に現れているという説がある。コーヒー研究家の井上誠は「創世記」二五章二九節、「サムエル後書」一七章二八節、二三章一一節、「エゼキエル書」四章九節に記されている「扁豆」すなわちヘブライ原典でアッダシーム（ウエカリー）がコーヒー豆ではないかと推定している。[8]「創世記」で語られているのは双子の兄弟エサウとヤコブの相続を巡っての逸話。狩りから戻って空腹だった野人エサウが弟ヤコブの天幕へやって来て、パンと扁豆の羹《あつもの》をふるまってもらう代償に家督権を譲ることを誓う。直接には非常に重要な権利を目前のわずかな利益のために捨ててしまう愚かさを教え諭していると解されるが、遊牧と定住の抗争に関する象徴的な意味が込められているとも思われる。井上は「創世記」二五章三〇節で扁豆の羹が紅羹と記され、それを飲んだエサウがエドム（紅）と呼ばれたこと、疲れを回復させた効用、および「サムエル後書」二三章一一・一二節のハラリ人アゲの子シャンマが《扁豆の満ちたる地》の民をペリシテ人より助ける記述を重視し、ハラリがコーヒーの原産地エチオピアの地名ハラー（ハラリ）と一致することを扁豆＝コーヒー豆説の主な根拠として挙げている。

もうひとつ苦菜で連想するのは茶（にがな、トまたは夕）である。茶という漢字が八世紀の唐代に考案される以前、苦菜（またはそれを煮たもの）の意味で用いられていた。ただしその苦菜が具体的に何を指すのかはよく分からない。清の徐雪樵『毛詩名物図説』に出ている茶に対して注釈者の小野蘭山はノゲシ、ツバナ、タデの和名を当てている。

ツバナ、タデはともかく、ノゲシはキク科の植物だからタンポポの親戚ということにはなる。いずれにせよ苦い菜っ葉で、空海の『三教指帰』(七九七)にも《橡の飯・茶の菜一句を給がず》と粗末な食事の例に用いられている。茶の文献初出は前漢の宣帝(在位前七四〜前四九)の時代に書かれた奴隷売買の契約書『僮約』で、その文中に出ている茶がすなわち茶を指すものと考えられている。『僮約』には奴隷のなすべき仕事が数え上げられているのだが、その中に《烹茶尽具》および《武都買茶》すなわち茶を煮ることと町まで茶を買いに行くことがある。この茶を苦菜ではなく茶だと見なす根拠は、奴隷が茶を買いに行く武都がその主家のある成都から片道七七キロメートル(二日の行程)だというところにあり、これではどうも野菜だとは考えにくいという結論になる。[9]

チコリーやタンポポをコーヒーの代用とするためには、根を適当に煎って粉末状にし、湯に混ぜればいい。以前、ある喫茶店のメニューにタンポポ・コーヒーが載っていたので試みに注文してみた。たしかにコーヒーと比較しては物足りない。だが、これはこれで、ほのかな甘味を含んだ香ばしく軽やかな飲料である。

[1] 岸惠子『巴里の空はあかね雲』新潮文庫、一九八七年。
[2]『園芸植物大事典』小学館、一九八九年。タンポポの項。
[3] 幸田露伴「座談」『甲鳥』一一号、甲鳥書林、一九四二年六月。

［4］小野十三郎『奇妙な本棚』第一書店、一九六四年。

［5］『旧約聖書』米国聖書協会、一九一四年版。

［6］山形孝夫『聖書の起源』講談社現代新書、一九八一年版。

［7］『朝日百科　植物の世界』第一四巻、朝日新聞社、一九九七年。執筆は山岡文彦。

［8］井上誠『コーヒー入門』現代教養文庫、一九六二年。アメリカ聖書協会発行の一八七七年版『THE HOLLY BIBLE』によれば紅羹は red pottage、扁豆は lentiles。「サムエル後書」には《いり豆 parched pulse》という表現も見られる。

［9］『中国の茶書』布目潮風＋中村喬編訳、東洋文庫、一九七六年。

大豆と珈琲糖

かつてはチコリーやタンポポの他にも大豆、トウモロコシ、大麦、小豆、薩摩芋、チューリップの根、百合根、どんぐりの実、籾、オクラの種などからコーヒーの代用飲料が考案された。フィリピンには黒米を鍋で煎って煮出すライス・コーヒーというものもある。明治二〇年（一八八七）発行の『発明秘術製法五百題』という書物には早くも代用珈琲が紹介されている。

《○黄蜀葵《をぐら》にて珈琲《こうひい》を製す
（物）黄蜀葵実子
（施）黄蜀葵の実をよく〳〵乾燥し之を焙りて煎却し砂糖を加へて飲料にする時は風味

とい、香気といゝさながら珈琲のことし》[1]

黄蜀葵は「をぐら」とルビがあるようにオクラを指すようだ。他に、栗実《くりのみ》と天師栗《とちのみ》が代用珈琲の原料として挙げられている。

大正時代になると代用コーヒーの商品化が試みられていたようで、『読売新聞』大正四年（一九一五）一一月二七日号に《国産モルトコーヒー生まる》《原料は麦酒用大麦にて製す、特色は滋養に富み、普通珈琲よりも美味にして価は半額なり》と大日本麦酒が広告を出している。[2]あるいは、竹中郁の詩「庭の桐の木」によれば桐の実も使われていた。

　葉が落ちてはじめて実が目立つと
　代用珈琲にするのだからと買ひに来た
　一円五十銭おいて帰つた[3]

中で最も一般的だったのは大豆コーヒーらしく、「トーヒー」などと呼ばれることもあった。例えば、太平洋戦争開戦の日に安岡章太郎は柳橋の喫茶店紅ばらへ闇のコーヒーを飲みに行く。すでに昭和一三年（一九三八）からコーヒー豆の輸入は制限されていたが、紅ばらの主人福さんは数トンのコーヒー豆を買いだめしていた。そして《客の顔をみて本物のコーヒーを出したり、ニセの大豆コーヒーを飲ませたりするということだった[4]》。コーヒー豆の輸入が激減した昭和一七年（一九四二）の新聞に次のような記事が出ている。

《珈琲豆の不足から最近各種の代用珈琲が流行し、甚だしいものはビワ、ブダウの種やドングリ、ミカンの皮ばかりの珈琲が純珈琲の値段で売られてゐる実情にかんがみ、農林省では大日本珈琲卸商組合聯合会に命じて自治統制を行はしめることとし、各種代用珈琲の規格を統一、これに即応した値段を指定、四月一日から実施することになつた。》[5]

結局、紅ばらの大量のコーヒー豆ストックも東京大空襲によってすべて灰となってしまった。

ところで、多くの日本人に初めてコーヒーの存在を認識させた功労はコーヒー入り角砂糖に帰してよいのではないかと思われるふしがある。例えば、広島県生まれの井伏鱒二は大正六年（一九一七）に上京して早稲田大学予科に入学したが、上京早々の頃、兄の友人山根雅一に生まれて初めてのトンカツを食べさせてもらい、歌舞伎見物に連れて行ってもらった。そしてその後コーヒーを飲んだ。

《雅一は鶴巻町の来々軒という店で、また生まれて初めてのコーヒーを飲ましてくれた。コーヒー茶碗に角砂糖を入れ、熱湯をそそぐと溶けた角砂糖のなかからコーヒーの粉が出る。エキゾチックな香がした。[6]》

パウリスタの本物ではなく、コーヒー入り角砂糖だというところに味がある。なお、来々軒はミルクホールの名前。

興味深いことに、このインスタントのコーヒー飲料はどうやら明治初期に日本で考案されたものらしい。その証拠の一つとして、ケンショク「食」資料室に保存されている珈琲糖の木版刷り説明書が挙げられる。発行の年月日がはっきりしないけれども、その文頭に《巴里万国博覧会銀牌受領》とあることから、この巴里万国博覧会が、もしエッフェル塔が作られた明治二二年（一八八九）の万博を指すとすれば、当然それ以降さほど遅くない時期に版行されたものと思われる。[7] この説明書に掲げられている珈琲糖の用法はこうである。

《茶碗又はコップ等に一個入れて能く沸騰したる白湯を注て匙或ハ楊枝ニて攪乱し溶解して用うべし》

これに続く効能書きの中に次のように記されている。

《そもそも珈琲は西洋各国ニ於て賞用し其用法たる甚複雑なるを以てまへに我社員高橋も感あり故に軽便の良法を考窮し始て珈琲糖なるものを製造して多年の実績を遂げ販売すること十数年大に各地諸君の賞賛を得販路日々拡張し却て西洋各国の賞用する処となる》

説明書の発行元である大阪コーヒ糖製造会社の社員高橋が初めて珈琲糖を開発し、そ

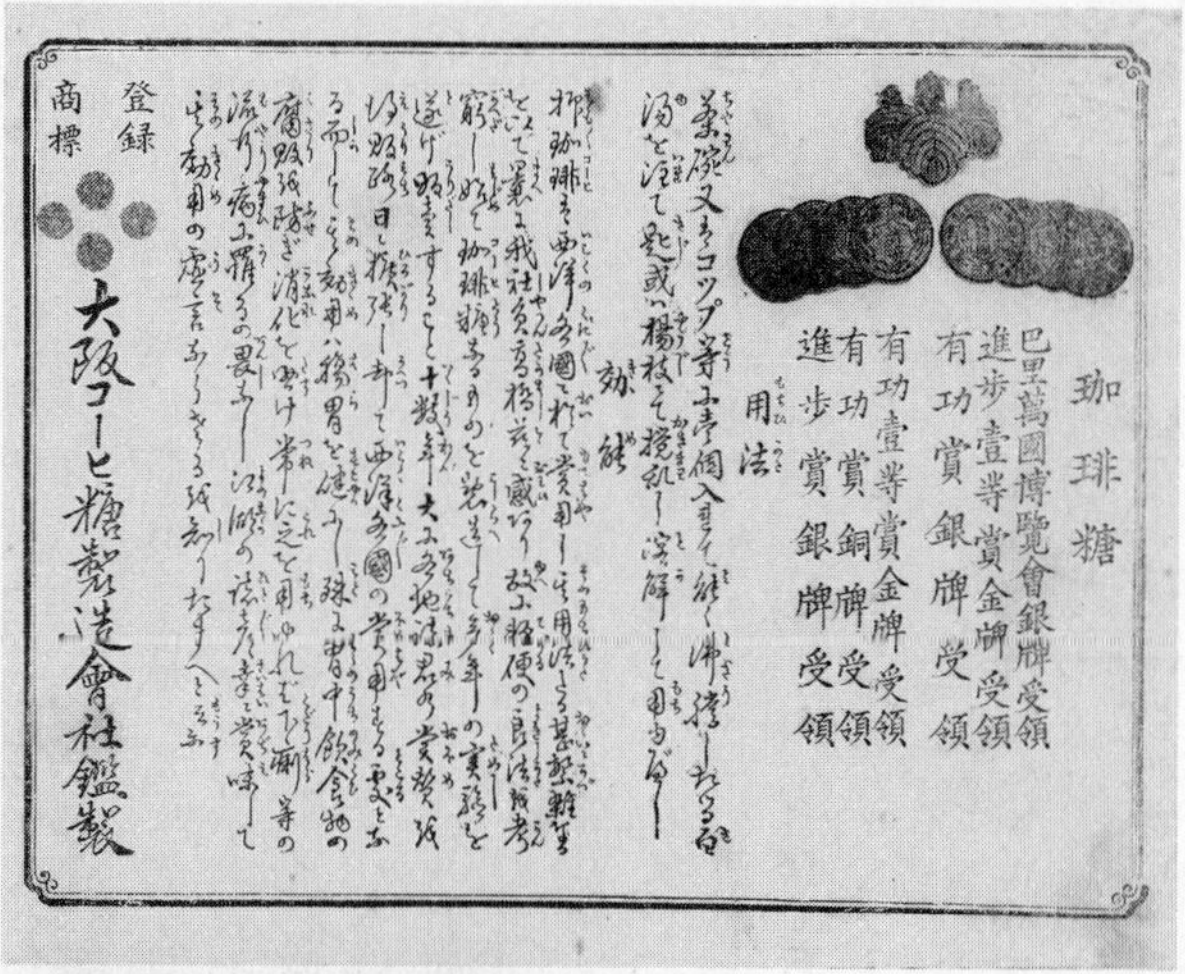

珈琲糖のしおり（大阪コーヒ糖製造会社）

珈琲糖ラベル（大阪珈琲糖製造会社）

れは一〇数年前に遡るとの要旨である。これが事実だとすれば、おおよそ明治一〇年代の初めに珈琲糖が考案されたことになる。小菅桂子『にっぽん洋食物語』は明治一三年（一八八〇）の新聞に「新製珈琲糖」の広告が見られ《ブリキ詰で白湯にて直ちに用いられ》云々とうたってあると述べているが、おそらく何らかの関連があると思われる。[8]同じものかどうか、小島政二郎は次のように記憶している。

《これも戦争前、あれはどこの製品だったか、インスタント・コーヒーと云うのがあった。即席コーヒーである。小さなカンに、お砂糖のようなこまかいコーヒーがはいっていて、それをスプーンに一杯、熱湯を注ぐと、立ちどころに旨いコーヒーが出来る。[9]》

明治三五年（一九〇二）生まれの河盛好蔵は子供の頃コーヒーといえばコーヒー糖のことだったという意味のことを書いているし、[10]生方敏郎は日清戦争頃のこととして《コーヒー入りの角砂糖も下から来たが、無論名ばかりのコーヒーで、実は豆の黒焼だった。[11]》と証言している。下というのは東京である。河盛も、それが大豆から作られたとまでは断言していないけれど、現在のインスタント・コーヒーに似たものと説明している。

田山花袋『東京の三十年』には親友の国木田独歩のもてなしをこういうふうに回想している部分がある。明治二〇年代末頃。

《国木田君は縁側に出て、『おーい』と声をあげて、隣の牛乳屋を呼ぶ。そして絞りた

ての牛乳を一二合取り寄せて、茶碗にあけて、それにコオヒイを入れて御馳走をした。》[12]

このコオヒイ、ひょっとしたらコーヒー入り角砂糖ではないだろうか。牛乳にコーヒーを入れるという安直な手順がそれを連想させる。

寺田寅彦「珈琲哲学序説」にも牛乳にコーヒーを添加する描写がある。寺田が八、九歳だから、明治二〇年（一八八七）頃のことである。

《初めて飲んだ牛乳は矢張り飲みにくい「おくすり」であつたらしい。それを飲み易くするために医者は此れに少量の珈琲を配剤することを忘れなかつた。粉にした珈琲を晒木綿の小嚢にほんの一と抓みちよつぴり入れたのを熱い牛乳の中に浸して、漢方の風邪薬のやうに振出し絞り出すのである。とにかく此の生れて始めて味はつたコーヒーの香味はすつかり田舎育ちの少年の私を心酔させてしまつた。》[13]

ティーバッグならぬコーヒーバッグ法である。[14] この後に続けて寺田は次のような証言をしてくれている。

《其後間もなく郷里の田舎へ移り住んでからも毎日一合の牛乳は欠かさず飲んで居たが、東京で味はつたやうなコーヒーの香味はもう味は、れなかつたらしい。珈琲糖と称して角砂糖の内にひと抓みの粉末を封入したものが一般に愛用された時代であつたが往々それはもう薬臭く黴臭い異様の物質に変質してしまつて居た。》

重要なのは、薬臭く黴臭い異様の物質という寺田の印象が、生方の豆の黒焼に通じるということである。河盛、生方、寺田の話を総合すると、次のような筒井康隆の告発に酷似してくるところは何とも興味深い。

《インスタント・コーヒーなど飲むやつの気が知れない。あれは大部分が大豆である。某大メーカーの社長の息子がそう言っていたのだから確かである。》[15]

大部分が大豆だったかどうか分からないが、初期のインスタント・コーヒーには種々の澱粉が含まれていたのは事実のようだ。コーヒー豆が貴重だったこともあろう。ところが、昨今では、別の意図をもってコーヒーと大豆を混ぜることが行われている。すなわち丹波町農協はコーヒー豆に丹波黒豆をブレンドした黒豆コーヒーという商品を開発、発売しているのである。[16]

[1] 蘆田束雄『発明秘術製法五百題』江島伊兵衛、一八八七年。
[2] 小菅桂子『にっぽん洋食物語』新潮社、一九八三年。
[3] 竹中郁『龍骨』湯川弘文社、一九四四年。
[4] 安岡章太郎「昔の仲間」『良友・悪友』新潮文庫、一九七四年版。
[5] 結城信一「流離」『象徴』創刊号、福村書店、一九四六年一〇月。統制の詳細は『日本珈琲史』（珈琲会館文化部、一九五九年）に詳しい。
[6] 井伏鱒二「半生記」『鶏肋集・半生記』講談社文芸文庫、一九九〇年。

［7］池田文痴庵『日本洋菓子史』（日本洋菓子協会、一九六〇年）によれば、日本の洋菓子は明治一一年（一八七八）、明治二二年（一八八九）、明治三三年（一九〇〇）のパリ万国博覧会に出品されている。それぞれの出品者数は、二六二、四六二、一二二八であった。明治三三年の大賞は四〇人、金牌受領者は一三八人。

［8］浜田義一郎『江戸たべもの歳時記』（中公文庫、一九八〇年版）に明治一一年（一八七八）の『読売新聞』に珈琲糖の広告が出ているとある。

［9］小島政二郎『食いしん坊』文藝春秋新社、一九五四年。長崎抜天『絵本明治風物詩』（東京書房社、一九七一年）によれば、大豆粒ほどの粉コーヒーが角砂糖の中心に入れられていた。田村秋子は《それまでのコーヒーといいますと、砂糖屋に売っておりました。ハチだか何だかの模様が打ち抜いてありまして、角砂糖でかむと中にコーヒーが入っているんです。あれを買ってきてお湯をかけて、それでコーヒーといって飲んでいたと思います。おいしくないんです》と記憶している（「新春快談」『大正および大正人』三号、大正文化、一九七八年一月）。

［10］河盛好蔵『巴里好日』河出文庫、一九八四年。

［11］生方敏郎『明治大正見聞史』中公文庫、一九八一年版。

［12］田山花袋『東京の三十年』創元社、一九四七年。

［13］寺田寅彦『寺田寅彦随筆集』第四巻、岩波文庫、一九五〇年版。

［14］ティーバッグについては、一九〇四年にニューヨークの喫茶店経営者が考案した（『週刊YEAR BOOK 日録20世紀１９０４』講談社、一九九八年一一月三日号）、一九〇八年に貿易商トーマス・サリヴァンが偶然発明した（岡谷慶子「アメリカ人とお茶」『静岡産業大学情報学部研

究紀要』八号、二〇〇六年三月)、あるいは一八八六年にイギリス人スミスがガーゼに茶葉を包んだ「ティー・ボール」を考案していた(『文藝春秋デラックス』一九七七年一一月号)など諸説ある。イギリスでは、一九五〇年代、テトリー社が製造を開始。六〇年代にはリプトン、ブルックボンドなどが続いた(出口保夫『アフタヌーン・ティの楽しみ』丸善、二〇〇〇年)。

[15]『文藝春秋デラックス』一九七七年一一月号、特集「紅茶ですか珈琲ですか」アンケート欄「ティー・バッグ、インスタント・コーヒーについて、どうお考えですか」の問いに答えて。

[16]『朝日新聞』一九九七年三月一二日号、京都版。「京都丹波の恵み」ホームページによれば京都産の丹波黒豆と四種類のコーヒーをブレンドしたものだとのこと。

インスタント・コーヒー

インスタント・コーヒー製造のアメリカでの初の特許を取ったのは日本人化学者カトウ・サトリだった。カトウは一八九九年頃にシカゴに留学してソリュブル・ティー(緑茶を粉状にしたものという)を研究していた。現地のコーヒー業者の知遇を得たことからソリュブル・コーヒーの開発に取り組んだ。一九〇一年、バッファローの博覧会で一般に公開され、一九〇三年にパテントを取得している。しかし製品としては普及しなかった。一九〇六年にジョージ・ワシントンというグァテマラ在住だったアメリカ人化学者が粉末コーヒーを発明し、三年後に大量生産を開始している。このワシントンのインスタント・コーヒーは国防省に納入され第一次世界大戦に際して従軍兵士へ配給された。[1]

スティック状、錠剤、カプセル式などがあったそうだが、『江戸っ子芸者中村喜春一代記』の中に次のようなくだりがある。喜春の贔屓の一人、アメリカ帰りの伊藤道郎が英語学校に通っている喜春のために授業中に眠くならないよう「いいもの」を届けてくれる。

《一見練り歯磨きみたいにチューブに入っている、絞り出しのものを十個わざわざご自身で持ってきてくださいました。それは、今で言うインスタント・コーヒーです。お茶碗の中に絞り出して、熱湯を入れると、とても香りのよいコーヒーになります。「なくなったら、すぐまた持ってきてやるよ」とおっしゃってくださいました。本当に嬉しかった。

このコーヒーは「アラブ・コーヒー」といいまして、これをちょっと濃くして一杯呑んでから学校に行きますと、決して眠くなりませんでした。》[2]

ペースト状の商品もあったことになる。他にも、湯または冷水を加えるだけで甘いコーヒーができるコーヒーシロップ（コーヒー蜜）もあり、大正期に後述するカフエーパウリスタから売り出されていた。[3]

一九三七年にスイス、ネッスル社のM・R・モルゲンタラーが、そして一九四〇年にアメリカのW・A・ハイマンがやはりインスタント・コーヒーの製品化に成功した。一九四二年には日本でも板寺規四がコーヒーエキスの粉末を製造している。ただし、それらはいずれもコーヒーと澱粉の混合物だったらしい。一九五〇年代になってようやくゼネラルフーズ社がコーヒー一〇〇パーセントのソリュブルを発売した。これ以降、炭水化物を混入したインスタント・コーヒーは姿を消すことになる。[4]

米国においてコーヒーを飲む習慣が国の隅々まで普及したのは、第二次世界大戦中、軍隊へ供給された粉末コーヒーによるところ大であったといわれている。携帯食に付いていたコーヒーの味を帰郷した兵士たちは忘れなかった。そして日本でも「レーション」と呼ばれるフルコースの軍用食が敗戦で打ちのめされていた日本人を瞠目させた。小野十三郎の回想。

《わたしは、アメリカ占領軍のレーションと称する携帯口糧をいま想い出す。ブレックファーストとディナーに分けられたその口糧の配給が一、二度あった。そこにはいっていた小さな袋入のインスタントコーヒーの味をわたしはまだ忘れない。こんなうまいコーヒーがあったのかと思った。[5]》

獅子文六の『コーヒーと恋愛』という小説によれば、進駐軍兵士が持ち込んだ角砂糖とインスタント・コーヒー、これに触発されて日本のインスタント・コーヒー製造はスタートした。この小説は昭和三七年（一九六二）から翌年にかけて『読売新聞』紙上に連載されたもので、コーヒー、とくにインスタント・コーヒーのＰＲという意味合いがかなり濃いようだ。というのも、コーヒー豆輸入再開が昭和二五年（一九五〇）、生豆完全自由化が昭和三五年（一九六〇）、インスタント・コーヒー完全自由化が昭和三六年（一九六一）と、執筆前夜はまさに戦後コーヒー文化の夜明けだったからである。中でもコーヒー通たちが集まって自慢のコーヒーを飲み較べる例会の席上で、大久保という画家がこの会始まって以来のものを飲ませるといいつつ、こっそりインスタント・コーヒーをうるさがたの前に並べてみせる挿話が面白い。皆が知らずにインスタント・コーヒーを味わった後、やおら大久保が評価を問うと、「可否道」を提唱している会長は「さようさ、まァ、Bクラスの上というところかな」と答え、会員の一人の落語家は「Aクラスの下といきやしょう」と好評である。大久保は笑い出し、実はインスタントだったとタネ明かしをする。会員たちはいきり立つが、

《「しかしですね、インスタントを用いてはならないという、会の規定も、なかったようだし、それに、何よりも、この会のお歴々が、口をそろえて、中位以上の風味と、折り紙をつけて下さったんだから、インスタント・コーヒーも、バカにならないということになりますな」》[6]

とやりこめられては返す言葉がない。獅子文六はこの小説を書くために連日のように大量のコーヒーを飲んだ。そのせいかどうか、胃炎を患い、苦しみながら脱稿した。「コーヒー小説だけは、もうコリた」[7]そうである。コーヒーには健胃の効能もあるはずなのだが、過ぎたるは及ばざるごとし、だったのかも知れない。

［1］William. H. Ukers『All about coffee』(The Tea and Coffee Trade Journal Co, 1922) の記述による。ユーカースはSartori Katoと表記しているが、未だにカトウ・サトリの生没年などは不明のままである。ニュージーランドのプケ・アリキ博物館によれば、カトウに先んずること一二年、一八八九年にニュージーランドのコーヒー・香辛料販売業者デイビッド・ストラングスがソリュブル・コーヒー・パウダーの製造特許を取得し製品化した。これが現在確認できる最も早いインスタント・コーヒーだという。同博物館には同製品の円筒形の缶が所蔵されているが、その側面には《Strangs Soluble COFFEE & CHICORY Powder》と大書されている。チコリーの混合を明記している。年代的には珈琲糖との関連も気になるところである。Gワシントン・インスタントコーヒー(ジー・ウォシントン軽便珈琲)の販売戦略については大正半ばすでに郡山幸男がかなり詳しく紹介している(ダニエル・スターチ『広告の理論と実際』佐藤出版部、一九一七年版)。

［2］中村喜春『江戸っ子芸者中村喜春一代記 青春編』朝日文庫、一九九三年。

［3］庄司太一『びんだま飛ばそ』パルコ出版、一九九七年。コーヒーシロップは宮川孝兼の発明になるという。パウリスタから売り出されたのは大正六年(一九一七)のようである。パウリスタでは他にコーヒー味の清涼飲料としてコーヒーソーダ、ブラジルコーヒーを用いたコーヒー糖として「クイックコーヒー」、ソーダ水「リネル平野水」をいずれも大正八年(一九一九)頃から売り出していた。

［4］『コーヒー読本』上島珈琲本社編、東洋経済新報社、一九八五年、および田中重弘『ネスカフェはなぜ世界を制覇できたか』講談社、一九八八年。

［5］小野十三郎『奇妙な本棚』第一書店、一九六四年。

［6］獅子文六『コーヒーと恋愛』ちくま文庫、二〇一三年。

［7］獅子文六「『可否道』を終えて」『日本の名随筆別巻3　珈琲』作品社、一九九一年。連載時のタイトルは「可否道」だった。

カフェー列伝

閑雅な食慾

松林の中を歩いて
あかるい気分の珈琲店《かふえ》をみた。
遠く市街を離れたところで
だれも訪づれてくるひとさへなく
林間の　かくされた　追憶の夢の中の珈琲店《かふえ》である。
をとめは恋恋の羞をふくんで
あけぼののやうに爽快な　別製の皿を運んでくる仕組
私はゆつたりとふほふくを取つて
おむれつ　ふらいの類を喰べた。

空には白い雲が浮んで
たいさう閑雅な食慾である。[1]

この詩は萩原朔太郎の『青猫』(一九二三年)に収録されている「閑雅な食慾」である。ややメルヘン風なその描写を素直に読むと、「かふえ」とはレストランのごとくであるが、朔太郎が珈琲店を「かふえ」と読ませているところからすれば、そこには自ずから なる相違があったに違いない。

日本で最初に「カフェー」を名乗ったのは明治四四年(一九一一)開店のカフェー・プランタンとされる。[2] カフェーとはフランス語のカフェ(café)のことで、コーヒーおよびコーヒーを置く店の意味。例えばプランタンの創立会員の一人だった森鷗外の小説「舞姫」に次のように描写される休息所が明治二〇年前後におけるベルリンのカフェのひとつの姿である。

《余はキョオニヒ街の間口せまく奥行のみいと長き休息所に赴き、あらゆる新聞を読み、鉛筆取り出でてかれこれと材料を集む。この截り開きたる引き窓より光を取れる室にて、定まりたる業なき若人、多くもあらぬ金を人に貸しておのれは遊び暮らす老人、取り引き所の業の隙をぬすみて足を休むる商人などと臂を並べ、冷やかなる石卓の上にて、忙はしげに筆を走らせ、小女が持て来る一杯の珈琲の冷むるをも顧みず、あきたる新聞の細長き板ぎれに挿みたるを、幾種となく掛けつらねたるかたへの壁に、幾たびとなく行き来する日本人を、知らぬ人は何とか見けん。》[3]

主人公は日本の新聞社へ送る記事を漁っている。当地の各種新聞が自由に読め、女性の給仕がいたこと、客層や店の造作まで、巧みな筆で再現されている。おそらく鷗外もこの描写そのままに留学の日々をカフェで過ごしたことであろう。

欧州におけるカフェのごく最初の姿は、別に述べたように薬局であり、東洋の珍しい飲料を薬用として売っていたが、次第にカフェ（コーヒー）が普及してくると、それ以前から存在していたキャバレー（居酒屋）と区別がつかなくなってしまう。キャバレーもコーヒーを出し始めたのである。そんななかで、一六八六年にパリのサンジェルマンに開店したカフェ・プロコプ（現存最古のカフェ）はキャバレーもどきの店とは一線を画した。元は風呂屋だった広い店内に鏡を張り廻らせ、シャンデリアを吊るし、大理石のテーブルを置いた。壁新聞を貼り、パリで初めてイタリア名物のアイスクリームを売り出した。コーヒー、茶、ショコラ（ココア）、シロップに加え、酒類や砂糖漬け、菓子類も取り揃えた。要するに高級感を求め、新しいものづくし、外国ブランドずくめ、東洋かぶれの店作りをしたのである。経営者もエトランジェのイタリア人フランチェスコ＝プロコピオ・デイ・コルテッリだった。プロコプは大繁盛、近代カフェの始祖となる。コルテッリが引退する一七一六年、パリには三〇〇軒以上のカフェができていたという。[4]

[1] 萩原朔太郎『青猫』新潮社、一九二三年。
[2] 異論については「青木堂」の註1参照。
[3] 森鷗外『舞姫・山椒大夫』旺文社文庫、一九六七年版。
[4] 玉村豊男『パリ 旅の雑学ノート』ダイヤモンド社、一九八〇年版。

ビヤホール

カフェー・プランタン開店以前の日本にも、カフェと呼べそうな店舗はいくつか存在した。まずビヤホールがそうである。明治初期の横浜山手に初めて出現。明治三二年（一八九九）八月には南金六町五番地（銀座八丁目）に本格的な「恵比寿ビール Beer Hall」がオープンした。エビスビヤホール、新橋ビヤホールと呼ばれ、新鮮な樽ビールを一杯売りするやり方が評判となった。[1] 当初は本場ドイツに倣ってビールと大根のつまみだけで営業していたが、人気が出て各地にビヤホールが増えてくると、コーヒーやカレーライスも出すようになった。北沢楽天の漫画が明治三五年（一九〇二）頃のビヤホールの特徴を滑稽にとらえている。[2] 一コマ目、生まれて初めてビヤホールに入ろうとしている地方から上京したらしい人物二人に対して、ガラスの引き戸を開けた給仕が呼びかけている。

「中食もできますよ」

詰襟に肩鞄を掛けている給仕を見た二人は、

「ここは郵便屋さんですかへ」

とぼけた問い返し。店に入り、出されたビールをおっかなびっくり口にする。

「ヒヤーこりや冷だ、おまけに苦げいや」

続いてライスカレーとサラドが出る。

「是もおツたまげた唐辛の飯や生漬の香の物マルで喰はれねえ」

国産カレー粉を初めて売り出したのは大阪の薬酒問屋今村弥で、明治三六年（一九〇三）のこと。この時点ではまだ一般的ではなかった。田舎者に見られたくない一心で何とか無理やり胃の腑へ流し込んで茶を所望する。給仕はカップに入ったコーヒーを出す。

「お茶はお相憎さま其代りに珈琲を上げます」

あんまりにも苦い。

「煎ぶりだと思つて一息に呑んでしまうべえ」

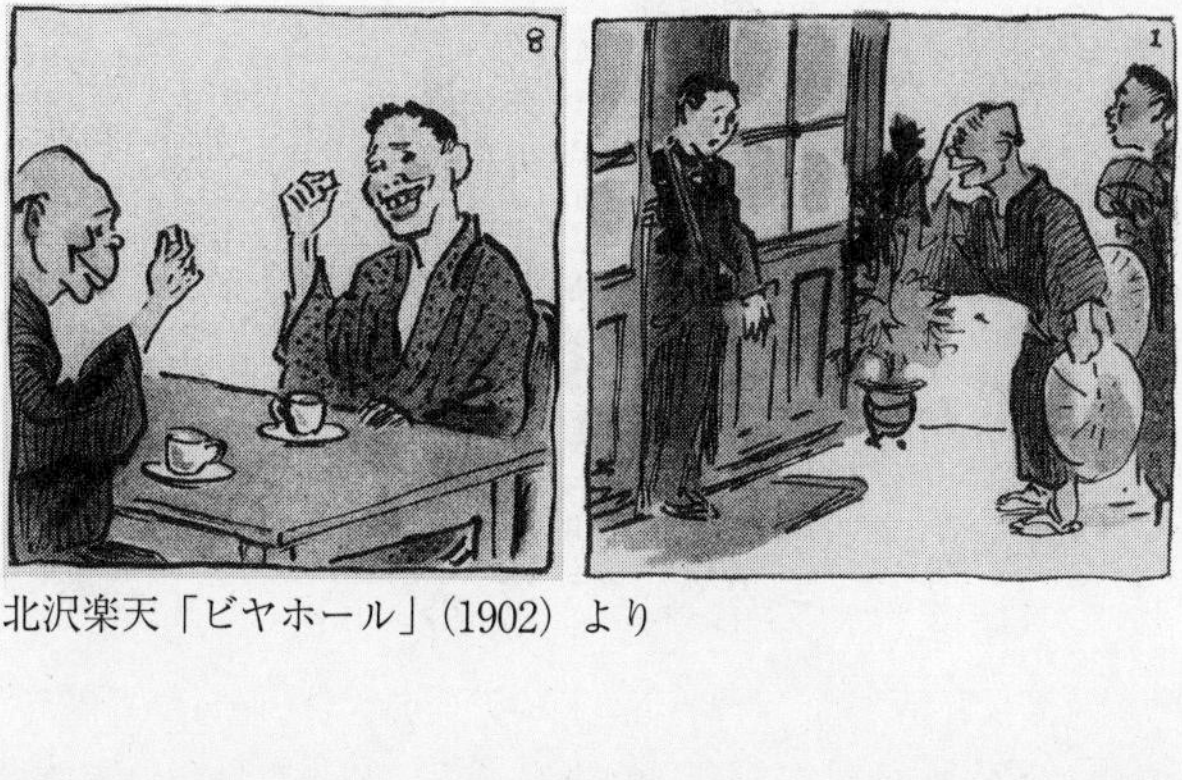

北沢楽天「ビヤホール」（1902）より

ググッと飲み干し、ふと見ると、角砂糖が付いていた。

「ソラ見ねえ東京者は気が利いてらア」

要するに、ビール、カレー、コーヒーが揃ってボーイまで居るのだからビヤホールはカフェーである。フランスでもブラッスリー（ビヤホール）はカフェに分類されている。

松崎天民は『銀座』（一九二七）に《先夜もタイガーで邂逅した永井荷風大人と、思出話に興じたが、京橋際にあったビヤホールに、銀杏返しや高島田の女給を見てから、台湾喫茶店が出来たのである。》[3]と書いているので、ビヤホールができた当座は若い男性のボーイだったのが、後には女給に替って行ったものと見える。ただし女性の給仕ということならば、ずっと早く明治初期に呉服橋にあった洋風料理店で立ち働く銀杏返しの女給仕が昇斎一景の浮世絵「東京名所三十六戯撰」（一八七二）に活写されている。料理茶屋だと思えば当然でもある。鷗外の描くベルリンのカフェには小女がいた。しかし、フランスのカフェといえば、ギャルソン（ボーイ）と決まっているようで、セルヴーズ（ウエイトレス）がいないわけではないが、今日でもその伝統を守っている店が多い。どうやらこれはカフェのルーツがイスラム圏にあることと無関係ではないようだ。かつてトルコのチャイハネ[4]は女人禁制だった。ロンドンのコーヒーハウスも初期には女性客は入れなかった（ただしバー・メイドという客寄せの美人はいたらしい）。そこに目を付けたのがトーマス・トワイニングだった。ゴールデン・ライオンという紅茶専門店を一七一七年にオープン、女性歓迎としたため大いに賑わったという。[5]

[1] 野口孝一『銀座カフェー興亡史』平凡社、二〇一八年。
[2]『楽天全集』第二巻、アトリエ社、一九三〇年。
[3] 松崎天民『銀座』中公文庫、一九九二年。ジョルジュ・ビゴー『トバエ』（一八八七年）に描かれている京橋の西洋料理店小吾妻では女性が給仕をしている。束髪で西洋服を着てスカートをはいているが、靴ではなく足袋である。その姿を皮肉った戯画。
[4] 澁澤幸子によれば《いまのトルコではチャイハネということばは使われていない。喫茶店はチャイ・エヴィ（ティ・ハウス）であり、屋外の喫茶店はチャイ・バフチェシ（ティ・ガーデン）と呼ばれる》とのこと（『イスタンブールから船に乗って』新潮社、一九九七年）。
[5] 土屋守『紅茶のある風景』曜曜社出版、一九九六年。

松崎天民『洛味』創刊号（1935）より

台湾喫茶店

台湾喫茶店は明治三八年（一九〇五）に竹川町（銀座七丁目）に開店し、後に尾張町二丁目（現銀座六丁目）へ移転した。[1] ウーロン茶を売る目的で作られ、お茶にお菓子が付いて一〇銭。ウーロンと通称され、七、八人の女給がサービスをしていた。初めは女給といわず「女ボーイ」という矛盾した呼称を使っていた。

《明治三十九年からの老舗であって、後藤、祝、大島、下村と台湾の民政長官が替る前から、台湾茶の普及に努めたもので、或る意味では日本最初のカフェーといって宜かろう。中沢安五郎老人がこのウーロン茶に注目したは、たしかに時代の先駆者で、今は東洋協会評議員、鉄道協会評議員、京成電車遊園地顧問、総房協会常務理事などに納まっている。初めてこの喫茶店が出来た頃には、後藤新平氏も遣って来たし、竹越三叉漁郎の如きは、事務所のようにして出入りしたものだった。その頃からウーロン茶の他に、四五種の洋酒もあったし、美味い洋食も食べさせたもので、お鈴、お幸などという美人の女給がいたことは、前にも縷説した通りであります。》[2]

台湾のウーロン茶が良質であることはよく知られており、三井合名会社も明治三一年（一八九八）に商品化を試みた。しかし結局、英国輸出をにらんだ紅茶製造へ転換し、昭和二年（一九二七）に「三井紅茶」として市場へ出すことに成功する。

水上勉は次のように書いている。

《台湾喫茶店は、もと新橋の芸者だった人が明治三十九年に始めた店だという。銀座通りに面した六丁目、現在の小松ストアーとマヤ片岡美容室のある建物との間で、「タカゲン」のあるあたりかと思われる。》[3]

宇野浩二はこのウーロンで晩年の妻となる女給星野玉子と出会った。佐佐木茂索が当時の様子をこう回想している。

《銀座にその頃ウーロン茶の店があって、台湾のウーロン茶を飲ませる店であるが、当時のそういう喫茶店の草分けの一軒だと思うが、あまり客の入っていない店であった。そこへよく落ち合って話したことがある。私はそのウーロン茶のすぐ近くの時事新報社に勤めていたので、そこで会うのは便利であったわけだが、宇野浩二にしてみると、そこへくる別の意味もあったのがあとで分った。》[4]

宇野は玉子に会いに来ていたわけである。

水野仙子が大正三年（一九一四）に発表した「散歩」と題する小篇にウーロンが登場している。失業中の夫と二人して銀座へ気晴らしに出かける妻の心理描写が巧みである。

《『ねえ、銀座に行つてみませうか？　随分暫く行つてみないから』

『うむ。』

『そしてウーロン茶を飲むのよ。』

『うむ。』》

二人は郊外から電車に乗り万世橋の停車場で降りる。そして銀座までぶらぶら歩くことにする。ところが賑やかな通りを歩いているうちに小さな諍いを起こしてしまい、結局、ウーロン茶も飲まず引き返す。

《知らず〳〵台湾喫茶店の前まで来た時、夫は一寸たちどまつて、ぐん〳〵行きすぎやうとする妻に声を掛けた。

『おい、寄らないのかい？』

妻は夫から眼を外らして黙つてゐた。そして夫が咎めるやうな顔をして傍に寄つて来た時、

『お金もないのに止しませうよ。』と言つた。

しかしそれは今の今まで思ひも寄らなかつたことで、そこの前を通り過ぎる時軽く投げた一と目に、美しい女下駄をちらりと入口に見てから、急に入るのが厭になつたのであつた。どのやうに綺麗な立派な女がそこにゐやうかと、それが怖しかつたのだ。》[5]

東郷青児はうぶな中学生の頃のウーロンを鮮明に覚えている。大正の初年であろう。

《烏龍茶も、狭い部屋に支那の聯のやうなものが懸けてあつて、バナナの香りのする煎餅でお茶を飲ませたのである。

小笠原生まれ混血娘がゐて、白い襟足を見せてゐたのを記憶してゐるが、エキゾチックなその美しさは、貧乏書生の私には途轍もない高嶺の花で、見るのさへ面はゆい気持ちだつた。

その娘が、さる絵かきさんと結婚した話を人づてに聞いた時も、月世界の出来事のやうにしか感じられなかつた。》[6]

台湾喫茶店での記念写真（前列中央髭の人物が中沢安五郎）『ニコニコ』第17号（1912）より

大典記念京都博覧会（1915）の台湾喫茶店［絵葉書］

雑誌『ニコニコ』の一七号に、明治四五年(一九一二)、銀座台湾喫茶店で撮影された写真が掲載されている。[7] それは高砂族と呼ばれていた台湾先住民を五〇人ばかり日本に招いたときのもの。靖国神社で相撲を見てからここへやってきたという説明があり、大勢のニコニコ笑っている日本人に混じって数人の台湾からの客が座っている。中には和服を着た色黒の女性もおり、記事によれば、彼女はヤユツさんという日本人と結婚した台湾出身の女性であるらしい。

そんな日本のアジア進出の象徴のような存在だった台湾喫茶店、いつ頃まで営業していたのか。関東大震災後には《店先の一部をみのやに貸してゐる有様で、昔日の俤はない》[8]と村嶋歸之が書き残しており、『断腸亭日乗』昭和六年(一九三一)一一月三日には台湾喫茶店の跡にカフェー・ライオンが移転してきたとある。[9]

[1] 安藤更生『銀座細見』(中公文庫、一九九二年版)その他、明治三九年開店としている書物が多いが、『大阪朝日新聞』一九一三年一一月六日~八日号に掲載された「銀座の烏龍茶」によれば開業は明治三八年(一九〇五)一一月である。セントルイス博覧会で農商務省が烏龍茶を宣伝するために喫茶店を出したのが発端となり、それを担当した中沢安五郎が銀座に店舗を構えることとなった。ウーロン茶にはミルクが入っており、最初は「変な茶を飲ます家」だと敬遠された。明治三九年(一九〇六)に上野公園で開催された共進会に出店、それが話題となって経営が軌道に乗っ

たという。以上は神戸大学経済研究所「新聞記事文庫」より。

［2］松崎天民『銀座』中公文庫、一九九二年。

［3］水上勉『宇野浩二伝』上巻、中公文庫、一九七九年。『日本珈琲史』（珈琲会館文化部、一九五九年）には《経営者は後藤新平の民政党時代にその秘書をしていた人で、この人に金を出してやつて初めさせたということだが》とある。それが中沢安五郎であろう。

［4］水上勉、前掲書。佐佐木茂索「宇野浩二追憶一片」より。

［5］『水野仙子資料展』福島県立図書館、一九七八年。

［6］東郷青児「銀座放浪記」『文藝』河出書房、一九五五年九月号。

［7］『ニコニコ』第一七号、ニコニコ倶楽部、一九一二年六月一日。ニコニコ倶楽部は協和銀行創始者で当時は不動貯金銀行の頭取だった牧野元次郎が会頭となって始めた運動体である。本誌の奥付によれば一九〇七年の合衆国の不況に際してルーズベルト大統領、カーネギー、ハリーラウダーの三人がはじめたニコニコ運動に賛同したものだという。

［8］村嶋歸之「カフエー考現学」『村嶋歸之著作選集』第一巻、柏書房、二〇〇四年。

［9］永井荷風『新版断腸亭日乗』第二巻、二〇〇一年。

よか楼

再び松崎天民に従えば、もうひとつカフェーと呼び得る店が明治四〇年（一九〇七）前後に存在した。

《浅草並木のよか楼が、「洋食はよか楼」と云ふ小さい五六行の広告を、新聞の小説下に広告して、「美人の給仕」と云ふことを売物にし、又小さい写真をも、カット代りに使つたものだつた。例の滋強丸と云ふ精力剤を売拡めたり、川上音二郎と交遊したり、経営者の吉永良延と云ふ人は、人情の機微に通じて居て、早くから今日のカフエーと女給とに着眼した第一人者と云ふことが出来た。》[1]

よか楼については高村光太郎も『道程』(一九一四)収録の「泥七宝」に言及した文章で次のように書いている。

《ここにある中の多くは浅草雷門脇にあつたよか楼と呼ぶレストランに居た梅子、竹子、亀子などといふ連中に関するものであるが、よか楼といふのは当時築地にあつた滋強丸本舗の主人吉永氏がその妾に出させてゐた店で、二人は陶宮術の先生であつた。パンの会も此処で二度ほど催され、当時の文壇の人もよく見えたやうである。後年英国で病死した郡虎彦もしばしば私と同道した。私は此の店であまりあばれたので一時足どめをくつた記憶がある。》[2]

この文章から長沼智恵子に出会う以前の光太郎が相当に荒んでいたらしいことがうかがえる。陶宮術とあるのは淘宮術が正しく、天保五年(一八三四)に横山丸三が創始した開運のための修養法で、今日までその活動は続いている。また光太郎の書簡には次のような言及も見られる。明治四三年(一九一〇)九月、水野葉舟宛。

《×××《〔よか楼〕》が落成した。このごろ一緒にたべに行きませんか。僕はあそこを休憩の Cosy Corner にしたいと思つてる。[3]》

そして、水野といっしょによか楼へ行ったのはよかったが……

《吉井君といへば十日程前　はからず　雷門前『よか楼』に於いて水野君、柳君、吉井君、僕と会合となり、どうしたものか水野君が馬鹿に暴れだしの駄々をこねだしの事となり、遂に四人して紋切形の所に泊り込み翌日『都川』と高飛びし　又新橋『、、』に住みかへ吉井君のいい所を拝見させられて僕はスゴスゴ雨の電車道を歩いて帰りました。[4]》

大正五年（一九一六）、永井荷風は雑誌『文明』に「西洋料理」という一文を発表している。その中によか楼が少しばかり触れられている。

《かゝる小料理屋の給仕人は人抵女なり。女にてもよろしけれど料理の名さへ分からぬ者の多きは閉口なり。銀座のライオンと雷門のヨカ楼とは女ボオイも相応に見なりを綺麗になしお客に不潔の感をなさしめざるは洵に結構なり。されど五六人づゝ一団になりて椅子に腰をかけ雑談にのみ耽りゐて客の用を命ずるも聞えぬふりなるは驚く外なし。[5]》

［1］松崎天民『東京食べある記』誠文堂十銭文庫、一九三一年。
［2］高村光太郎『随筆某月某日』龍星閣、一九四三年。

[3]『高村光太郎全集』第二一巻、筑摩書房、一九九六年。明治四三年（一九一〇）九月（推定）、水野葉舟宛。水野葉舟『ハガキの書き方』（阿蘭陀書房、一九一六年）より転載。
[4] 前掲『高村光太郎全集』、明治四三年（一九一〇）一〇月一〇日付、長田秀雄宛書簡。
[5]『荷風全集』第一三巻、中央公論社、一九五〇年。

メイゾン鴻乃巣

次に欠かしてならないのは明治四三年（一九一〇）夏に開業したメイゾン鴻乃巣である。[1] この店には『スバル』『白樺』の若き文学者たちが始終出入りしていた。木下杢太郎は、明治四二年（一九〇九）頃、雑誌『方寸』の石井柏亭、山本鼎、倉田白羊らとともに日本でも「カフエエ」情調を求めてみようとパンの会を興したが、当時はカフェーらしい家がどこにも見当たらなかった。[2] そこで会場は小伝馬町の三州屋、深川の永代亭、そして浅草のよか楼などの西洋料理屋を転々としたらしい。
《日本橋も小網町のほとりに鴻の巣と云ふ酒場ができた。まづまづ東京最初の Café と云つても可い家で、その若い主人は江州者ながら、西洋にも渡り、世間が広く、道楽気もある気さくな亭主であつた。[3]》
また、雑誌『建築ト装飾』に関わっていた中村鎮は大正元年（一九一二）に次のように記している。

《この家の主人は巴里帰りなのである。青い酒や赤い酒を盛つて道楽のし方を教へたので忽ち若い詩人やら画家達の御気に召した。この酒場の気持を詩に作つたデカダンも居た。テーブルクロースの上の果物を描いたアンデパンダンも居た。今でもコーヒー飲に駆込んだ人はきつと卓の向側に陣取つて居る髪の長い青年達に逢ふであらう》[4]

春えいと署名のある短文「夏の夜のメイゾン・コオノス」は店名のメイゾンについて客の間で議論があったことを伝えている。

《maison といふ字には議論があつた。高村光太郎は少し大袈裟すぎる、Café が適当だらうと言つた。が、たま〳〵京都から出て来た上田敏氏は、いや、これだけの正式の洋食が出来るならば maison でも差支へなからうと言つた。そんな文学者仲間はこの家に興味をつないでゐた。実際、文学者のゆく市内のかういふ場所で、下町の水と灯とを眺めながら、アブサンの盃をあげられる所はほかにはあるまい》[5]

彼らを目当てにした文学少年たちもやって来た。小島政二郎はこう書いている。

《その頃、三田文学の消息欄を見ると、小網町のメーゾン鴻の巣で毎月のやうに集会をやつた記事やら、折柄新進作家の谷崎潤一郎が来合はせたのを幸ひ、有志だけで更に二次会をやつたなどといふ記事が出てゐた。パリのカッフェが宛らに移された処、そこに集まる青年文士達は、直ちにパルナッシャンの群のやうに思はれた。私はビク〳〵しながらも、あはよくば、チビ〳〵と西洋酒を味はひながら食事をしてゐる先生の、この国

のものでないスタイルなり、一挙一投足なりを見たい願ひで、安からぬ料理を食べに行つたことも一度や二度でなかつた。[6]》

明治四四年（一九一一）頃、一高生久米正雄が『東京日日新聞』の懸賞論文で二〇円の賞金を取ったとき、菊池寛ら同級生に洋食を馳走するということがあった。菊池は書く。

《われ〳〵は、久米の御馳走でそのとき有名だつたメイゾン鴻の巣へ入つた。メイゾンとかプランタンなど云ふ言葉が、ふるひつきたいほど、異国的な時代だつた。メイゾン鴻の巣は鎧橋近くの川添ひに在つた。我々は一円かいくらかの定食を喰つたがとてもうまかつた。そのとき、鴻の巣の窓際にカンバスを置いて、暮れて行くあのあたりの掘割の風景を写生してゐる二人の画家があつた。われ〳〵は一種憬慕の眼でそれを見、だれだらう〳〵と、せんさくしたところ、それが柳敬助氏と正宗得三郎氏とであつた。[7]》

一高で一番貧乏だろうと自認する菊池の学資は当時月一二円だった。一円の定食は大変なご馳走であろう。

鴻乃巣はまた、大杉栄と荒畑寒村が刊行した雑誌、第一次『近代思想』の集会所でもあった。寒村は自伝にこう回想している。

《その頃、日本橋区蠣殻町の鎧橋のそばにメーゾン鴻の巣という洋食店があって、『近代思想』は毎月そこで同人と寄稿家との小集会を開いた。ご常連は堺、片山潜、安成、和気、土岐、伊庭、佐藤（緑葉）、上山、高畠、小原など。そして内田魯庵、馬場孤蝶、上司小剣、生田長江、長谷川天渓、島村抱月、相馬御風、久津見蕨村、平出修、岩野泡鳴の諸氏を次々に招待した。[8]》

寒村によれば、和気あいあいと芸術や人生を論じて笑い声が絶えなかったという。しかし大逆事件後のことでもあり、警視庁は鴻乃巣主人の身元を調査し、会合の内容を訊問したこともあった。長閑なばかりではなかったのである。

そしてやはり極めつけは芥川龍之介の第一短篇集『羅生門』の出版記念会が鴻乃巣で持たれたことだろう。江口渙と佐藤春夫が世話人となり、大正六年（一九一七）六月二七日に「羅生門の会」と名付けて挙行された。[9] 菊池寛はこれを出版記念会の始まりであるとしたらしいが、最も早いとされるのは明治四四年（一九一一）に上田敏の発議によって神田の西洋料理店みかどで行われた北原白秋の「思ひ出の会」のようだ。[10] その『思ひ出』にはカフェーを歌った部分もある。

　つねのごと街をながめて
ナイフ執り、フオク執り、女らに言葉かはせど、
色赤きキユラソオの酒さかづきにあるは満たせど、
かなしみはいよいよ去らず、

かにかくにわかき身ゆゑに涙のあふれていでつつ。[11]

「羅生門の会」は輝かしい芥川の登場にふさわしく、鴻乃巣主人の心遣いでテーブルにどっさりとスイートピーや薔薇の花が盛られ、宇野浩二によれば《私の知るかぎり、もっとも画期的なものであり、もっとも花やかなものであった》[12]らしい。このときの記念写真が残っている。それを見ると、芥川の他に、北原鉄雄、岩野泡鳴、日夏耿之介、谷崎精二、中村武羅夫、田村俊子、加能作次郎、滝田樗陰、有島生馬、谷崎潤一郎、松岡譲、和辻哲郎、小宮豊隆らが写っており、宇野の言葉が大袈裟ではないことが分る。芥川の幸福なスタートであり、そして絶頂であった。ちょうど一〇年の後、彼は自死の道を選ぶことになる。

鴻乃巣主人奥田駒蔵は、明治一五年（一八八二）、京都府久世郡大字寺田（現城陽市）に生まれた。一九歳頃に横浜で西洋料理の修業を始め、明治四〇年（一九〇七）に渡欧して、およそ九ヶ月間滞在した。帰国後の四三年（一九一〇）に小網町でメイゾン鴻乃巣を開業、大正二年（一九一三）に日本橋通一丁目（木原店、食傷新道）へ移転、大正五年（一九一六）に京橋区南伝馬町へ再移転した。ここでは新劇場の試演会や蓄音機近代音楽会も開催された。二科会の画家たちとの交遊から主人自身も絵筆を執るようになり「鴻巣山人個人展覧会」も開かれている。大正八年（一九一九）、スッポン料理まるやを開業。個人雑誌『カフェエ夜話』を創刊（一九二三）。関東大震災により、鴻乃巣、まるや、ともに焼失してしまうが、ただちに再建し、定食の値段を下げるなど、負けん気と適応力を示した。ところが、やはり無理をしたのだろうか、鴻乃巣主人は大正一四年（一九二五）一〇月一日に急死。働き盛りの四三歳であった。[1]

永井荷風は鴻乃巣主人の死を惜しむ。

《十月三日。鴻巣山人奥田氏　名駒蔵　本月朔日病死。本日午後赤坂台町報土寺にて葬儀執行の由。葉書の通知あり。山人は京橋南伝馬町二丁目西洋料理屋鴻ノ巣の主人なり。（中略）業務の余暇丹青の技をまなび、自ら鴻巣山人と号し、時々自作の展覧会を催して娯みとなせり。山人の如きは啻に貨殖の才あるのみならず、また能く風流を解したるものといふべし。年歯いまだ知命には至らざるべきに、惜しむべきことなり。》[13]

駒蔵と親しかった与謝野鉄幹・晶子夫妻らは鴻巣山人遺作展覧会を企画した。晶子は大正一四年（一九二五）一一月に開催されたその展覧会の結果について翌年一月一日発行の『明星』誌上でこう報告している。

《去年の十一月下旬に催した鴻巣山人の遺作展覧会は観に来て下さる人達が多く作品は全部売切れました。某氏の如きは一人で拾五六点も引き受けて下さるのでした。》[1]

多くの人に愛された人物だった。メイゾン鴻乃巣は駒蔵の死とともに閉店。まるやは昭和二〇年（一九四五）の大空襲で焼失するまで営業を続けている。

［1］これまで種々の名称が用いられてきたが、奥田万里『大正文化のサロンを作った男 奥田駒蔵とメイゾン鴻乃巣』（幻戯書房、二〇一五年）が刊行され、その全体像が明らかになった。

［2］木下杢太郎「パンの会の回想」『日本の名随筆別巻3 珈琲』作品社、一九九一年。

［3］長谷川堯『都市廻廊』中公文庫、一九八五年。出典は木下杢太郎詩集『食後の唄』アララギ発行所、一九一九年。

［4］長谷川堯、前掲書。出典は『中村鎭遺稿』。

［5］『高村光太郎全集月報6』筑摩書房、一九九五年。『文章世界』博文館、一九一一年九月号。

［6］小島政二郎「永井荷風先生」『嘘の店』月曜書房、一九四七年。

［7］菊池寛「半自叙伝」『現代日本文学全集27』筑摩書房、一九五五年。

［8］荒畑寒村『寒村自伝』上巻、岩波文庫、一九七五年。

［9］京橋区南伝馬町の「鴻の巣」で開催された。酒井弘憲「『羅生門』出版記念会招待状」（『日本古書通信』日本古書通信社、二〇一二年三月号）に招待状の写真が出ている。

［10］島田修二＋田谷鋭『短歌シリーズ人と作品9 北原白秋』桜楓社、一九九三年版、年譜。

［11］『北原白秋詩集』旺文社文庫、一九八四年版。

［12］宇野浩二『芥川龍之介』上巻、中公文庫、一九八二年版。

［13］永井荷風『摘録断腸亭日乗』上巻、岩波文庫、一九八七年。谷崎潤一郎は小説「友田と松永の話」（一九二六）にコウノス（鴻の巣）を登場させ、主人公の名を友田銀蔵とした。奥田駒蔵への特別な思いがそうさせたのかも知れない。

プランタン

松崎天民によれば、カフェー・プランタンこそがカフェーの嚆矢だった。

《その頃は京橋の北詰に、京橋ビヤホールが在り、新橋際には新橋ビヤホールが在ったけれど、まだ女給時代では無かった。日本酒では菊正宗の加六があり、桜正宗の末広があり、アイスクリームの函館屋と、ソーダ水の資生堂と、一種の気分は湛えていました。けれどもそうした飲食の家に、若い美しい女が現れて、ウェートレスとして存在したのは、プランタンを以て嚆矢として良い。》[1]

女給の元祖がどの店なのかはともかく、プランタンがカフェーという命名で成功したことは事実であろう。名付け親は小山内薫だった。フランス語で春を意味するプランタン、なんとも甘い響きである。ところが、なかなか正確に名前を覚えてもらえず

《朝日の記者の松崎天民がよく記事にしてくれましたが、貨幣不足党と書いてカヘータランタランとフリカナをつけるんです。ブランタンと発音する人も居て、名人と云われた先々代の小さんは、無頼漢と覚えていたと話していました。》[2]

新橋に近い日吉町、国民新聞社前、明治初期以来の銀座煉瓦街の一角を改装してオープン。経営者は松山省三と平岡権八郎。松山省三は東京美術学校を卒業後、自由劇場の創立に参加したり帝劇に出入りするなど、かなりの高等遊民であったようだが、先輩知

己から届くパリ情報に刺激され、東京にもカフェのような自由なサロンを作ろうということで開店に踏み切った。松山は当時のことをこう回想している。

《私がカフェー・プランタンを開業したのは、明治四十四年の四月で、場所は銀座の日吉町、今の西銀座八丁目の並木通り、銀座会館のある辺りです。開業当時のプランタンは、岡田信一郎・甲田《ママ》実（古宇田実か）両工学士のプランで、古い二等煉瓦と呼ばれた所を改造したもの。前の柱は煉瓦出来で白く塗ってありました。外側を淡い緑のペンキで塗るのに、仲間の岸田劉生、青山熊治、岡本帰一なんて連中がペンキの調合から何から手伝ってくれたのです。[2]》

その白く塗られた建物はかつて玉突場だった。

《プランタンの前身は、佃親分の息の懸っていた玉突場だった。二階は博奕場として使われていたものらしく、六畳八畳の部屋の畳を上げると、穴が開いていて、突嗟の逃げ口になっていたりした。その建物を花月楼の息子で絵の仲間の平岡権八郎と二人で借りたのだ。二十五、六の若さで当時としては全く目新しいカフェーを開いたのだから今にして思えば随分無茶な話だ。[3]》

ゴンちゃんこと平岡権八郎は竹川町の料亭花月を経営する平岡広高の弟半蔵の長男として生まれ、広高の養子となっていた。日本画を学んだ後、洋画に転向し、白馬会で黒田清輝に師事、文展にも入選した画家であった。[4]

同じ年の八月にはカフェー・ライオン、一〇月にはパウリスタが開業して、いきなり銀座にカフェーが三軒もできた。しかし評判は大変なもので、画家、文士、役者、芸人、新聞記者などが大勢入り浸った。ただ、素人経営だったため勘定を回収するのにずいぶんと困ったそうだ。当初結成された維持会員には錚々たる文化人が名を連ねている。画家からは、黒田清輝、岡田三郎助、和田英作、辻永、川端龍子。文学者では、森鷗外、岡本綺堂、永井荷風、坪内逍遥、島村抱月、高村光太郎、北原白秋、谷崎潤一郎、長谷川時雨、小山内薫、吉井勇、正宗白鳥、徳田秋声、木下杢太郎、押川春浪。政治家は鳩山一郎、大山郁夫、前田半蔵。役者では、市村羽左衛門、市川左団次、中村歌右衛門、尾上菊五郎、市川猿之助、松井須磨子、丹いね子、伊井蓉峰、喜多村緑郎、河合武雄。ジャーナリストから長谷川如是閑、姉崎潮風、杉村楚人冠である。松山・平岡二人の交遊範囲が想像されるメンバーだが、会員制度はさほど用をなさなかったと見え、半年ほどで中止されている。[5]昭和の初め、松山省三の長男太郎は市川猿之助に入門している。《河原崎長十郎さんと中村翫右衛門さんが前進座を始められ、タテ女形には河原崎国太郎さんがなられたのもこの頃です。国太郎さんは「プランタン」というあたしたちがよくうかがったレストランの息子さんで、お父様が絵描きさんでした。[6]》

コーヒー豆は松山自ら横浜のイタリア人経営の店へ出向き、モカ、ジャバ、ブラジルを購入。MJBとブレンドして一杯一五銭で出した。コーヒーの他にチキンカツ・サンド、クラブハウス・サンド、ハヤシライス、ハンバーグ・ステーキなども名物で、グレナデンシロップ、ペパーミント、キュラソー、ジン、ウィスキーを五層に配した「五色の酒」もあった。「女給」という言葉もプランタンが募集広告で初めて用いた。『都新聞』に女ボーイ募集の三行広告を出すときに字余りになったので女給と二文字に縮めたのだという。[7]

天井は桃色の壁紙、フランスの石版画数点、洋酒棚、白いカバーのテーブルにトーネット風の曲木椅子、彩色硝子窓。白壁は画家や文士たちの思い思いの落書きで埋められていた。女給は、何々侯爵の落胤といわれたお鶴と、二六、七でそばかすの多い、しかし明敏なお柳が人気の的だった。そして、新橋の芸者、公使館の通訳官、新聞記者、銀行員、赤門、三田、早稲田の学生などが主な客筋になっていた。

夏目漱石は明治四四年（一九一一）四月二八日付の小宮豊隆宛葉書に《カフエー・プランタンといふ伊太利料理を食はす処京橋日吉町に出来たり。知るや否や》[8]と書いている。開店間もない頃である。同年の『東京朝日新聞』八月七日号も《日吉町に、イタリー式の料理を食べさせるカフェー・プランタンという店が出来た》[9]と報じているが、メニューからすると、何か誤解があったのだろう。漱石日記の五月一九日には、大和（銀座の洋食店か）の馬場という男が「カフヘー・プランタン」で喧嘩をし、松崎天民や西洋人が仲裁に入ったけれども止められず、男は皿を放り投げて壊した、その皿はフランス製の品で男には支払えないほど高価だったので以後出入り差し止めになった、ということが記されている。六月一〇日には《芝居が済んでから電車を待つ間に七人連でカフエープランタンへ行つたさうである。其中には秋声と田村とし子が居た。さうして勘定は小宮が払つたさうである》[10]と小宮豊隆がプランタンへ入ったことを珍しそうに書き留めている。

プランタンは開店早々から賑やかだったようだが、常連だった松崎天民の筆を今一度借りると、具体的には次のような有様であった。

《酔うてはニヤニヤ笑って、丹いね子を揶揄っていた長田秋濤、ビールの満を引いては、よく論議していた押川春浪、泥のように酔うては、椅子の上に寝ていた中沢臨川、ドイツから帰ったばかりで、まだ精気潑溂だった生田葵山、八重次との恋に、満悦していたらしい永井荷風、苦虫を嚙みつぶしたように、食べるにも顔色を動かさなかった正宗白鳥――》[11]

主人の松山省三は荷風と八重次についてこのように書いている。

《荷風さんは巴家の八重次さんとアツアツの時代で、八重次さんは店にもよく見えたが、荷風さんと一緒に巴家を訪れもした。八重次さんは、きさくな、きっぷのいい方で、酔って店に現れることもしばしばだった。そして冗談半分に、荷風さんの足が一寸遠のいているから、替りに家へ来てくれといったりして、私をからかったものだ。》[3]

「からかった」とあるのは、松山と荷風の容貌風采がよく似ており、しばしば取り違えられたことからきている。荷風はこの後、押川春浪とのいざこざをきっかけにプランタンに顔を見せなくなる。[12]

酔い潰れるばかりがカフェーという場の機能ではない。高村光太郎はプランタンで詩作にふけっていた。『道程』(一九一四)の小曲中「酔へるまねする人の醜さよ」、「八重次の首」、「女の涙をののしりて」の三篇はプランタンで書き、とくに「酔へるまねする人の醜さよ」は椅子の上に寝ていた評論家中沢臨川たちの酔態に憤りを感じたことがモチーフとなった。[13]

酔へる人のうつくしさよ
酔へる真似する人の醜さよ
カフエの食卓ぞ滑稽なる[14]

大正一二年(一九二三)九月の関東大震災でプランタンは焼失した。松山はすぐに神楽坂へ移転してカフェー・プランタンを開き、一二月には南金町(銀座八丁目)の西沢旅館跡に仮小屋を建てて営業を再開した。昭和一一年(一九三六)の年賀状には茶房ル・プランタンと名称を変更したことを伝えている。そこでは昭和一九年(一九四四)

八月頃まで営業していたことが荷風の日記から分かる。[15] なお神楽坂のプランタンだが、閉店したのは大正一四年（一九二五）頃のようである。『クロスワード倶楽部』創刊号に載っている鶴巻与多天「カフエー巡礼」という記事にこう見えている。

《それから、神楽坂に足を向けました。神楽坂の芸術家の寄り集まるカフエーは何と言つても、画家松山省三さんの経営するプランタンが第一です。皆さんも御存知でしよう。麻雀で神楽坂警察署に引つぱられた広津和郎さん、この頃、美しいお嫁さん、然も女流作家で有名な大橋房子さんと楽しいホームを作られた佐々木茂索さん、艶聞豊富な久米正雄先生、その他、文壇の豪い方々の陶酔境です。ですから、これ等の先生達の御顔を、コーヒー一杯で拝観せんとする文学青年で仲々賑やかです。先頃、行きましたら、惜しい事に「プランタン」は廃業になつて、支那料理屋になつてゐました。[16]》

この雑誌は大正一五年（一九二六）一月一日発行なので、前年のレポートと考えてもいいように思う。

[1] 松崎天民『銀座』中公文庫、一九九二年。
[2] 松山省三「カフェー・プランタン」『嗜好』四〇七号、明治屋、一九六〇年三月。《プランタンとは春、春という語が父の気に入り私の妹の名を春とつけたくらゐです。階下がバーで二階に白ペンキ塗りのバルコニーがあつてその奥に父の画室があつた。画室の中には裸体画がたくさん。》

七月号)。

と息子の河原崎国太郎は書いている(「「プランタン」の松山」『会館文化』朝日会館、一九四六年
[3] 松山省三「カフェー・プランタン」『荷風全集月報24』岩波書店、一九六四年。
[4] 野口孝一『銀座カフェー興亡史』平凡社、二〇一八年。
[5] 初田亨『カフェーと喫茶店』INAX、一九九三年。出典は安藤更生『銀座細見』(春陽堂、一九三一年)および小林新次郎『銀座新風土記』(私家版)。
[6] 中村喜春『江戸っ子芸者中村喜春一代記 青春編』朝日文庫、一九九三年。前進座結成は昭和六年(一九三一)、松山太郎が五代目河原崎国太郎を襲名したのは翌七年である。
[7] 小菅桂子『にっぽん洋食物語』新潮社、一九八三年。河原崎国太郎の回想。
[8]『漱石全集』第一五巻、岩波書店、一九八六年版。
[9] 森銑三『明治東京逸聞史2』東洋文庫、一九七九年版。
[10]『漱石全集』第一三巻、岩波書店、一九八六年版。
[11] 松崎天民、前掲書。林安繁によれば、昭和八年(一九三三)、北銀座に《オールド・モガの丹稲子の「バー丹頂」などが今もなほある》(『随筆屑籠』私家版、一九三六年)。
[12] 松山省三「紫風呂敷の荷風」『荷風全集月報29』岩波書店、一九七四年。横田順彌はこの事件について詳しい考証をしているが、それでも真相ははっきりしない(『古書ワンダーランド1』平凡社、二〇〇四年)。こういうことがあったためか、荷風はカフェーでは壁際には坐らず、たいてい入口のそばに座を占めたという(道明真治郎の証言、『八雲』八雲書店、一九四八年七月号)。
[13] 高村光太郎『随筆某月某日』龍星閣、一九四三年。

[14] 高村光太郎「泥七宝」『詩集道程復元版』角川文庫、一九八九年版。
[15] 野口孝一『銀座カフェー興亡史』平凡社、二〇一八年。河原崎国太郎はカフエー・プランタンの松山省三は《最近まで続いて昨春空襲で焼出されて疎開し、今は吉祥寺、前進座事務所に近いアパートに住んでをります。》と書いている（「「プランタン」の松山」前掲『会館文化』）。昨春は昭和二〇年（一九四五）であろう。
[16] 『クロスワード倶楽部』創刊号、東京十字語出版社、一九二六年一月。《プランタンは京橋日吉町で日本最初のカフェーとして発足したが、大震災のあと神楽坂に支店を出した。ここは文士や女優の集会所のようになり、松山が麻雀を教えたので、麻雀カフェーとなり、ついにはパイをかきまわす音で話も聞こえないほどだったという》（近藤富枝『馬込文学地図』中公文庫、一九八四年）。

ライオン

泥でこさえたライオンが
お札もうすとほえてゐる
肉でこさへたたましひが
人こひしいと飲んでゐる[1]

明治四四年（一九一一）八月、業界最大手の精養軒が尾張町交差点（現銀座四丁目交差点）、現在、銀座プレイスのある場所に三階建てのカフェー・ライオンをオープンさせた。一階はビヤホール、二階はレストランと余興室、三階は個室から成っており、二階の洋食堂が一番繁昌したという。[2] 一品洋食を一五銭から二五銭で出した。これはプランタンのコーヒー一五銭と較べると廉価といえるだろうが、精養軒経営だけに《相当に食べられる洋食を提供して居た》[3] と評価されており、洋食の大衆化に寄与したとも考えられる。それにもまして、女給が揃いの白いエプロンを着け、幅広のリボンを背中で結び、美人が多いということで有名になった。天民はウーロン、プランタンに続いて銀座の興味の中心になったのはライオンだったとして、関東大震災の前と後における女給の相違を述べている。

《伯爵嗣子の夫人となったお兼とか、M画伯と恋に落ちた都里とか、新聞記者の妻となったお里とか、某文学士の許に嫁したお文とか、その頃の女給は怜悧であった。今日のカフェー女は、氏も素性も一列一体になって、たまに女学校の卒業生や、某商店の未亡人や、左褄取っていた女があるにしても、多くは同じ鋳型の中に、一つのタイプが出来たことを、否めぬようになった。》[4]

震災後の女給に対して不満気であるが、その女給たちが天民を含めた顧客たちをどう見ていたかという面白い資料が残っている。銀座社発行『銀座』大正一四年(一九二五)八月号「カフエライオン鼻つまみ番付」[5]、その一部を抜粋する。

両大関

カフエライオン鼻つまみ番附

大關 村松正俊（一日に八遍も来るから）
關脇 酒井眞人（弱いくせにけんくわをするから）
小結 長岡義夫（蛇をもつて来るから）
前頭 藤井清士（酔ふと大きな聲で女給を呼ぶから）
同 辻潤（酔ふと女にだきつくから）
同 室伏高信（小田原へ帰る時間ばかり気にするから）
同 廣津和郎（店のことを小説にかくから）
同 小野宮吉（オーバーを質に入て安マントをきて来るから）

前頭 大橋房子（茂索と夫婦づれで来るから）
同 松崎天民（相も變らず偉らさうな法螺ばかり吹くから）
同 佐々木孝丸（ビールの飲逃げをするから）
同 千田是也（肩ばかし怒らしてゐるから）
同 鈴木傳明（あれでも役者のつもりでゐるから）
同 宇野浩二（ヘゲかくしにシャツボをとらないから）
同 フエーゲン（虫みたいな顔をしてゐるから）
同 多忠亮（耳が遠くて話がよくわからないから）
同 岡康雄（女給をちつとも褒らないから）

前頭 田中純（其筋の命により三行抹殺）
同 村井英夫（酔ふと兵隊の自慢をするから）
同 金子洋文（五九郎の姿なんかと一緒になるから）
同 高橋邦太郎（シバヰの廣告ばかりしてゐるから）
同 尾崎士郎（宇野千代に飲代を貢つてくるから）
同 吉井勇（エッヘエッヘと笑ふから）
同 ブラウデ（シヤケみたいな顔をして色男ぶるから）
同 長谷川修二（村松みたいな馬鹿を先生と呼ぶから）
同 本城可崇（變な出つ齒でゲラゲラ笑ふから）

不蒙御免

年寄 小村新一郎 山内義雄

勧進元 銀座社

大關 原貢（紅茶一パイで六時間もゐるから）
關脇 沙良峰夫（酔ふとニシン場の自慢をするから）
小結 安藤更生（變な労働服を来てくるから）
前頭 近藤柏次郎（酔ふと女給を口説くから）
同 土方與志（ヅカヅカ這入つて来るから）
同 百瀬二郎（尾行にまかれて電車賃にこまるから）
同 金澤愼次郎（店の安香水を女給にやるから）
同 瀬戸英一（年甲斐もなく女給にほれてるから）

前頭 土方梅子（女だてらに煙草を吸ふから）
同 リントケ（女給をとりもつてくれと誰にでも頼むから）
同 英百合子（猥な顔をしてゐるから）
同 佐々木茂索（口を曲げて紅茶ばかりのむから）
同 山田耕作（金もないくせに特別室へ這入るから）
同 桃村愛子（女給にバケ込んで種とりをするから）
同 久米正雄（女房をつれて女給みはりに来るから）
同 岸田國士（フランスで安物を買つて来たから）
同 菅忠雄（久米のお古を貰つて嬉しがつてゐるから）

前頭 北村喜八（人生もついでに誤謬ばかりしてゐるから）
同 葉山三千子（病犬みたいにむしやむしや喰ふから）
同 伊澤蘭奢（ソバカスだらけな顔をしてゐるから）
同 堀木克三（茂索にたかつてばかりゐるから）
同 東屋三郎（自慢になる面じやないから）
同 近衛秀麿（毛虫眉毛をピリピリさせるから）
同 榊原・直（酔ふとコップを破つて辨償しないから）
同 上野虎雄（動物園の虎みたいな聲を出すから）
同 菊地寛（たまに来て女給を褒るから）

カフエライオン鼻つまみ番付　『銀座』1925年8月号より

村松正俊（一日に八遍も来るから）
原　貢（紅茶一パイで六時間もゐるから）
関脇　酒井真人（弱いくせにけんくわをするから）
前頭　辻　潤（酔ふと女にだきつくから）
広津和郎（店のことを小説にかくから）
宇野浩二（ハゲかくしにシヤツポをとらないから）
尾崎士郎（宇野千代に飲代を貰つてくるから）
山田耕作（金もないくせに特別室へ這入るから）
吉井　勇（エツへエツへと笑ふから）
高橋邦太郎（シバヰの広告ばかりしてゐるから）
菊地《ママ》　寛（たまに来て女給を張るから）
松崎天民（相も変らず偉らさうな法螺ばかり吹くから）
どこまでが女給の意見なのか計り難いけれども、楽屋の雑談に出そうなシビアな人物評ではある。

昭和三年（一九二八）、辻潤が息子一《まこと》をともなってパリへ渡航するに当たり、ライオンにおいて歓送会が開かれた。そのとき、辻に「ダダの元祖」を盗まれたと息巻く高橋新吉が短刀を懐に乱入して来るというハプニングがあった。辻は席上で改めて新吉がダダの提唱者であることを報告して、その場を丸く収めたという。[6]

梶井基次郎の遺稿にはライオンの店内がスケッチされた断片がある。

《例へば、私はカフェー・ライオンの卓子に一人で腰かけて、白服を着た男がカクテールを振つてゐるのを眺めたり（その男ははじめはカクテールを振つてゐるが、しまひにはカクテールに胸倉をとられて小突きまはされてゐるやうに見えるので滑稽だつた。）、卓子の間を行つたり来たりするウエイトレスを眺めたり、麦酒を飲んだり、骰子をころがしたりしてゐる客を眺めたりしてゐることがなんとはなしに面白かつた。》[7]

サイレント映画のようにしきりに動く人々。この佳作が完成されなかったことが惜しまれる。

［1］高村光太郎「カフエにて」『詩集道程復元版』角川文庫、一九八九年版。《お礼もうすとほえてゐる》というところは《ビール幾らとかが売れる度に、店頭のライオンが「ウォー」と唸り声を発し》たことからきている（広津和郎「カッフェエ漫談」『広津和郎全集』第一三巻、中央公論社、一九七四年）。里見弴によれば《二階の真ん中に箱があって、その箱が時々パッと開くんだよ。するとライオンがピュッと出てきて、ウォーッとほえてピタッと閉まる》というような仕掛けだった

(「新春快談」『大正および大正人』三号、大正文化、一九七八年一月)。
[2] 初田亨『カフェーと喫茶店』INAX、一九九三年。サッポロライオンによって銀座ライオンとして盛業中。戸川秋骨の「銀座街頭に立ちて」には《極く古くは其処が牛肉店であった事は知つて居る。牛の画を描いた看板の高く掲げられてあつたのもよく覚えて居る。それが今日カフエ・ライオンになつたのも、何か因縁のあるやうにも考へられて面白い》とある(『現代ユウモア全集3 戸川秋骨集』同刊行会、一九二九年)。野口孝一によれば明治四二年(一九〇九)まで毎日新聞社があった(『銀座カフェー興亡史』平凡社、二〇一八年)。
[3] 松崎天民『東京食べある記』誠文堂十銭文庫、一九三一年。
[4] 松崎天民『銀座』中公文庫、一九九二年。
[5] 西沢爽『雑学歌謡昭和史』毎日新聞社、一九八〇年。
[6] 倉橋健一『辻潤への愛』創樹社、一九九〇年。辻潤「どりんく・ごうらうんど」には《カフエ・ライオンと云ふと僕はすぐ死んだ安成貞雄君のことを思ひ出す。晩年も彼はライオンの可愛いマドモアゼルなにちやんが好きで鳥の啼かぬ日はあつても安成君がライオンに姿を見せぬ日はないと云はれた程》とか《そのライオンへ僕はまだ数へる程しか行つたことはないが――バンジヨーを抱へたメリケンのボキサアが相手と一緒に踊つてゐる図などはアスコでなければ滅多に見られまい。それに貧弱ではあるがピアノとセロとヴアイオリンのエンタアテインメンツのあるのもないよりは遥かにましだ》あるいは《ライオンの前では時々ロシアのおばさんが造花やハンケチを立つて売つてゐる。》などとある(『辻潤集第二巻 ですぺら』近代社、一九五四年)。
[7] 『梶井基次郎全集』第二巻、筑摩書房、一九五九年。

大阪資本

昭和六年（一九三一）頃、東京市内にはカフェーとバーが合わせて一八〇〇軒あった。[1] 酒井真人によると、昭和四年（一九二九）の東京に、カフェー六一八七軒、バー一三四五軒。また昭和九年（一九三四）では、東京に七〇〇〇、日本全国におよそ三〇〇〇〇軒のカフェー、バーを数えたという。[2] 白木正光『大東京うまいもの食べある記』（一九三三）は盛況のそもそもの始まりを次のように語っている。

《昭和の初め頃、欧州を一周して帰つた、これも美校出の洋画家宮武辰夫氏が、巴里の酒場の印象をその侭、東京人にもゆつくり落着いて酒の味を享楽させたいと云ふので、銀座松坂屋の横にユング・フラウと云ふ小い酒場を初めたのが、そも〳〵今日のカフェー、バーの最初です。設計や意匠はお手のもの、瀟洒な芸術味豊かな小部屋に、椅子、卓等の調度等も贅沢なものを置き、殊に照明はあちらの直輸入のスタンドを置いた、例の薄暗い式、そしてその光線の中に、美しい女給の金紗の振袖が、夢のやうに浮ぶのをうつとり眺めながら、ふか〳〵とした安楽椅子に腰を落付けて、洋酒の盃を傾けるのですから、非常な評判になり、文壇人等も盛んに通ふやうになつて、忽ちにして銀座の内外に、これに似たバーが雨後の筍よろしく現はれたのです。》[3]

文中《これも美校出》とあるのはプランタンの松山省三との比較である。そしてこのブームに拍車をかけたのが東京に進出して来た大阪資本のカフェーだった。

大阪にできた初めてのカフェーは、川口居留地近く木津川橋西詰に開店したカフェー・キサラギ（西洋料理店如月）だとされる。開店の時期については諸説あって定かではないが、明治四四（一九一一）頃のようだ。[4] 食満南北、足立源一郎、鍋井克之、小出楢重、鶴丸梅太郎、宇崎純一、段谷秋比登、住田良三、百田宗治らの青年画家や文士が集り、プライム会なるものを結成した。明治四四年にはカフェー・ミカドが新世界ルナパークに、カフェ・ナンバが千日前戎橋筋に開店する。[5] ミカドにも文芸愛好家たちが集い、機関誌『大阪趣味』を発行し、また大正二年（一九一三）にはナンバの客の一人梅本という人物が上田敏らの寄稿する『詩と散文』を創刊したとされる。[6]

同じ頃、道頓堀川岸に旗乃酒場（キャバレ・ド・パノン）[7] が開店した。画家足立源一郎の姉夫婦が始め、宇野浩二、赤松麟作、鍋井克之らの文士、画家、俳優、ジャーナリストたちの溜まり場となった。居酒屋を意味する旗亭をフランス語に訳した屋号である。日比繁治郎はパノンを次のように描いている。

《大正六七年頃のことでもあつたらうか、道頓堀の中座の向ふ浜側に、芝居茶屋の間に挿まつて、さゝやかな店構への通称を旗のバー又はパノンと呼んでゐた上品な店があつた。かう云へばすぐ当時一杯のカフエーに咽喉を湿ほして少時間の友達との会合に楽しく語り合つた思ひ出に、すぐあの店かと思ひ出す人もあるだらうと思ふが、パノンは実に落ちついたい、店だつた。勿論今のやうに女給の白粉で呼ぶ店ではない。二三人の小女がコップを運び皿を配つてゐた。棚には古い洋酒の瓶が数多く並び、精選された珈琲や茶があつた。大阪土着の古い洋画家の塾へ通ふ若い洋画家達が巷の風景を談じ大阪の町の女の風俗を談り合つたりしてゐた。酒の通も茶の通も煙草の通も、さほど気取つたものではなく、遉《さす》が職掌柄で実際経験の通が多かつたのは当然で、浮薄《うわき》な気分などは毫頭ない。文士もあつた、四遊廓を遊び馴れた実際の通人といふやうな人も顔を出した。新空気に浸ることの好きな若い俳優もゐた。姉さん株の芸者衆も時に昼休みの茶を呑みに入つて来た。こんな風に大部分都会に洗練された客の群れを吸集して、落ちついた気分に満ちてゐた店であつた。その頃この店を何人が経営してゐたかは知らないが、それも二、三年経つと、モウ時代の大潮がぼつ〳〵押し寄せて来て一、二度経営者が変つてゐたやうだが、とう〳〵一溜りも無く押し崩されてしまつた。》[8]

パノンで働いていたお静こと三浦静江は道頓堀にカフェーの始まって以来の美人ウエイトレスとして名高かった。大正六年（一九一七）、当時の流行画家だった宇崎純一と結婚したが、わずか二年の後に病没したという。[9]

宇野浩二は『文学の三十年』で、名前は出していないが、パノンと思われる店のあれこれを写している。

《住田良三は、根は画学生であつたが、その頃、絵も文章もかくといふ約束で三流新聞社の二日おき出勤の記者になりながら、道頓堀の或るキャバレエで、歓迎されない常連の一人として通つてゐた。（中略）かと思ふと、キャバレエの払ひが溜まり過ぎると、亭主の注文どほりの壁画を徹夜で仕上げるやうなところもあつた。（中略）道頓堀筋の川に添うた側にあつたので、そこの客席は余り広くなかつた。若い番頭らしいのが二人、女づれの客が一と組、他は、何かの芸術にかぶれた青年が五六人、随所のテエブルに陣取つて、大抵みな常連らしく、いろいろな形で、足を組んだり、肘を突いたり、して、話に耽つてゐる。[10]》

あるいは上田芝有の「川柳道頓堀風景」。

《道頓堀中座の前にあつたキャバレー・ヅ・パノンは大阪名物の一つに数へられる『カフエー』の草分けであつた。当時の大阪の文士、画家、劇評家などのインテリ階級（当時はまださうした言葉もなかつた）が蟠居して五色の酒に芸術を論じ合つてゐた。それらの仲間にはパノン合言葉とでも言ふ隠語さへ出来た程であつた、即ち顔のことを彦頁、頭のことを豆頁などの類で、これが現在のモボモガ達の間にまだ通用されてゐるといふことである。（中略）この旗のバーが拡張されて株式組織となり浪花座前に移つたが、やがて没落しその跡に灘万支店が出来、またそれも閉店して後に現在のカフエー・ユニオンとなつた。それと前後して戎橋のパウリスタがカフエー美人座となり、太左衛門橋南詰うどん屋井筒屋のところへ天神橋筋五丁目の赤玉食堂が進出して来て、現在の大資

本カフェー時代の幕を開いたのであった。》[11]

芝有の挙げているパノンを詠んだ川柳より三首を掲げてみる。

半分はパノン半分は茶屋交際費　半文銭

果太鼓旗の酒場に蘇り　水府

俄雨パノンから見る戎橋　蹄二

パノンに代わって現れた文化人の溜まり場が戎橋西詰のライオンになる。鰻屋の柴藤の経営だった。まだ女給を売物にする時代ではなく、金粉を泛かべた酒、洋食の串料理などで客を呼んでいた。パノンの常連も多くはここへ移ったが、日比繁治郎は、大カフェー時代になると洋菓子とお茶の店に変わってしまったと書いている。ライオンについては藤沢桓夫もわずかに言及している。藤沢によれば、ライオンは大正末頃の大阪の盛り場における数少ない喫茶店の一つで、コーヒー一〇銭というミナミの高級店であった。《お静さんというやや臈たけた感じの美女ひとりの店で、コーヒー一杯で粘る私たちにも優しい笑顔を見せたが、その頃の私たちは女性に対して内気で、私も小野勇も上道直夫も彼女に口を利いたことはほとんどなかった。

「ライオン」は、殊に昼間は、いつも客がなかった。三四人の中年の常連が時どき顔を

宇崎純一 『新絵画の手本』(1919) より

旗のバアー 『上方』22号 (1932) より

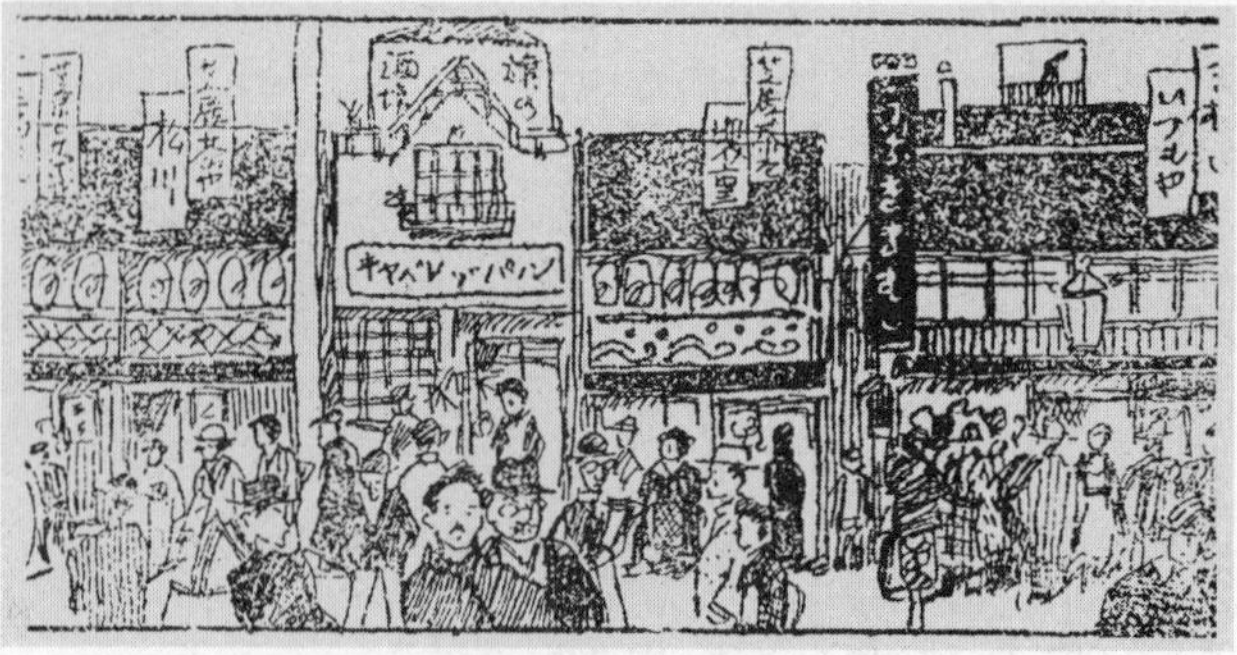

キャバレ ヅ パノン 『道頓堀』20号 (1920) より

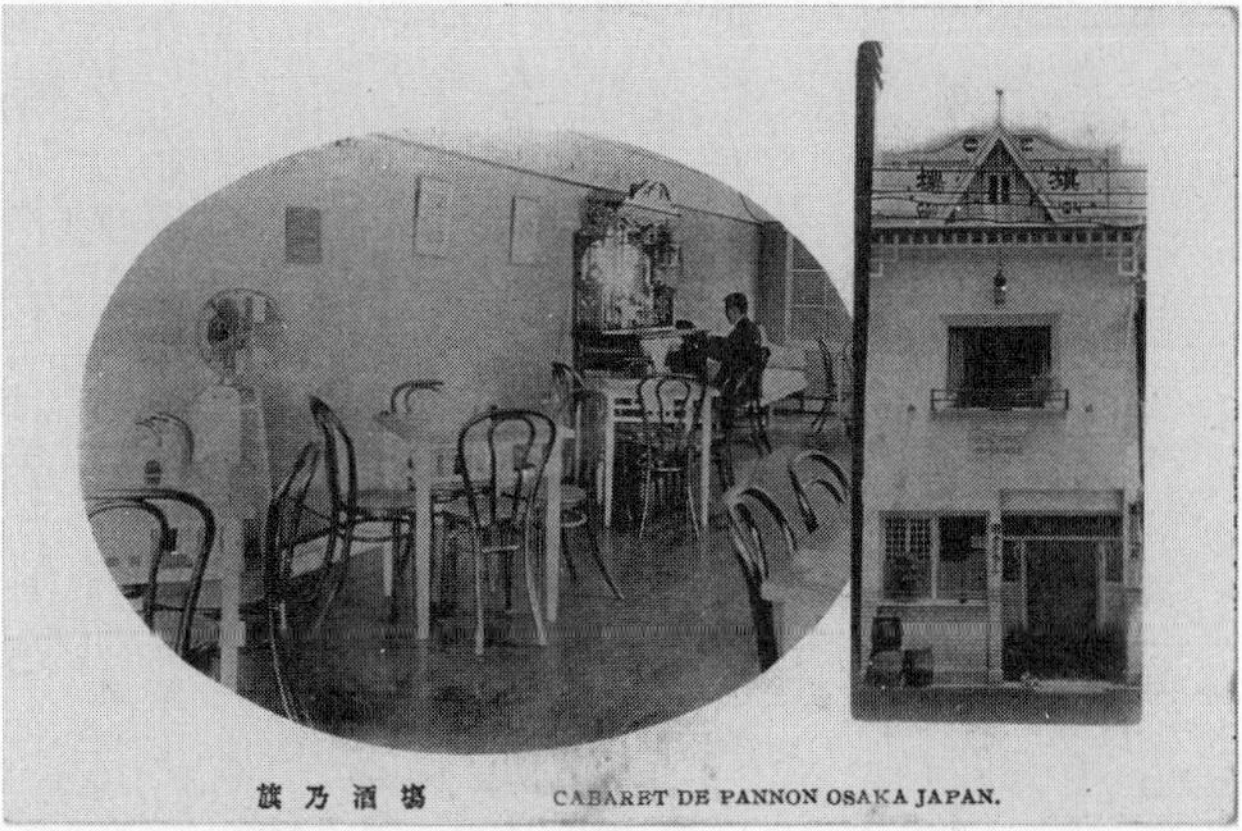

旗乃酒場［絵葉書］

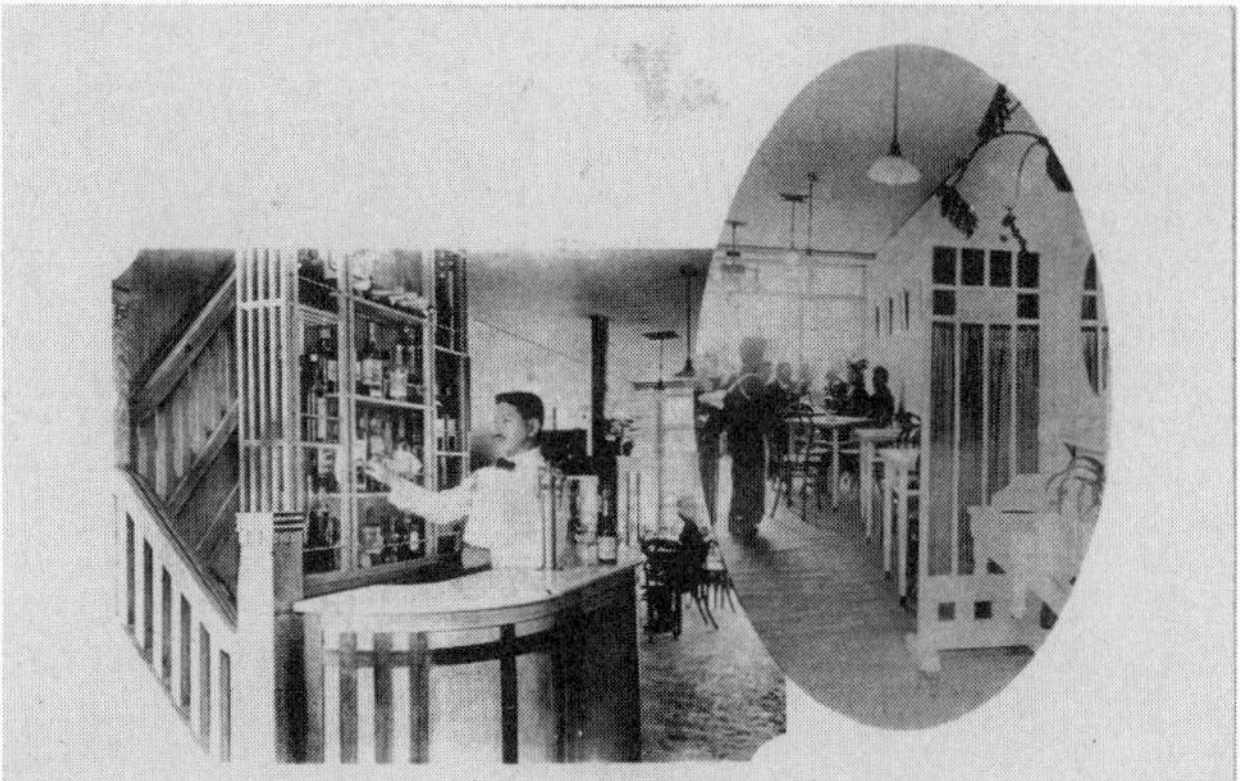

旗乃酒場［絵葉書］

見せていた。彼らは金持の旦那衆で、そして画家など芸術関係の仕事の人たちだった。その一人の、口髭を生やして近眼鏡をかけた小肥りの人が、宇崎祥二の兄で市岡中学出身の宇崎純一だった。彼は洋画家で、「スミカズ絵手本」などよく売れた著書もあり、ペン描きのコマ絵が得意で、「関西の夢二」を自負しているようなところもあり、店は弟の祥二にまかせて、毎日ディレッタント生活を楽しんでいる風があった。[12]》

宇崎兄弟が営んでいたのは千日前の波屋書房である。藤沢たちは祥二と親しくなり、同人雑誌『辻馬車』（一九二五〜二七）の発行を任せていた。

大正時代の終焉が近づくとともにカフェーの性格もすっかり違ったものとなる。日比繁治郎は、関東大震災の直後、赤玉食堂主人榎本正によって、食満南北、大森正男らとともに心斎橋の料亭に招かれ、道頓堀の中央に大カフェーを建設するに当っての意見を求められたと語っている。

《主客は時間を忘れて語り合った。而し意見を徴された方の当夜の話が、如何に実際に疎いものであつたかは云ふまでもなく、後になつて現はれてくる、榎本君の実際経営ぶり、乃至時代の要求する大カフエーの色彩は悉く予想外な超自然的なものであつたのはおもしろい現象である。かうして三十万円乃至五十万円の巨費を投じて道頓堀の中央へ大カフエーの姿を現はした赤玉食堂につゞいて、ユニオン、美人座、日輪、等、さまぐ〵な苦闘を経て現今に持続されてゐるところは、道頓堀のほかには見られない。[8]》

日比によれば、道頓堀付近に散在するところのカフェー、バーなどは二〇〇軒を数えた。また、大阪カフェーを概観した中田政三は、勃興期のカフェーとして、新戎橋のフランスバア、戎橋北詰のジユンバアを挙げた後にこう続ける。

《エプロン時代の女給を令嬢風に仕立て、、入口にメムバーボーイを立たせ、「町子さん御新規」とバスバルの美声を張りあげさしたのは、稍おくれて道頓堀に出たユニオンの、かの有名な自称カフエー王、小堀勝蔵君である。小堀君は特殊な階級をノツクアウトして大衆に向つて進軍した。今日のカフエー時代にトップをきって華々しくスタートしたものであつて一時随分その盛名を謳はれたが、あまりに早いゴールインとでも云はうか、今日既にカフエー界から引退してしまつた。（中略）このユニオンシステムを漸次に焼き直して道頓堀に進出したのが赤玉と美人座、日輪であつた。》[13]

京阪でも食べ歩きを試みた松崎天民のユニオン評は次のようなものである。

《「南地名物ユニオンダンスは、禁止されてしもうたけど、大阪ユニオン合資会社はエラい奴やと思ふな。南では浪速座前と、中座前と楽天地の西辻角にあるし、新町にも松島にも出けて、、名前はユニオン食堂やけど、カフェー、バー、レストランの堂々たるものやないか。東京にもおまへんやろ！」》

さらに、ユニオンの酒場はバーとしては日本有数といってもよく、洋装の女性がいて酒場らしい気分が張っている。新町のユニオンは午後四時から午前四時まで営業しており、東京にはない特色だ、と書いている。天井が低く、温室的な鉢植えの西洋草花だらけで、女給たちとデカンショや蛍の光を合唱するのだそうだ。浪花座前のユニオンは東京的に明るく、場所柄、役者や芸妓もよく姿を見せる。一階に四〇人、二階に四〇人という女給の数は日本一といってもいいかもしれないとのこと。

《「それにユニオンの女は、エプロンかけてゐないからね、初めはお客かと思つてびつくりしたことがあつたよ。あのジャズといふ奴が八釜しくて、友達と話す時には邪魔になるが、拍手喝采してやんやといはなくては、カフェーマンではないのかも知れないね」[14]》

昭和三年（一九二八）、金子光晴は森三千代とともに渡欧のため、神戸へ向かう途次、大阪で道草を食って、正岡容らと大いに散財をした。そのとき二人はカフェー美人座の企画宣伝に知恵を貸したという。

《今日のキャバレーの前身のカッフェというものが、何十百人という女給を居並ばせて、絢爛を競うようなシステムになったのも、美人座、赤玉がはじまりで、私たちがいた頃が丁度その全盛時代であった。それが銀座に進出したのは、二三年あとのことである。正岡容は、美人座の企画顧問に傭われて、夕方の一二時間位は、そこの事務所で飲んでいた。私と三千代もつれ立って、毎晩のようにそこの椅子に坐った。三人の頭が奇想天外なプランを練った。（中略）バンドが「赤い灯、青い灯」を演奏していた。振袖に、胸高帯の、いずれも大柄な、うんこの太そうな女たちが踊っていた。その他町の喫茶店も小部屋に鍵のかかるようになった、プライベートの部屋があった。》[15]

東京進出ひいてはアジア進出について中田政三はこう分析している。

《この情勢は俄然大阪の歓楽街に異常な渦巻を起して、在来の享楽機関を圧倒し、東京に逆輸入せられて、銀座会館やカフエーマルを生むに至つた。

勿論東京にも可なり古くから、銀座のタイガー、浅草のオリエント、神田のパリス、新宿のミハト、後れて、クロネコ、ゴンドラ、バッカス、等々生粋の江戸ッ子と称すべきカフエーがあつたけれども、大阪風を早くとり入れたか、刺激を受けて改造したか、その何れかに属するもので、尚且つ大阪人経営のサロン春に牛耳られた形である。

かくて大阪カフエーは時間的に覇を称へたばかりでなく、空間的にも、帝都を始め全国の都市を席巻し、余勢は遠く海のあなたの大連、新京、上海にまで振るひ極東の宵を淡く彩る原動力は大阪カフエームードであること、恐らく著者の手前味噌と云ふ人はあるまい。》[13]

昭和五年（一九三〇）六月には大規模カフェー美人座が銀座に進出して成功する。安藤更生は書いている。

《美人座が銀座に開店し、三一人の大阪娘を女給として、数回に渉って飛行機で輸送し一大センセーションを起した。十月には日輪が京橋橋畔のビルディングに進出した。その家賃千八百円、敷金二万円、設備費二万円、宣伝費二千円と伝え、全ビルディングを被う大阪式五彩の電気サインで賑々しく開店した。次いで十一月の十二日には赤玉が、例のフネノフネ、イナイナイバアの三階建を三十五万円で買い取って、設備費五万円、改造費二万円、電飾費二万三千円その他十万円という大資本を擁して、カフェ戦線攪乱にかかった。

銀座は今や大阪カフェ、大阪娘、大阪エロの洪水である。》[16]

これらが全盛期の大阪カフェー相だとすれば、織田作之助が小説「世相」で描く昭和一一年（一九三六）頃のカフェーは頽廃期でもあろうか。

《美人座は戎橋の北東詰を宗右衛門町へ折れた掛りにあり、道頓堀の太左衛門橋の南西詰にある赤玉と並んで、その頃の大阪の二大カフェであつた。赤玉が屋上にムーラン・ルージュをつけて道頓堀の夜空を赤く青く染めると、美人座では二階の窓に拡声器をつけて、「道頓堀行進曲」「僕の青春《はる》」「東京ラプソディ」などの蓮ッ葉なメロディを戎橋を往き来する人々の耳へひつきりなしに送つてゐた。拡声器から流れる音は警察から注意が出るほど気違ひ染みた大きさで、通行人の耳を聾させてまで美人座を宣伝しようといふ悪どいやり方であつた。》[17]

最初はこの様子に辟易していた万年高等学校三年生の主人公も、一度カフェーの入口をくぐると、紫地に太い銀線が縦に一本入ったお召を着た静子という女給に一目惚れし、カフェー通いが病みつきになってしまう。勝手に女を純潔だと思い込み、ランボーの詩集やニイチェの『ツァラトゥストラ』を贈るなどして、終に一夜を共にする。そのときになって彼女の前歴が清純からほど遠いことを知るが、苦悶しながらも別れられない。女はやがて満州へボクサーと駆け落ち。主人公はやっと目覚める。織田はこのエピソードを《しみつたれた青春の浪費》と書いている。この浪費こそがカフェーの原動力だったのかも知れない。

［1］加藤秀俊＋井上忠司＋高田公理＋細辻恵子『昭和日常生活史1　モボ・モガから闇市まで』角川書店、一九八五年。出典は『国民新聞』一九三一年一〇月二四日号。

［2］野口冨士男『わが荷風』中公文庫、一九八四年。出典は酒井真人『カフエ通』（四六書院、一九二九）および、加藤秀俊他『明治・大正・昭和世相史』社会思想社、一九六七年。

［3］白木正光『大東京うまいもの食べある記』丸ノ内出版社、一九三三年。

［4］伊藤博『コーヒー博物誌』（八坂書房、一九九三年）は明治四三年説。永井良和「近代都市と「大阪カフェーの東征」」では明治四四年二月説（『村嶋歸之著作選集』第一巻、柏書房、二〇〇四年、解説）。寺川信は《「カフヱ・キサラギ」の看板は新しいが日本建の其頃、よく見かけた所在の洋食店と異らない表構へで、硝子戸を押して入ると、すぐ靴脱の夕ヽキ、板敷のガランとした室の中央にストーブだけが大きく、其のブリキの煙筒が天井を折曲つて楣から外へ出てゐた。》と述べている（「大阪カフヱ源流考」『上方』二七号、上方郷土研究会、一九三三年）。

［5］福富太郎『昭和キャバレー秘史』河出書房新社、一九九四年。

［6］明石利代「大阪の近代文学四　カフェー文化期」小島吉雄他『大阪の文芸』毎日放送、一九七三年。

［7］手許にあるパノンの写真絵葉書には「旗乃酒場 CABARET DE PANNON OSAKA JAPAN」と記されており、店舗の屋根にも同じように和文と欧文の名前が書かれている。一方、雑誌『道頓堀』（道頓堀雑誌社、一九二〇年）の挿絵では「キャバレ ヅ パノン」という横看板が上がっている。

［8］日比繁治郎『通叢書　道頓堀通』四六書院、一九三〇年。

［9］瀧克則「宇崎純一ノート」『spin』六号、みずのわ出版、二〇〇九年一〇月。出典は川海棲仙「道頓堀川畔の情調」『新時代』新時代社、一九一八年三月。

［10］宇野浩二『文学の三十年』中央公論社、一九四二年版。

［11］『上方』二二号、上方郷土研究会、一九三二年一〇月。中田政三は《旗の酒場は相当に儲けて、資本金四十万円を投じて戎橋の南詰に新築し、「旗の酒場」をフランス読みにキャバレー・ヅ・パノンと名宣つて大キャバレー時代に魁けたが内容之に伴はなかつたものか一年にして倒れ大阪からその姿を消した》という（『カフエーの営業政策と新興建築』新興カフエー研究協会、一九三四年）。

［12］藤沢桓夫『大阪自叙伝』中公文庫、一九八一年。

［13］中田政三、前掲書。大阪毎日新聞記事データベースによれば同紙一九三二年六月九日号に「カフェユニオン破産を申請さる」という記事が出ている。

［14］松崎天民『京阪食べある記』誠文堂十銭文庫、一九三〇年。
［15］金子光晴『どくろ杯』中公文庫、一九九一年版。
［16］安藤更生『銀座細見』中公文庫、一九九二年版。
［17］織田作之助「世相」『日本文学全集55』新潮社、一九六二年。

タイガー

昭和五年（一九三〇）から六年にかけて、広津和郎は『婦人公論』誌上に小説「女給」を連載した。主人公小夜子の独白で進められる中に、昭和初頭における銀座カフェーの変遷が手短に語られている。

《シヤノアールと云へば、その頃銀座でも一番全盛なカッフェエでした。皆さんが既に御存じの通りカッフェエの全盛は尾張町の角のLから筋向うのT—わたしがゐたあのT・カッフェエに移り、そのT・カッフェエから今やシヤノアールに移りかけてゐると云はれてゐました。

今までの東京風のカッフェエよりも大仕掛けで、大理石の円柱がピカピカ光り、大きな塑像が店の真ん中に飾つてあらうといふ立派な構へでした。今こそ大阪大資本の手が銀座通に延びて来て、大仕掛のカッフェエが幾つも出来、カッフェエ大資本主義時代を実現しかかつてゐますけれど、その頃は、シヤノアールが大仕掛けにやり出した唯一の

銀座カフェータイガー　『明りの名所』照明学会（1931）

ものだつたので、その評判と云つたらありませんでした。》[1]

Lはライオン、Tはタイガー、シヤノアールはクロネコであろう。右に続けて、大仕掛けかつエロ気分濃厚な方へ客はついて行く時代だったのだと小夜子は解説してくれている。

ところでその頃、雑誌『文藝春秋』の成功などによって、草木もなびく勢いだったのが菊池寛である。酒が飲めないにもかかわらず、菊池はバーが好きだった。『文藝春秋』はバーで作られたとさえいわれている。[2] 多くの文士たちが常に店から店へと徘徊していた時代、カフェーやバーは雑誌編集にはもってこいのサロンになっていた。当然、逸話にも事欠かない。全盛時代の菊池寛は、見そめたタイガーの女給に一〇円のチップを渡した。広津の『女給』によるとそれは次のようなやり方だった。菊池に擬された吉永という流行作家がカフェー・Tで初めて主人公小夜子に出会う。そして、

《吉永は帰り際に、

「さあ、君握手をしよう」

わたし何気なく手を出すと、吉永さんの指の短い丸つこい手がわたしの手をぎゆつと握りしめました。そして握つた拍子に紙の丸めたやうなものが無造作にわたしの掌の中に押し込まれました。あつと思つてわたし無意識に軽く頭を下げましたわ。だつてそれが十円札を小さく丸めたものだつたんですもの。十円札！》[3]

以後、吉永はTへ通い詰め、小夜子に毎度五円ずつ渡すことになる。そして何とかこの美人女給をモノにしようと大森へドライブに連れ出したりするが、結局、不首尾に終ってしまう。

小説仕立てとはいえ、こう明け透けに暴露されては、菊池も黙ってはいられなかった。まず抗議文を『婦人公論』の版元である中央公論社の社長嶋中雄作へ送り付けた。ところが『婦人公論』はその文章を「僕と「小夜子」の関係」という意味あり気なタイトルで掲載してしまう。怒り狂った菊池は中央公論社に殴り込みをかけ、編集長福山秀賢の頭を連打してさっさと引き揚げるという軽挙に出た。しかし結局、元来が知己であった広津と菊池は、久米正雄の取りなしで和解。[4] カフェー・ライオンの鼻つまみ番付で《店のことを小説にかくから》と揶揄された、そのままの広津和郎であった。

『女給』には永井荷風らしき老作家も登場する。老作家は小夜子の同僚で美人だが酒乱の女給に関わって警察沙汰になり、五〇円の「淫売料」を支払う羽目になる。なかなか辛辣な筆致である。どうもこれはいたく荷風を刺激したらしい。『女給』が発表された頃には、すでに荷風のカフェー熱は冷めていたのであるが、突如、カフェーを舞台とした小説を書き始めた。それが昭和六年（一九三一）に脱稿した「つゆのあとさき」である。そこには荷風散人が筆を極めた女給と客たちの生態を読むことができる。

《松屋呉服店から二三軒京橋の方へ寄ったところに、表付は四間間口の中央に弧形《ゆみなり》の広い入口を設け、その周囲にDONJUANといふ西洋文字を裸体の女が相寄つて捧げてゐる漆喰細工。夜になると、此の字に赤い電気がつく。これが君江の通勤してゐるカツフエーであるが、見渡すところ殆んど門並同じやうなカツフエーばかり続いてゐて、うつかりしてゐると、どれがどれやら、知らずに通り過ぎてしまつたり、わるくすると門ちがひをしないとも限らない。》[5]

当時の銀座通りにはこれほどにカフェーが立ち並んでいた。東京に何千軒というのも頷ける。君江が勤める店の主人は《震災当時、南米の植民地から帰つて来て、多年の蓄財を資本にして東京大阪神戸の三都にカツフエーを開き、まづ今のところでは相応に利益を得てゐるといふ噂である》となっているが、実際には、この店のモデルとなったカフェー・タイガーは浅草でオリエントというカフェーを経営していた浅野総一郎が大正一三年（一九二四）九月に銀座（尾張町一丁目）へ出店したものであった。《まづ今のところ》と含みをもたせているのはタイガーの経営が昭和五年（一九三〇）に本郷バーの手[6]に移っていたからであろう。

広津に暴露されたごとく、荷風自身も大正末年頃からタイガーへ毎日のように通っていた時期があり、少なからぬ女給たちとも交渉をもっていたことは事実のようである。「つゆのあとさき」には、ひときわ軽薄な流行作家が登場しており、それがどうやら広津和郎らしく思われるが、これがすなわち荷風の反撃ではなかったろうか。「女給」はいわば広津流のプロレタリア小説である。小夜子は客たちにさまざまにアプローチされながらも身を任せることはない。歓楽の相を一皮剝けば貧困の相が現れるのだと、事実そうであったに相違ないけれど、やや図式的に描いてみせた。それに反して「つゆのあとさき」の君江は徹底して享楽主義、刹那主義であり、男たちを手玉に取ることを生きる目的としているようにさえ思える。そして手玉に取られる客の一人が作家の清岡（広津）ということになる。わざわざ清岡の父が立派な人物として描かれているのも、広津和郎の父である広津柳浪を尊敬する荷風ならではであろう。実際、広津も脛に傷を持つ身であったらしい。ある時期、彼は正妻の他に本郷のカフェーの女給元子、カフェー・ライオンの女給松沢はま、そして新橋の待合いのおかみ都里らと同時に恋愛関係を結んでいた。都里はカフェー・プランタンの主人松山省三の愛人でもあったというから、いとも複雑なるカフェー相愛図である。[7]

［1］広津和郎『女給』全国書房、一九五一年版。単行本初版は中央公論社、一九三一年。

［2］塩澤実信『雑誌記者池島信平』文春文庫、一九九三年。

［3］広津和郎、前掲書。タイガーで働いていたときに尾崎士郎と出会った尾崎清子によれば、チップが一ヶ月で百円近くにもなり、クリスマスや大晦日などはエプロンのポケットに入り切れないほどだったという（『想い出の作家たち1』文藝春秋、一九九三年）。

［4］杉森久英『小説菊池寛』中央公論社、一九八七年。および西沢爽『雑学歌謡昭和史』毎日新聞社、一九八〇年。後者の出典は牧野武夫『雲か山か出版うらばなし』（中公文庫、一九七六）および宮本吉次『文壇情艶史』（アジア出版、一九六二）。菊池と広津が和解した後、小夜子のモデルだった山口須磨子が雑誌『犯罪科学』で広津の小説は本当のことだと暴露してしまったという。

［5］永井荷風「つゆのあとさき」『現代日本文学全集16』筑摩書房、一九五六年。

［6］明治四二年（一九〇九）、神田小川町に七銭均一の大衆洋食店「食道楽小川軒」を開いて成功した岡本正次郎が大正二年（一九一三）本郷三丁目に開店したのが本郷バーである。熱海岡本ホテルのホームページに岡本正次郎の事歴が掲載されていたが、経営破綻後に閉鎖された。

［7］近藤富枝『馬込文学地図』中公文庫、一九八四年。

TIP

坂を登らんとして渇きに耐へず
蹌踉として酔月の扉《どあ》を開けば
狼藉たる店の中より
破れしレコードは鳴り響き
場末の煤ぼけたる電気の影に
貧しき酒瓶の列を立てたり。
ああ　この暗愁も久しいかな！

我れまさに年老いて家郷なく
妻子離散して孤独なり
いかんぞまた漂白の悔を知らむ。
女等群がりて卓を囲み
我れの酔態を見て憫みしが
たちまち罵りて財布を奪ひ
残りなく銭を数へて盗み去れり。

萩原朔太郎『氷島』から「珈琲店酔月」全文。[1] 漢詩の組み立てを借りながら珈琲店（ルビはないが「かふえ」に違いない）の様子を如実に浮かび上がらせている。ただ、先に掲げた「閑雅な食慾」と比較して何と調子の荒んでいることだろう。《たちまち罵りて財布を奪ひ／残りなく銭を数へて盗み去れり》とは、カフェーの変質もはなはだしいようである。その当時、朔太郎は暗愁を燻らせていた。室生犀星がその乱脈ぶりを証言している。

《泥酔すれば道路の上でも、停車場のベンチに横になることは勿論、電柱にすがり付いたまま動けずに眼をとじ、警官が来ればいま何時ですかと敢て質問する夜半の紳士である。毎晩彼は町に飲みに行くときはあらかじめ拾円（昔の）くらいきちんと持って出ていたから、金は落しても財布には幾円ものこっていないのだ。これは偶然ではなく泥酔すればめちゃくちゃになるので、金は拾円しか最初から持って出ないのであった。》[2]

一〇円しかなかったといっても、今なら三〜五万円くらいにはなる。ただ、犀星の方も朔太郎とさほど違っていたわけではなかった。

《永井荷風がタイガーというカフェでチップは五円はずむということであったが、しぜん荷風なみにはずむことにし、ときによるとその五円に利子をつけてバラ銭まで掴み出すという工合だった。たいてい五十銭の銀貨をテエブルの上にちゃりんと音を立てて出すのが定石だったが、こいつを四五枚まとめて抛り出すということは、おんがく的なものであった。》[3]

どうやら、昭和二年（一九二七）に改造社などから相次いで刊行された円本《えんぽん》（定価一円の文学全集）が大ヒットした恩恵を文士たちは受けていたということのようである。

菊池寛の一〇円は別格としても、川口松太郎も昭和四年（一九二九）にカフェーにおける《女給のチップは必ず一円のこと。コーヒー一杯でも一円のチップをやらなければいけません》[4]などと書いた。当時のコーヒーは一〇銭が相場。カフェーなら、店にもよるが、少なくとも二〇銭はしただろう。一円はコーヒー五杯分に当る。とはいえ、菊池は論外、川口のような客もそう多くはなかった。昭和初頭にカフェーの女給を経験した林芙美子の『放浪記』には《もらい一円たらず》だの《チップ一円二十銭也》などと一晩の稼ぎの記録が見える。彼女らが心待ちにしている客とは《支那そば一杯と、老酒いっぱいで四五時間も駄法螺を吹いて一円のチップをおいて帰って行く》自称飛行家氏なのである。[5]

しかし、カフェーと一口にいっても、地域や客層によって性格も違って来る。例えば、大正一五年（一九二六）、本郷と田端の間、動坂にあったカフェー紅緑には田島イネ（佐多稲子）が女給として働いていた。佐多はこう書いている。

《いつも四五人連れで、大きな話し声とともに扉を押し入ってくる若い男たちのそっけない無遠慮さも、この女たちはさらっと受入れた。さらっと受入れたというのは、その四五人連れの連中は金も費わず、女たちを対手にしようとするでもなく、だからコーヒー一杯を大風に味わって、高声に自分たちだけでしゃべってさあっと帰ってゆくのんきさだが、彼女たちが商売気を離れれば、厭におもわれる気配はなかったからだ。》[6]

少なくともカフェー紅緑ではチップは無くてはならないものではなかった。そしてその四、五人の連中は、ある昼、イネに一冊の雑誌を手渡す。それは『驢馬』創刊号だった。編集発行人は窪川鶴次郎で、西沢隆二、堀辰雄、中野重治、宮木喜久雄らが中心となっており、田端文士の室生犀星、芥川龍之介、佐藤春夫らの寄稿を仰いでいた。イネは間もなく窪川と同棲生活に入り、田島いね子として『驢馬』に詩を発表するようになる。

意外なことに、チップの慣行は喫茶店から発生したという説がある。つまり、すでに述べたゴールデン・ライオンで商才を発揮したトーマス・トワイニングが、一七〇七年、ロンドンのテンプル・バーに開店したトム・コーヒーハウスにおいて考案したシステムだというのである。他人よりも早くサービスして欲しい客は、テーブルに置かれた木箱にコインをコトンと投げ入れる、するとその音を聞きつけたボーイが優先的にコーヒーを持って来る。その箱の上にはTIP（To Insure Promptness）と書いてあった、とこれは九代目サム・トワイニングの説明である。[7] しかしながら、同時代のコーヒーハウスを描いた絵や版画を見ると、相当賑やかにやっているようなので、そんなコインの音が聞き取れたかどうか。ウエイターに向かって「入れるぞ！」と意思表示したのかもしれない。

川端康成の小説「伊豆の踊子」の冒頭、主人公の学生は峠の茶店で五〇銭の心付けを置く。関川夏央はこの行為に《不思議さとあやしさの念を禁じ得なかった》と書き、「伊豆の踊子」を大正知識人と大衆とのギャップを描いた小説だと読んでいる。[8] 主人公「私」は伊豆へ旅に出て天城峠の茶店で雨宿りをする。旅の途中、何度か見かけた踊子の一行と一緒になって胸をときめかす。が、濡れた衣服を炉で乾かしているうちに彼らは出て行ってしまう。「私」もあわてて出発する。すると茶店の婆さんが後を追って来て「こんなに戴いては勿体なうございます。申訳ございません」と礼を繰り返しながらカバンを持って送ると言い張ってきかない。

《私は五十銭銀貨を一枚置いただけだつたので、痛く驚いて涙がこぼれさうに感じてゐるのだつたが、踊子に早く追いつきたいものだから、婆さんのよろよろした足取りが迷惑でもあつた。》[9]

ここに描かれている伊豆への旅は大正七年(一九一八)とされ、原型となった「湯ヶ島での思ひ出」は大正一一年(一九二二)に書かれた。その頃の五〇銭が一体いくらになるのか。パウリスタのコーヒーが五銭とすれば、コーヒー一〇杯分。さほど裕福であるはずもない学生が、茶を飲み、炉を借りたことに対して《五十銭銀貨を一枚置いただけだつた》という金銭感覚を持っている。大正時代ならでは、戦後にはリアリティを持たない、と関川は指摘する。さらに興味深いのは、川端がこの作品を執筆した動機が、カフェーの女給と婚約しながら一方的に破棄された事件にあったということである。[10] 大正八年(一九一九)、本郷のカフェ・エランで少女給仕千代に出会って一目惚れしてしまった川端は、本を売ったり、マントを質入れするなどして、金の都合をつけては、しげしげと千代のもとへ通っていた。しかし結局それは悲恋に終る。[11] 老婆にカバンを持ってもらっただけで目頭を熱くする青年は深く傷ついたに違いない。思うに、一九歳の一高生「私」は都会のカフェーと同じ感覚で茶店へチップをはずんだのではないだろうか。

白木正光『大東京うまいもの食べある記』によれば、乱立時代の大カフェーでは、チップのわずらわしさ、不公平感を緩和するために、現金でなくチップのチケット制ということが行われ、公定チップ相場まで決められたそうである。カフェー以外にも、牛屋、鳥屋、料理屋、大どころの洋食屋、支那料理屋などでもチップは必要だった。ただし、白木は喫茶店が例外であることを付け加えている。

《喫茶店ではチップは要りません。置いたら取るでせうが、先づ置いたら反つて田舎の扱ひされるでせう。》[12]

トム・コーヒーハウスで始まったはずのチップ、存在の意味も所を変えてしまったようである。

［1］萩原朔太郎『氷島』第一書房、一九三四年。「珈琲店酔月」の初出は『詩・現実』第四冊（一九三一年三月）。

［2］室生犀星『我が愛する詩人の伝記』中公文庫、一九七九年版。

［3］室生犀星『女ひと』新潮文庫、一九七六年版。

［4］西沢爽『雑学歌謡昭和史』毎日新聞社、一九八〇年。出典は『新青年』一九二九年三月号。『東京名物食べある記』（時事新報社家庭部編、正和堂書房、一九三〇年版）で銀座千疋屋を評した記事に《ソーダ水で五十銭のチップは置けませんからね、二十銭じや、西條八十さんの「銀座行進曲」にある通り「チップリヤンコぢや惚れやせぬ」を思ひ出して気が引けます》とある。リヤンコは両個、二十銭のこと。

[5] 林芙美子『放浪記』新潮文庫、一九七四年版。
[6] 佐多稲子『私の東京地図』講談社文庫、一九七二年。
[7] 土屋守『紅茶のある風景』曜曜社出版、一九九六年。ボズウェル『サミュエル・ジョンスン伝』（神吉三郎訳、岩波文庫、一九四六年版）には《わしは六片《ペンス》で肉一切れを、一片《ペニー》でパンを買ひ、給士に一片をやつた。そのためわしは相当の扱ひを受けた、否、他の者より一層よい待遇を受けた。彼等は給士に何も心づけをしなかつたから》というくだりがある。ジョンソンがロンドンへ出たのは一七三七年。まだチップは当たり前というわけではなかったようだ。
[8] 関川夏央「本よみの虫干し」『朝日新聞』一九九八年九月六日号。
[9] 川端康成『伊豆の踊子』新潮文庫、一九六三年版。
[10] 山本健吉「『伊豆の踊子』解題」、川端康成『伊豆の踊子・花のワルツ』旺文社文庫、一九七七年版。
[11] 小田切進『続・近代日本の日記』講談社、一九八七年。鈴木彦次郎の回想によるとカフェ・エランは『スバル』同人であり大逆事件の弁護を担当した平出修の弟に当る人の未亡人がマダムだった。大正九年（一九二〇）夏に閉店（「新思潮前後」『太陽』一一〇号、平凡社、一九七二年八月）。
[12] 白木正光『大東京うまいもの食べある記』丸ノ内出版社、一九三三年。

喫茶店の時代

青木堂

社会事象全般に渡っていえることだが、日清戦争（一八九四〜九五）の勝利が日本を大きく変えた。『東京市統計年表』によれば明治三一年（一八九八）の時点で「喫茶店」と分類されている店舗の数は六九にのぼる。分類の基準がやや曖昧なのだが、意外にもこの数字は関東大震災までほぼ横ばいのまま続いている。[1]本郷の青木堂がその六九店の内に数えられたかどうかはっきりしないが、明治二七年（一八九四）の『東京諸営業員録』には洋菓子舗として登録されている。経営者は青木久平、当時の住所は本郷区本郷五丁目一五である。[2]

間崎純知は『回想の寺田寅彦』で次のように青木堂の思い出を語っている。

《その頃の我々三人のおごりは弥生亭といふ西洋料理屋へ行つて食事するのと、後に述べる青木堂とそばやでした。(中略)我々二人は青木堂でチョコレートなどを飲むのは閉口なのですが、青木堂をつき合つて置いて、次には本郷三丁目のやぶそばへ行つて酒をのむのを寺田がつき合ふという段取りです。》[3]

寺田らが東京帝国大学へ入ったのは明治三二年(一八九九)秋である。寺田によると青木堂の他にも鍋町(銀座六丁目か)の風月の二階に喫茶室があり、そこでは《ミルクのはひつたお饅頭》すなわちシュークリームを食べたそうだ。[4]

夏目漱石「三四郎」にも青木堂は登場する。[5] 帝大新入生の三四郎は知り合ったばかりのポンチ画男に引っ張られて本郷通りの淀見軒でライスカレーを食べ、大学生のよく行く所、青木堂の存在を教わる。そして後にはそこで葡萄酒の杯を握りながら、上京の列車で出会った男が悠然と茶を飲んでは煙草を吸うのを目撃する。「三四郎」に引続いて翌年(一九〇九)に発表された森田草平の小説「煤煙」には《何と思つたか要吉は青木堂へ寄つて、ヰスキイの大壜を購つて下げた》[6]とある。

小堀杏奴は幼い頃を懐かしんで次のように書いている。

《本郷通りと称してゐたこの通りには、一高の柵があり、帝大の古めかしい赤門があつた。さうして銀杏の並木が、何処迄も続き、新緑の頃と、木木の葉が黄色に染まる頃には、別の趣きを見せて美しかつた。

特に昔からある青木堂の二階には、一種の異国情緒のやうなものが漂つてゐた。

汚れた床、旧式な、しかしがつちりとした大きな卓、額縁にはまつた等身大の鏡、そして一ぱいの香高きココアは、何か横浜あたりの古い商店を思はしめた。》[7]

青木堂の思い出には事欠かない。以下ざっと拾ってみよう。明治三五年（一九〇二）、日本へ留学した魯迅は青木堂でミルクセーキを飲み、牛肉の缶詰を買った。[8] 大正一〇年代、渡辺一夫は《学生時代に僕たちは、講義の後、先生を無理やりにひっぱって青木堂の二階などへ行き、先生を囲んで雑談放談したことがしばしばある》[9]とし、森茉莉は《菓子は本郷の青木堂》[10]で買うと決めていた。ただ、青木堂のケーキは麴町の洋菓子店村上開新堂から仕入れていたようである。明治四二、三年頃に村上開新堂の小僧だった人が箱車にケーキをのせて毎朝配

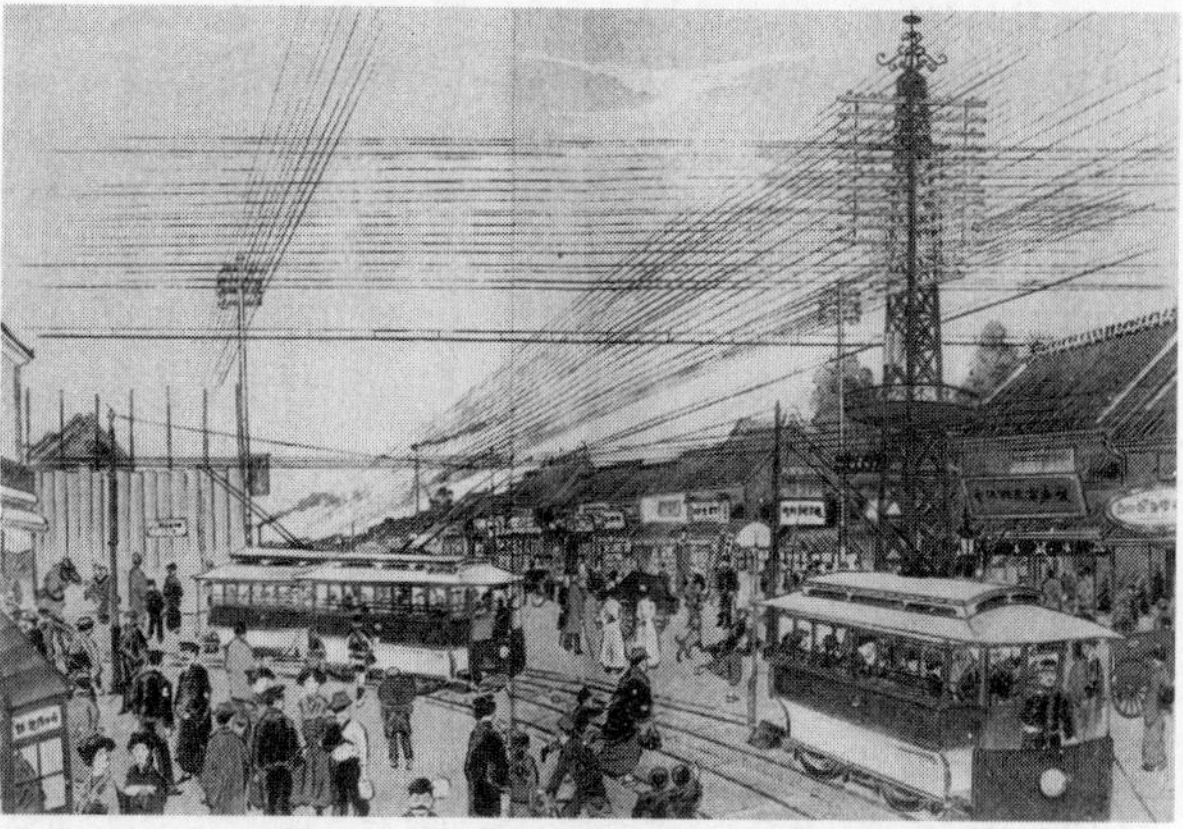

明治 40 年（1907）頃の本郷三丁目　『東京名所図会』より

達していたと回想している。[11]久保田万太郎は大正一三年（一九二四）末、芥川龍之介と青木堂に入った。東京でいちばん紅茶のうまい店と久保田は主張し、芥川は珈琲がうまいと言い張った。[12]大正一五年（一九二六）一一月四日午後二時、雑誌『青空』へ新たに参加した北川冬彦、阿部知二ら五人が梶井基次郎らと顔合わせをした。[13]昭和に入って、今日出海は《当時の遊興とは、本郷の青木堂でシュークリームの食いッこをしたり、藪そばでセイロをどのぐらい積み上げるかといった、まことにたわいもないものであった》[14]といい、昭和五〜六年頃、池島信平と中屋健一は《金のあるときには、赤門と本郷一丁目との間にあった青木堂という喫茶店へ行って、一杯五銭のコーヒーを飲》[15]んだ。少し後になるが、田宮虎彦が「菊坂」という作品に東大構内の地下食堂のコーヒーは一杯五銭であると書いているから、それと同じ値段だった。[16]また、所在は赤門から出て左手へ少し行ったところ、三丁目交差点の手前、東大（本郷七丁目）の並びだが、この一画だけ本郷五丁目になる。

昭和一三年（一九二八）、本郷の医書出版南山堂で小僧をしていた吉岡実も退社するときに後輩二人と青木堂でコーヒーを飲んでいる。[17]京華中学五年生の安田武は、昭和一五年（一九四〇）一〇月、全国のダンスホールが閉鎖された直後、青木堂へダンスホール「フロリダ」のダンサーが幾人か入ってきたことをはっきり記憶している。《激しい雨音と「夜のタンゴ」と、美しい脚の元ダンサーと—。ビールの軽い酔いが、私の官能を揺だ。

する》[18]。当時、安田によれば、青木堂の床はセメントを引いてあり広々としていたそう

青木堂は東京大空襲で焼けてしまった。その跡地には、一九六七年三月、医学書院の新社屋が竣工した[19]。

東大の赤門と正門の中間に横丁がある。その狭い通りには喫茶店、酒場、てんぷら屋、玉突場などがあり、落第横丁の名で有名だった。昭和六年（一九三一）、その入り口のところに喫茶店ペリカンができた。品川力《つとむ》と工《たくみ》の兄弟が始めた店で《純アメリカ式喫茶と料理／若者の経営するテイールームです／一品好みのショート、オーダー、定食、クイックランチなどの味覚》とうたっていた。彼らの妹、約百《よぶ》の美しさと工の料理が評判の人気店となる。東大の教師や助手、学生ばかりでなく多くの芸術家もやってきた。織田作之助、田宮虎彦、武田麟太郎、立原道造、古賀春江、大塚久雄、大河内一男、牧野英一ら。織田作之助は本郷の正秀館に住んでいた頃で、同人雑誌の原稿をせっせと書いていた。「夫婦善哉」を発表した雑誌『海風』は昭和五年（一九三〇）から品川力が発行人となった。昭和一四年八月、力はペリカンを突如廃業し、同じ落第横丁沿いにペリカン書房を開く。《夏休みで知らずにいた学生や教授たちは新しい看板を見て唖然とした》という。以後、数多くの研究者のために文献資料収集を助け「本の配達人」と呼ばれた品川力は日本近代文学館へ二七〇〇〇点近い図書・雑誌・資料を寄贈している[20]。

［1］初田亨『カフェーと喫茶店』ＩＮＡＸ、一九九三年。『東京市統計年表』の数字に関しては、喫茶店とカフェーとの扱い方に時代的なムラがあるなどの問題を斎藤光が指摘している（「ジャンル「カフェー」の成立と普及（1）」『京都精華大学紀要』三九号、二〇一一年）。この斎藤論文は秀逸なカフェー論で、本郷に一九〇〇年頃にできた「本郷カフェー」が日本で最初にカフェーを名乗ったという説を紹介しているのも注目に価する。近藤経一「「カフエーの話」変じて「カフエーと活動写真の話」となる」（『女性』プラトン社、一九二八年五月号）にも《一高前から白山上にぬける、あの通路の只一つの曲り角の所に一軒の洋食屋が出来た、そして、この出来た洋食屋の表にかけられた看板が「本郷カフエー」であり、恐らくは、それは日本でカフエーと名のられた最初の店だつたであらう》と出ているし、はてなブログの「神保町系オタオタ日記」では「寺田寅彦日記」の他に『井泉水日記青春篇』（筑摩書房、二〇〇三年）にも明治三五年（一九〇二）に「本郷カフエー」「新井カフエー」の記載があり、また、すでに「コヒー店」を名乗る店舗が少なくなかったことが指摘されている。『東京市統計年表』の基準が偏っていることは事実のようである。

［2］池田文痴菴『日本洋菓子史』日本洋菓子協会、一九六〇年。本郷五丁目三番地には同名の洋食料品店青木堂があった。雑誌『東亜之光』一〇巻七号（東亜之光編輯所、一九一五年六月）に広告が出ている。明治一九年（一八八六）に開店し、洋酒、調味料、各種缶詰や油脂類、紅茶、コーヒー、ココア、チョコレート、砂糖、洋菓子、化粧品、煙草、食器、ガラス器などを販売していた。広告文には《青木堂の名は水谷店主と深い縁のある青木日深と云ふ坊さまでありまず水谷店主を放蕩から救ふたと云ふので再生の恩を謝するため青木堂と名けました》と記されている。青木久平の

青木堂との関係は不明。

［3］間崎純知「学生時代の寺田寅彦」『回想の寺田寅彦』小林勇編、岩波書店、一九七五年版。

［4］寺田寅彦「銀座アルプス」『寺田寅彦随筆集』第四巻、岩波文庫、一九五〇年版。永井荷風「西洋料理」（『荷風全集』第一二巻、岩波書店、一九九二年）に《南鍋町の風月堂は以前より評判よく近所にいろ〳〵新しき店出来ても今だに一軒として其の右に出でんとするものなし》とある。

［5］夏目漱石『三四郎』春陽堂、一九〇九年。明治四一年（一九〇八）『朝日新聞』連載。

［6］森田草平「煤煙」『明治大正文学全集第二十九巻　森田草平』春陽堂、一九二七年。明治四二年（一九〇九）『朝日新聞』連載。

［7］小堀杏奴『回想』角川書店、一九四七年。

［8］周遐壽『魯迅の故家』松枝茂夫＋今村与志雄訳、筑摩書房、一九五五年。大正一二年（一九二三）、上海へ渡った富永太郎は弟に宛てた手紙に《この町には方々に茶館といふものがある。大抵下が食物を商ふ店になつてゐる。二階の大広間で茶ばかり飲ませるのだ。こゝもその一つ（少々下等の方）なのだ。丁度本郷の青木堂の二階ぐらゐの広さで、また丁度あのくらゐの汚さの室だ。テーブルが三十ほど並んでゐて、今頃は人が一ぱいだ。（今は夜の八時頃）。時時給仕がピカピカ光る真鍮の大薬鑵を奇術師のやうに振りまはして急須に熱湯を注しに来る。薄暗い電燈の灯つてゐる広間の中は大勢の話し声が煙草の烟ともつれ合つて一杯になつてゐる》と書き送った（『現代詩文庫　富永太郎詩集』思潮社、一九七五年）。

［9］渡辺一夫『白日夢』講談社文芸文庫、一九九〇年。

［10］森茉莉『記憶の繪』ちくま文庫、一九九二年。

[11] 小菅桂子『にっぽん洋食物語』新潮社、一九八三年。『日本洋菓子史』によれば開新堂村上光保は京都の士。維新後、宮内省大膳職御料理方となり、横浜居留地のサミュエル・ペールに西洋料理と洋菓子製法を学んだ。明治七年(一八七四)、麴町に妻の名義で西洋菓子製造本舗開新堂を開き、同一二年(一八七九)に大膳職を辞して洋菓子作りに専念した。
[12] 久保田万太郎『いまはむかし』和田堀書店、一九四六年。
[13]『梶井基次郎全集』第三巻、筑摩書房、一九五九年。飯島正宛大正一五年一一月三日付葉書。中谷孝雄『同人』(講談社、一九七〇年)によれば大正一三年(一九二四)五月に第一回の『青空』同人会が青木堂の二階で開かれた。
[14] 今日出海『私の人物案内』中公文庫、一九八五年。
[15] 塩澤実信『雑誌記者池島信平』文春文庫、一九九三年。中屋健一の回想。
[16] 田宮虎彦『足摺岬』旺文社文庫、一九七四年版。
[17] 吉岡実『うまやはし日記』書肆山田、一九九〇年。
[18] 安田武『昭和東京私史』中公文庫、一九八七年。
[19]『医学書院の70年』医学書院、二〇一四年。
[20] 品川力「喫茶店ペリカンからペリカン書房」『日本古書通信』五〇八号、日本古書通信社、一九七一年一〇月。『本の配達人品川力とその弟妹』柏崎ふるさと人物館、二〇一三年。ペリカンの名付け親は朝日新聞の成沢玲川、英王室の紋章であり、一度会ったら永久に忘れないという意味もある。

ミルクホール

ミルクホールが東京にできたのは明治三四年（一九〇一）。『東京市統計年表』では「新聞雑誌小説縦覧所」と分類されているように、明治初年の新聞茶屋の延長であった。[1] 新聞茶屋とは各種の新聞を備えておき、閲覧料金を取って見せる茶店である。ミルクホールは神田、牛込、本郷、三田など学生街に集中しており、種々の新聞雑誌を只で読め、しかも飲食代は普通の喫茶店より安かった。ミルクホールという名称は明治三二年（一八九九）八月に新橋に初開店して評判になっていたビヤホールにあやかったらしい。[2] 神田の桃牧舎、銀座の千里軒、日本橋の桃乳舎などは明治期から戦後まで営業していた店として知られる。漱石の

ミルクホール《牛乳御呑なされ、／殿方ニ限て／新聞縦覧／無料の事》『日本』1901年1月5日号より

「野分」では次のように描写されている。

《ミルクホールに這入る。上下を擦り硝子にして中一枚を透き通しにした腰障子に近く据ゑた一脚の椅子に腰を卸ろす。焼麺麭を齧つて、牛乳を飲む。(中略)向うの机を占領してゐる学生が二人、西洋菓子を食ひながら、団子坂の菊人形の収入に就て大に論じてゐる。左に蜜柑をむきながら、其汁を牛乳の中へたらして居る書生がある。一房絞つては、文芸倶楽部の芸者の写真を一枚はぐる。一房絞つては一枚はぐる。芸者の絵が尽きた時、彼はコップの中を匙で掻き回して妙な顔をしてゐる。酸で牛乳が固まつたので驚いてゐるのだらう。(中略)

高柳君は雑誌を開いた侭、茫然として眼を挙げた。正面の柱にかゝつて居る、八角時計がぼうんと一時を打つ。柱の下の椅子にぽつ然と腰を掛けてゐた小女郎が時計の音と共に立ち上がつた。丸テーブルの上には安い京焼の花活に、浅ましく水仙を突きさして、葉の先が黄ばんでゐるのを、何時迄も其侭に水もやらぬ気と見える。》[3]

ミルクホールのメニューには牛乳の他にトースト、ケーキ、蜜柑などがあったことが分かる。酒類はなさそうだ。漱石は書いていないが、新聞雑誌の他に官報を置いてあるのがきまりだった。菊池寛の「半自叙伝」に次のようにあるのを発見して、その理由が分かったような気がした。

《一高入学試験は可なりの好成績だつた、入学後に分つたことだが、百何十人かの中で三四番だつた。わたしは入学が確定するまで東京にゐた。そして下谷の三崎町のミルクホールで、官報で見て、入学を知つたときは、さすがにうれしかつた。》[4]

大正期には、ジャムパンなどの他、大机の上に置かれた蓋付ガラス容器の中にシベリヤという菓子が用意されていた。シベリヤとはカステラで餡を挟んだケーキで、餡の筋をシベリア鉄道になぞらえた命名だそうだ。[5] 色川武大は昭和一〇年代初め頃《劇場の裏通りのミルクホールへ五銭のコーヒーを飲みに行った》。[6] コーヒー一五銭が相場の時代である。やはり学食並に安いのが売りだった。高見順はこう書いている。

《国際通りに六区の小屋の連中の休息所のような感のあるサカタというミルク・ホールがある。（そこは、その年、すなわち昭和十三年の十二月に奇麗に改築されて、それまではミルク・ホールと看板に書いてあったが、ミルク・パーラーと改められた。）そこへ私はミルク・コーヒーを飲みに行った。（中略）

「ちょっとちょっと、ミルク・コーヒー」

と私は、洋服に下駄ばきのそこの女給仕に言った。細長いテーブルの上には、ゆで卵を盛った皿、袋入りのバター・ピーナッツを入れた瓶、それから、ドーナッツ、ワップル、シュークリーム、渦巻カステラの類いを収めたガラスの菓子箱がならんでいる。私はその菓子箱に眼をやっていたが、なんとなく意地汚い気持ちになって、

「おい、おい、こいつ、くれよ。シベリヤを」

ちびた下駄をズーズーひきずっている女給仕に言った。女給仕の裸の足は、虫のさした跡でボコボコしている。》[7]

リアルな描写である。このように名前を変えるなどして、姿を消して行ったはずのミルクホールは、しかし、つい最近まで存続していた。阪神淡路大震災(一九九五)に見舞われる直前、かつては映画街だった神戸新開地に、ミルクホールと焦茶で染めた白暖簾のかかっている店がたしかにあった。

[1] 初田亨『カフェーと喫茶店』INAX、一九九三年。
[2]『ビールと日本人』キリンビール編、三省堂、一九八四年版。
[3] 夏目漱石『草合』春陽堂、一九〇八年。「野分」は明治四〇年(一九〇七)『ホトトギス』連載。
[4] 菊池寛「半自叙伝」『現代日本文学全集27』筑摩書房、一九五五年。
[5] 白木正光『大東京うまいもの食べある記』丸ノ内出版社、一九三三年。日本軍のシベリア出兵は一九一八年から一九二二年まで続いた。
[6] 色川武大『怪しい来客簿』角川文庫、一九七九年。
[7] 高見順「如何なる星の下に」『日本文学全集65』集英社、一九六八年。

パウリスタ

大逆事件の死刑が執行された明治四四年（一九一一）の年末、本物のコーヒーを売物にしたカフエーパウリスタが銀座宗十郎町（銀座七丁目）に開店した。その後間もなく時事新報社（銀座六丁目、後の交詢社ビル）向かいの南鍋町二丁目一三番地に移り、ジャーナリズム関係者や映画館（金春館）帰りの客たちに好評をもって迎えられた。[1]

創業者は水野龍《りよう》。水野は皇国殖民会社という移民会社を作り、日露戦争後の不況時に多数の失業者たちをブラジルのコーヒー園へと送り込んでいた。ブラジル、サンパウロ州政府は日本人移民にコーヒー園の開拓を勧めたこの恩人に対しコーヒー豆の無償提供を約束。水野は大隈重信の伝を頼って資金を調達することにより、カフエーパウリスタの開業にこぎつけ、大正一一年（一九二二）に到るまで、毎年一五〇〇俵（六〇キロ入）の供与を受け続けた。[2] 水野は後年こう語っている。

《ブラジル宣伝コーヒーの本邦に於ける入荷の動機というものは当時私が移民会社に関係していたので、サンパウロ政府から日本移民会社は移民を送って来る毎に、非常に損をしている。サンパウロ政府が移民会社の損をよく知つていたものだから損を幾分でも埋めさせる、ということからブラジルからコーヒーを貰つたもので、従つて私共はこれを補助コーヒーと呼んでいた。確か第一回の入荷は明治四十五年であつたと思う。その

日本の南米移民　『中等教育最新世界地理』三省堂（1925）より

●本店は十二月十二日より世界のコーヒ本場生粋の南米ブラジルコーヒを發賣す
コツプ一杯五錢より半斤一斤の小賣一釜以上の卸賣も尊客の御需に應ず
（南米ブラジル國サンパウロ州政府專屬珈琲發賣所）

コーヒ店開業　カフェーパウリスタ

●本店はブラジル國サンパウロ州政府保護の下に毎年本邦需要のコーヒ全額を輸入す自今此佳香美味無比の生粋コーヒは全國あらゆる西洋食料品店にて發賣す
（京橋區南鍋町二ノ一三　電話新橋二六七五）

右はカフエーパウリスタ開業広告（1911）。上はカフエーパウリスタ南伝馬町の発売所　『東京毎日新聞』1919年10月18日号より数量も一千俵であったが当時のコーヒー輸入量は七百俵であり、この莫大な数量をどうして捌くか今日から思えば想像もつかぬ様な苦心を払ったものであった。》[3]

一方、初期ブラジル移民たちは「金のなる木コーヒー」などという甘言に釣られて渡航したものの、現地では凶作と奴隷同然の待遇に苦しめられていた。[4] そのような移民たちの苦難もありながら、パウリスタは東京を始め全国に二〇ほどの店舗を設け、日本におけるブラジル・コーヒーの普及に対して大きな貢献をすることになる。[5] 店の表看板にはフランスの外交官タレーラン・ペリゴールの詩句を引用して《鬼の如く黒く／恋の如く甘く／地獄の如く熱き・コーヒ・一杯五銭》[6] とうたっていた。

水野は雑誌『廿世紀』（一九一四年八月創刊）や宣伝雑誌『パウリスタ』（一九一九年八月創刊）を発行するなど、マスメディアを使って新奇なアイデアで大衆の耳目に訴えかけた。[7] 例えば、日本一の大男を募集し、当選した六尺三分（一八〇センチメートル余）の学生にフロックコート、シルクハットを着けさせて街頭宣伝を行った。また、五銭入れれば好きな曲が聴けるアメリカ製の自動ピアノを据え付けた。カルメン、詩人と農夫、ファウスト、メーリーウィドウ、チペラルなどの曲目に人気が集まったという。さらに室内楽を生演奏で聴かせることもやっている。[8]

関東大震災までの銀座は新聞社や雑誌社が寄り集まったマスコミの街だった。昭和四二年（一九六七）に行われた瀧井孝作と小島政二郎の対談が大正中頃の様子をよく伝えている。

《本誌　昔の大新聞社、時事新報社はどこにあったんですか、瀧井先生の時代は。

瀧井　銀座の交詢社のそばだ。

小島　いや、交詢社そのものだよ。

瀧井　そうかね。昔は、時事新報社の真向かいにカフェ・パウリスタというのがあって、一パイ五銭でコーヒーを飲ませたんで、ちょっとひまがあると、すぐ向かいに行って飲んだけど……。ぼくが時事新報社に入社したときは、柴田勝衛という人が文芸部長で千葉亀雄が社会部長、ぼくは文芸部に入って、半年ぐらいして柴田勝衛、千葉亀雄が読売新聞に……。

小島　それそれ引き抜かれてね。

瀧井　そうしてあと、邦枝完二が文芸部長……。二人がやめたそのあと、佐佐木君が文芸部長に抜擢されてきたわけだね。ぼくのいた時分は、大正八年で米騒動のあったときだったな。入社したときは月給三十円くらいだった。（中略）

本誌　カフェ・パウリスタというのは、いまの三ツ輪っていう牛肉屋がありますね、あの辺ですか。

小島　あの辺ですね。

瀧井　コーヒーは毎日くらい飲みに行ったね。》[9]

『時事新報』は福沢諭吉が明治一五年（一八八二）に創刊した新聞で、この頃の発行所住所は南鍋町二丁目一二番地。文中、小島が《交詢社そのものだよ》と発言している通り、煉瓦建だった時事新報社が震災後に移転した跡地へ慶応出身の財界人クラブとして建設されたのが交詢社ビルである。竣工は昭和四年（一九二九）。佐佐木君というのは、後年、菊池寛の右腕となって文藝春秋をもり立てた佐佐木茂索で、同じく時事新報に勤めていた頃の菊池もしばしばパウリスタを利用した。大正七年（一九一八）の日記に《昼頃パウリスタへ一寸行く、過日普請中なりしが、二階のみ落成して手広く成れり》[10]と記されている。

明治四四年（一九一一）の九月に雑誌『青鞜』が創刊された。生田長江の肝煎りで雷鳥平塚明ら発起人の元に長谷川時雨、与謝野晶子、国木田治子（独歩未亡人）、森志げ子（鷗外夫人）ら賛助人が集い、太陽となるべき「新しい女」の時代を高らかに宣言した。それに対しては賛同の声とともに反発も強く、彼女らがカフェーに入った、遊廓へ登楼した、といっては、興味本位の新聞紙がスキャンダラスに書き立てた。概ねジャーナリズムの反応は冷笑的だったようである。宇野浩二は「今昔のカフェー」にこう書く。《当時のパウリスタは待合を頁ひとつて、それを改造したものだつたから、西洋風にはしてあつたが、妙なところに袋戸棚があつたり、押入がついてゐたりする、幾つかの小部屋に分かれてゐた。ちやうど「青鞜」といふ雑誌が出たのがその頃で、あそこでよく青鞜同人の人たちと顔を合はした。僕の友人にその青鞜社に恋人のある男があつた関係から、僕もその社の二三の人たちに紹介せられた。それが皆パウリスタの二階だつた。》[11]
文中《青鞜社に恋人のある男》とは富本憲吉、恋人とは尾竹紅吉である。[12] 紅吉は日本画家尾竹越堂の長女一枝、叔父に人気画家だった尾竹竹坡を持ち、明治四五年（一九一二）に平塚らいてうを慕って青鞜社へ入社していた。宇野は『文学の三十年』には紅吉とのことをこう書いている。
《そのカフェー・パウリスタに青鞜社の連中が毎晩ほど出かけて行つたからである。さうして、どういふ訳か、別に文学談をした事もなく、四方山の話もした事もないのに、尾竹紅吉と顔だけの親しい知り合ひになつた。》[13]
大正三年（一九一四）、平塚らいてうの恋人となる奥村博史らが上山草人の近代劇協会で「ファウスト」を上演するとき、グレートヘン役の女性をパウリスタでスカウトするということもあった。適役の女優を探しあぐね、たまたま入ったパウリスタで後に衣川孔雀として評判を取る娘を見つけたのである。[14] ただ彼女は「ファウスト」に出演しただけで消えてしまった。[13] 宇野浩二はちょうど同じ頃、広津和郎を知り、たちまち意気投合した。一時、広津は本郷西片町の宇野宅に住み込んだことさえある。酒を飲まない二人は珈琲友達であり、パウリスタのファンだった。
《二人は二十銭の金があると、銀座まで往復歩いてパウリスタの珈琲を飲みに行つた。

珈琲五銭、ドーナッツが二つで五銭というので、ドーナッツを食い、珈琲を飲みながら、一時間も二時間もそこに腰かけておしゃべりをしていた。その頃今の交詢社のあるところに時事新報社があり、その前にパウリスタはあった。珈琲だけを専門に飲ませる店として東京で一番最初に出来た店だったので、そこに腰かけていると、いろいろな人が入って来た。永井荷風の姿もよく見かけた。鼻眼鏡をかけた若い佐藤春夫に始めて会ったのもそのパウリスタの二階であった。》[15]

宇野、広津によって文筆の味を教えられたという画家鍋井克之も当時の様子をいきいきと描写している。

《昔、銀座に、カフエーパウリスターや、ウーロン喫茶店などが繁昌してゐた頃は、毎晩のやうに、両君のどちらか、さもなければ、文人の誰と出かけたものであった。喫茶、コーヒのはしごで、画壇文壇楽屋噺から、次々と話題に尽きることなく、電車がなくなりかける迄は、銀座から須田町あたりまで歩いたものであった。（中略）帰途別れ際に、『それでは、又あすきつとね！』と、宇野君は、調子づき、グットバイの意で、手をあげると同時に、明日の小使銭を工夫するメドをつけてゐたりする様子であった。これは私とて同じことで、これなくて何の芸術生活ぞと云つたやうな心意気であった。》[16]

また広津は創作の中にもパウリスタを登場させている。憂鬱な主人公はこういう行動をとる。

《パウリスタに行つて、一時間ほど腰をかけてゐた。何も食べたくないので、珈琲を二杯飲だが、二杯目は、牛乳の味が妙に舌に来て飲み乾せなかつた。当世風の洋服や和服を着た快活な人々がどのテエブルにも溢れてゐた。僕はそれ等の人々の様子をぼんやり眺めたり、それからいつもは煩いと思ふあの自動楽器の音にぼんやり聞き惚れたりしながら、二時間ばかり、窓に寄つた方の椅子に腰をかけてゐた。》[17]

自動楽器というのが前述の電動式ピアノだろう。なお、パウリスタには女給はおらず、金ボタンの白い制服に身をかためた少年のみを使っていた。[18]

コーヒーと菓子だけで始めたパウリスタも、次々に支店を増やすようになると、食事もメニューに加えた。例えば、中戸川吉二の短篇小説「アップルパイ、ワン!!」は駿河台下の電車通りにあったパウリスタ（神田喫店）での出来事を描写している。路上で一歩も歩くのが嫌になった主人公は、パウリスタで休むことを思いつく。

《ムツと靄のやうな濁つた空気が漂つて、生意気な書生や安官吏やヘツポコ会社員などがガヤ〳〵と一杯つめかけてゐて、安価な享楽を貪つてゐる光景を思ひ画くと、堪らない気もしたが、ぼんやり突つ立つてゐるうちに贅沢なことは考へてゐられなくなつて、兎も角、直ぐ近くのパウリスタへ這入つて行くことにした。》

ところが入ってみると、案外にも中学生がライスカレーを食べているだけだった。コーヒーを啜りながら主人公は中学生の様子を観察し、自らの中学時代を回想する。

《本を買ふのだとかなんとか嘘をついては、母から余分のお金を強請《せび》つて、学校のもどりなどによく仲間のスベ連と一所に、買ひ食ひをしたり、飲食店にたちよつたりした。馴染みのお汁粉屋とかミルクホールとかに立ちよつては、ゲートルをとつて了つたり、朝、行きがけに預けてあつたマントを著たりして、自分では一人前のハイカラ男になつた気でゐた。》

ライスカレーを食べ終えた中学生はおずおずとボーイを呼んで林檎のパイを注文した。ところがそれを受けたボーイは中学生を軽んじるような様子を示した。

《さうして帳場の前を横ぎつて、そこの突きあたりの、料理場の方へ通じてゐる、受付口のやうな穴の前まで行つた。彼は、ふざけきつた調子で壁へ両手をあてながら、一種の、気取つた嬌態《しな》をしながら、穴の中へ顔を突つ込んで呶鳴るのであつた。

「えー、アツプルパイ、ワン‼」》[19]

この態度を見て主人公がめちゃくちゃ腹立たしくなったところで小説は終っている。大衆的なパウリスタの雰囲気が見事に描かれた小品である。

他にも、平野威馬雄は「カレーライス・ワン」[20]と英語でボーイが注文を受け継ぐのを西洋的で新鮮に聞いたというし、[21]広津も本郷切通しのパウリスタで菊池寛、久米正雄と支那そばを食べたと書いている。藤沢桓夫は《内容的には、大衆食堂で、カレーライスが三十銭だった》[22]といい、そして小野十三郎ははっきりレストランと断言している。

《壺井繁治は、わたしが上京して最初に知った詩人で、「ダムダム」という雑誌をやった当時は向いどおしの下宿屋にいたのでいつも行動を共にし、浅草雷門の飲屋で無銭飲食をやってふんずかまり、象潟署の豚箱に一しょに入ったこともある仲であるが、いまこれを書いているとき、わたしの眼にちらつくのは、京橋の滝山町にあったパウリスタというレストランで啄木を偲ぶ会があった晩、彼がしめていた黒いボヘミアンネクタイである。[23]》

パウリスタは大正八年五月にブラジル政府との新しい契約を結んだ。極東方面の販路拡張の優先権を得て、取締役会長の水野龍と専務取締役の梁瀬兵は壮大な計画を立てる。《先づ内地に四十ケ所、支那、満州、西伯刺、朝鮮、台湾等に約十ケ所の喫店増設を計画し、共同出資の喫店経営に就ては、北海道、仙台、静岡、大阪等に各一ケ所宛開設の運びになり、北海道では、本店を札幌に置き、小樽、函館、旭川に支店を設け、傍農園を経営し、和洋野菜を栽培する予定である。此の外全国各地の目星しい土地には、必ず特約店を設ける計画である。[24]》

ばかりか、特約喫店とは別に軽便喫店を多数設けて喫店ネットワークを構築しようと目論んでいた。しかしながら、ことは思い通りには運ばなかったようだ。第一次世界大戦後の不況、関東大震災による打撃、およびブラジルからのコーヒー豆無償供与終了によって経営は急激に悪化した。結局、ネットワークは分解してしまい、水野は辞職、パウリスタの本体は焙煎業に転じ、昭和一八年（一九四三）には日東珈琲と社名を変更している。

以下、東京以外のパウリスタについて知り得たことを簡単に述べておく。まず、石濱恒夫は次のように記している。

《道頓堀界隈では、大正二年浪花座の東隣に「パウリスタ」が、新世界のルナパーク裏と同時に開業している。

カフェーだから、当初はもちろん、ブラジル珈琲宣伝の、純喫茶兼軽食堂ふうの店であり、阪急電鉄の箕面停留所前につくられたのが、つぶれて、新規にミナミへ移ってきたのだそうである。カフェーといっても、商家を改造して、鏡を壁にはめこみ、テーブルは大理石だが、表には珈琲を並べただけのショウウインド……その程度の店だったらしい。》[25]

既成の家屋を改造して開店するというのがパウリスタのやり方だったようだ。織田一磨の描く石版画「道頓堀」（一九一七）に当時のパウリスタ界隈の様子が写されている。[26]大正三年（一九一四）二月、道頓堀のパウリスタを会場として第一回大阪文芸同攻会が開かれた。青木月斗、木谷蓬吟、石丸梅外、大林華峰、森岡騒外らを発起人として在阪の作家らを糾合したものだった。顧問として乃木希典の殉死を批判した元京都帝国大学教授谷本富を迎え、『大阪時事新報』と宮武外骨の日刊『不二』が後援した。[27]他にも、

カフエーパウリスタ大阪道頓堀コーヒー店（其一）［絵葉書］

カフエーパウリスタ大阪道頓堀コーヒー店（其二）［絵葉書］

織田一磨「道頓堀」（1917）

岸本水府の番傘川柳社は大正八年（一九一九）九月に道頓堀川柳会をパウリスタ階上で開いている。このように一時は大変に賑わったようで、雑誌『道頓堀』二〇号（一九二〇）の商店絵図には道頓堀とともに宗右衛門町南側戎橋東の堂々たる新築洋館に入ったパウリスタが描かれている。[28] しかしながら、時代は変わりつつあった。いち早くジャズバンドを雇ったりはしたものの、すでに述べたように、戎橋東のパウリスタは美人座となり、経営を受け継いでいた大石七之助は、この撤退後、ダイヤモンドコーヒーを設立する。[29]

神戸三ノ宮にパウリスタができたのは道頓堀店より早い大正元年（一九一二）である。《三ノ宮喫店は二回の焼失に遭っており、初めは鉄道路に面した角地の小さな木造洋館であったが、一九二〇年（大正九年）に一度目の火災に遭い、翌年、三宮神社北のトアロード沿いに再建された。二代目の店舗は地下一階、地上三階の近代的なビルディングで、正面上部の白壁には「カフェーパウリスタ」の屋号と、商標である「星と女王」。カウンターはタイル張り、ボイラーも備え、大理石をふんだんに使ったモダンな建物に生まれ変わり、新たに併設したレストランは三ノ宮喫店の名物となった。[30]》

パウリスタ三ノ宮喫店に勤務していた畔柳松太郎は開店当初をこう振り返る。《三ノ宮の繁華街に開店してパウリスタの店は、非常に人目を惹きました。ただし、当時の日本人にはコーヒーはまだ余り馴染めなかったので、日本人の客はほとんど入って

道頓堀のパウリスタ　『道頓堀』20号（1920）より

宗右衛門町のパウリスタ　『道頓堀』20号（1920）より

参りません。客の大部分は外人で、殊に第一次大戦がはじまる前でしたから神戸にはドイツ人がたくさん住んでいて、よくコーヒーを飲みに来ていました。》[30]

神戸出身で早稲田の学生だった浅見淵の小説「漆絵の扇」に初期のパウリスタが登場している。

主人公は小説を書こうとしている大学生。作者自身であろう。大学に入った当座は夏休みに神戸へ帰省するのが楽しみだったが、だんだん億劫になってきたというところから始まる。

《じつさい、私は神戸へ帰つて二三日もすると、すつかり退屈してしまふのだつた。顔馴染のカフエや小料理屋は無いし、中学時代の友達もたいてい疎遠になつて、ひとりか二人しかゆききしてなかつた。それで、一週間に一度金曜か土曜かの晩にヒリツピン人のバンド付きで映す、オリエンタル・ホテルの活動写真を見に行くとか、海岸通のエム・シー薬舗で二円五十銭で買つて来たアツシユのステツキを振回しながら、汗みどろになつて裏山を歩き回るなどといつた気紛れを除くと、大方昼寝をして暮した。そして、昼寝に倦きると毎日のやうに、トーア路をとほつて三ノ宮のステイシヨンへ出掛け、そこで二三種類の東京の新聞を買求めて、トーア路が鉄道の踏切を越えたところにあるカフエ・パウリスタに引返し、一二杯の珈琲と一二本の安葉巻をたのしみながら、隅から隅までその二三種類の東京の新聞にゆつくり目を曝した。》[31]

浅見の年齢からして大正七～八年頃のことであろう。その他、一〇歳から神戸で育った今東光が自らの青春時代を描いた『悪童』にもパウリスタは登場しているし、新開地本通りの扇港薬局を営んでいた二二歳の横溝正史は元町にあったブルーパゴタの紅茶とカフェーパウリスタの少し泡立った珈琲を愛飲したという。また、昭和一四年（一九三九）、神戸市観光課の委嘱を受けてパウリスタのビルディングを写真家中山岩太が連作『神戸風景』の一枚として撮影している[32]。三ノ宮喫店は、オーナーが代った後、二度目の焼失によって三代目の店舗となり、屋号も神戸パウリスタに変更された。そこは第二次大戦後の占領下でダンスホールとなり、非常に賑わった時期もあった。現在もその場所（神戸市中央区三宮町二）にパウリスタビルとして名前が残っている[30]。

京都では《大正九年十一月、中之町西側、現京一ピリヤーズ跡に原田弁護士代表の元にカフエーパウリスタを起したが一年後経営不能に陥り閉店》[33]とする記録がある。しかしながら、大正一一年（一九二二）二月の梶井基次郎が京都から友人宛に出した手紙には《パウリスタにて又弱気の虫たかぶる》[34]と見えているので、閉店時期が間違っているのか、または誰かが受け継いだのかもしれない。中之町は四条通りから新京極通りへ入ってすぐのあたりになる。

寺下辰夫は、大正八年（一九一九）頃、名古屋広小路栄町にパウリスタができ、それは一八番目の店舗だったと記憶している。

《まだ、三年生になりたての頃で、一人で「カフェー・パウリスタ」に入ろうものなら、いかにボーイだけが給仕する真面目な店であっても、上級生から「生意気だぞ！」と、それこそビンタの一つでも頂戴するから、はじめは、とても一人で店に入る勇気はなかった。

コーヒー代は、一杯金五銭で、そのうえ大きなドウナツが一個、景物についていたのだから、たのしかったものだ。（中略）とにかく、この一杯のコーヒーを飲んだのが、そもそものコーヒーの味を覚えるはじめとなったわけだが、最初の一杯は、どうも口に苦く感じて、さしてウマイ飲物とは思えなかった。むしろ、ドウナツの方が、印象深かったとおもう。[35]》

『札幌喫茶界昭和史』によれば、大正九年（一九二〇）に札幌の北三条西三丁目にカフェーパウリスタが出現した。社長は北海道帝国大学教授の昆虫学者松村松年、株主筆頭は北海道帝国大学初代総長の佐藤昌介だったとしている。[36]

水野龍はパウリスタを辞職した後ブラジルへ渡って、農業に従事しつつ移民導入にも奔走していた。第二次大戦中には一時帰国したものの、昭和二五年（一九五〇）に再びブラジルに戻り、翌年サンパウロで没した。九二歳。[37]パウリスタ（サンパウロ出身者）の名にふさわしい最期だったのかもしれない。以上のように見て来ると、日本にいわゆる

〝喫茶店〟の概念を植え付けたのは、他ならないパウリスタであったと断言していいように思える。

［1］長谷川泰三『カフエーパウリスタ物語』（文園社、二〇〇八年）によれば、銀座店は明治四四年（一九一一）一二月一二日に南鍋町二丁目一三番地に開店した。ただし、それに先立って大阪に箕面店が同年六月二五日に開業していた。『大阪朝日新聞』一九一一年六月二四日号に開業広告が掲載されている。《六月廿五日開業／CAFEPAULISTA／箕面公園入口／南米ブラジル国産／生粋のコーヒ店／紳士淑女日常の好飲料／ブラジル政府専嘱珈琲発売所／カフエーパウリスタ合資会社／本店東京、支店大阪、名古屋、横浜／COFFEE WITH CAKE 10SEN》。また銀座宗十郎町の店は《まだ喫茶店とも呼べないような小さな店であり、焙煎のついでに珈琲も飲ませるという程度のもの》で高級西洋食料品店として有名だった亀屋鶴五郎商店の裏を借りていたと長谷川は説いている。

［2］初田亨『カフェーと喫茶店』INAX、一九九三年。『日本コーヒー史』上巻、全日本コーヒー商工組合連合会、一九八〇年。

［3］『日本珈琲史』珈琲会館文化部、一九五九年。

［4］『週刊YEAR BOOK 日録20世紀 1908』講談社、一九九八年一二月一日号。石川達三は昭和五年（一九三〇）に一〇〇〇人の移民とブラジルへ渡った。彼らはコーヒーという植物を見たこともないし、コーヒーを飲んだこともなかったため、初めて飲むコーヒーはどんなに砂糖を入れても飲めたものではなかった。ところが半年も経つとコーヒーが無くては一日も過ごせなくな

る。《円筒形の金網のなかに豆を入れて、裏の空地で大きな焚火をして、その火にかざして豆を煎る。直接に炎で煎るのだから乱暴なはなしだ。それを簡単な器機でガリガリと挽いて、やくゎんの中に叩きこむ。（中略）ブラジルの労働者は、大きなカップでがぶがぶと、二杯も三杯も飲む。コーヒーとは元来、そういう飲み物であるのだ。》（石川達三「珈琲とサラミ」『あまカラ』一〇〇号、甘辛社、一九五九年一二月）。

[5]奥山儀八郎「カフェー・パウリスタ」『日本の名随筆別巻3 珈琲』作品社、一九九一年。東京では有楽町、伝馬町、鍋町、堀留、神田神保町、早稲田、日比谷、浅草、横須賀、大阪では戎橋、松島、南長堀橋、他に神戸三ノ宮、京都四条、仙台、札幌、静岡、博多、名古屋、そして上海にもあったという。ただし水野龍が発行していた宣伝誌『パウリスタ』の記載によれば、大正九年（一九二〇）頃には、有楽町、伝馬町、鍋町、堀留、神田、早稲田、戎橋、松島、横須賀、三ノ宮、京都、仙台、北海道、静岡、九州、名古屋、浅草、上海の一八店舗だった。

[6]『廿世紀』廿世紀社、一九一五年二月号、広告より。タレーランの名言として知られる原文は《Café : Noir comme le diable Chaud comme l'enfer Pur comme un ange Doux comme l'amour.珈琲、それは悪魔のように黒く、地獄のように熱く、天使のように純粋で、恋のように甘い》。

[7]『コーヒー文化研究』一七号、日本コーヒー文化学会、二〇一〇年一一月。

[8]前掲『日本珈琲史』。芥川龍之介の小説「彼第二」（一九二六）に《その頃のカッフェ・パウリスタは中央にグラノフォンが一台あり、白銅を一つ入れさえすれば音楽の聞かれる設備になっていた。》（『芥川龍之介全集6』ちくま文庫、一九九三年版）とある。

[9]「カフェ・パウリスタ時代 銀座に新聞社があった頃」『銀座百点』一五〇号、銀座百店会、

一九六七年五月。
[10]『菊池寛全集補巻追悼文集・自伝文集』武蔵野書房、一九九九年。
[11] 水上勉『宇野浩二伝』上巻、中公文庫、一九七九年。
[12] 宇野浩二『芥川龍之介』上巻、中公文庫、一九八二年版。
[13] 宇野浩二『文学の三十年』中央公論社、一九四二年。
[14] 瀬戸内晴美『青鞜』中公文庫、一九八七年。辰野隆によれば次のような舞台であった。《ファウストが上山草人でグレーチェンが衣川孔雀だった。あの舞台で、草人のファウストが耳ざわりなズーズー弁で、伊庭のメフィストがちゃきちゃきの江戸っ子調なので、東北の中学教師と魚河岸のあんちゃんの対話のようですこぶる珍妙だった》(『凡愚問答』角川新書、一九五五年)。
[15] 広津和郎『年月のあしおと』講談社、一九六七年版。
[16] 鍋井克之「文筆休業」『随筆』矢代書店、一九四六年九月号。
[17] 広津和郎「波の上」『現代日本文学全集32』筑摩書房、一九五五年。
[18]『日本コーヒー文化学会ニュース』五四号、日本コーヒー文化学会、二〇一一年六月。大正期の新聞紙上に見えるパウリスタの広告を調査したこの記事によれば、大正八年の店舗拡大にともなって、男一三歳(あるいは一四歳)以上の「給仕」「少年給仕」「男給仕」「厨夫」「雑役」「傭夫」などの募集を頻繁に出していたことが分る。ただし大阪道頓堀店では女給が働いていた。雑誌『団欒』(団欒社、一九一六年一月号)の「大阪の食道楽」という記事にカフエーパウリスタも取り上げられており、そこでは《給仕女は皆十四五歳までの色気なしの可愛い少女ばかりであるので気色が好いばかりでなく家族同伴などの場合に至極適当した家である》と紹介されている。

［19］中戸川吉二『縁なき衆生』聚英閣、一九二〇年。山中一郎によれば、大正中頃には、血桜団、旭団、新闇団、坂本団などと称する学生の不良グループが京橋のカフェーパウリスタなどにたむろしていた。長時間居座り、学生や女性客に金を無心するなどしたという（『明治・大正・昭和 東京犯罪空間』大陸書房、一九八六年）。

［20］平野威馬雄『銀座物語 街角のうた』日本コンサルタント・グループ、一九八三年。

［21］広津和郎「菊池寛」『同時代の作家たち』岩波文庫、一九九四年版。

［22］藤沢桓夫『大阪自叙伝』中公文庫、一九八一年。

［23］小野十三郎『奇妙な本棚』第一書店、一九六四年。

［24］「同胞三万人の汗から成る／準国産の珈琲が来た／南米ブラジル政府との新契約／カフエー、パウリスタの発展」『東京毎日新聞』一九一九年一〇月一八日号。記事の内容はパウリスタの宣伝、従業員募集の意味合いが強いように思われる。

［25］石濱恒夫『大阪詩情』朋興社、一九八三年。箕面店については註［1］参照。発行時期は不明だが「カフエーパウリスタ大阪道頓堀コーヒー店」の絵葉書が二枚ある。其一には店舗正面写真が印刷されている。上部の半円形の看板に《CAFE PAULISTA》と商標、そのすぐ下の大看板に《生粋コーヒー店／南米ブラジル合衆国／サンパウロ政府専嘱珈琲販売》とあり、提灯も壁の看板も「生粋コーヒー店」とのみ。其二は満席状態の店内写真である。白いエプロンを着けた和服の女給が四人ほど写っている。

［26］織田一磨は明治四四年（一九一一）から大正三年（一九一四）まで大阪で中山太陽堂広告部などに勤めていた。その頃のスケッチをもとにして大正六年に石版画集『大阪風景』を制作した。

「道頓堀」はそのなかの一枚。

［27］吉野孝雄『宮武外骨』河出文庫、一九八五年。および明石利代「大阪の近代文学四　カフェー文化期」小島吉雄他『大阪の文芸』毎日放送、一九七三年。

［28］『モダン道頓堀探検』橋爪節也編、創元社、二〇〇五年。

［29］ダイヤモンド商会のホームページによると大正一二年（一九二三）創業。他にも木村コーヒー店（現キーコーヒー）の柴田文次、松屋珈琲店の畔柳松太郎、東京珈琲の板寺規四らもカフェーパウリスタの出身者である。

［30］『神戸とコーヒー　港からはじまる物語』神戸新聞総合出版センター、二〇一七年。

［31］浅見淵「漆絵の扇」『辻馬車』一八号、波屋書房、一九二六年八月。

［32］西秋生『ハイカラ神戸幻視行　紀行篇　夢の名残り』神戸新聞総合出版センター、二〇一六年。

［33］「新京極各町記録」『京極沿革史』田中辨之助編、京報社、一九三二年。ピリヤーズはビリヤーズの誤植か。

［34］『梶井基次郎全集』第三巻、筑摩書房、一九五九年。畠田敏夫宛大正一一年（一九二二）二月一一日付封書。

［35］寺下辰夫『郷愁伝』寸鉄社、一九六二年。

［36］和田義雄『札幌喫茶界昭和史』財界さっぽろ、一九七三年。

［37］伊藤博『コーヒー博物誌』八坂書房、一九九三年。

ブラジルとブラジレイロ

門司にあったカフェ・ブラジルというコーヒー店が、あるいは銀座のパウリスタより早く開業していたかもしれないと推測するのは井出孫六である。

《「世界館」の並びの内本町三丁目にカフェ・ブラジルが店を開いたのはいつのことか、少年は知らないが、ひょっとしたら、東京銀座にカフェ・パウリスタが生まれるより早かったのではないだろうか。なにしろ、キリマンジャロのコーヒーはスエズを通ってこの門司にいちばん早く到着するだけではなく、最近ではブラジル、ガテマラ、コロンビアの豆もパナマ運河の開通以来、産地直送で運ばれてくるのだ。》[1]

スエズ運河は一八六九年、パナマ運河は一九一四年開通。この少年とは後のプロレタリア漫画家柳瀬正夢（本名正六）である。

《「万茶《まんちゃ》」とよばれるカフェ・ブラジルのおやじの額はすっかり禿げ上り後頭部に黒い髪を残すばかりで、彼の歳や前歴を知るものはいないのだが、正六少年の描いて持ってゆく画には深い理解を示し、冬の海峡を描いた水彩をポンと十円だして買ってくれ、カウンターの後ろに架けながら。「いつかこン店であーたの個展ばしょうかね」と言ってくれたときには、少年はとび上がらんばかりに嬉しかった。》[1]

この提案は大正四年（一九一五）、正夢一五歳のときに実現した。万茶主人らの世話で画会が催されたのである。画会とは後援会のようなもので、絵を買う会員を募り、会費の多寡に応じて作品を分配するシステムである。そういう援助の甲斐あって徐々に柳瀬は少壮の画家として門司で認められ始め、しばしば東京へ出ては珈琲屋の小僧をしたりしながら、村山槐多たちと交友を深めていた。大正八年（一九一九）には大庭柯公と長谷川如是閑の知遇を得、翌年、二人の世話で読売新聞社へ入社、それが漫画家としての出発点となる。

ブラジルという名前の喫茶店は各地にある。時期ははっきりしないが、博多中洲にはブラジルという古い喫茶店があったらしいし[2]、江口渙が《私が大杉栄をはじめて知ったのは、一九二〇年の三月に賀川豊彦の上京歓迎会が銀座うらのカッフェ・ブラジルでもよおされたときだった。》[3]と書いているように銀座にも大正時代すでにブラジルがあった。

ブラジルでコーヒー栽培が始まったのは一九世紀初頭である。一八五〇年代には輸出品の筆頭となったが、その生産を担ったのはスイス、ドイツ、イタリアなどの移民集団だった。ブラジルへの日本人移民の本格的な歴史は明治四一年（一九〇八）、水野龍が、公募した七八一人の労働者を笠戸丸に乗せてサンパウロ州へ送り込んだときから始まる。北米での排日運動およびイタリア政府の移民禁止によるブラジルでの労働力不足などいくつかの要因によって日本人移民がブラジルへ集中するのが大正末期から昭和一一年

伯国サンパウロ州に於ける日本移民の開墾及珈琲植付　星隆造『珈琲の知識』（1929）より

伯国サンパウロ州　日本移民の珈琲採取　星隆造『珈琲の知識』（1929）より

（一九三六）頃である。ピークは昭和八年（一九三三）。ちょうど喫茶店の勃興と重なっている。芥川龍之介が《今日の民衆はブラジル珈琲を愛してゐます。則ちブラジル珈琲は善いものに違ひありません。[4]》と皮肉を発するのも理由のないことではなかった。ただし昭和九年（一九三四）には移民の入国制限が行われ、昭和一七年（一九四二）に国交断絶。再開は昭和二七年（一九五二）である。都合およそ二六万人が移住したという。[5]

ブラジル移民たちは神戸港から出発した。そのせいか、神戸駅前に早くからコーヒー店ブラジルが存在していた。荒尾親成によれば、大正六年（一九一七）、新開地北の松竹劇場南隣に開店、大正八年（一九一九）に楠公前の市電柳原線の発着点前に移転した。ブラジル産の本格コーヒーが五銭、卵入カレーライスが二〇銭、ライスの福神漬入りが五銭。昭和一〇年（一九三五）頃には日替り奉仕料理五〇銭を売り出して人気があった。《亦ここの二階のホールが、畳敷き百五十人程を入れることの出来る貸会場とあって、其のころ人気のあった素人娘浄瑠璃、娘琵琶大会の会場としてもよく利用され、大入り満員続きであったことも印象に深く残っている。[6]》

尾竹竹坡の弟子で元町生まれの今井朝路が神戸初の日本画の個展をここで開いているし、川西英や小磯良平も初めての作品発表はブラジルだったらしい。[7]また、大正一四年（一九二五）一一月一六日、萩原恭次郎の詩集『死刑宣告』の出版記念会が牧壽雄らのマヴォ関西支部によって催され、三〇名ほどの詩人やファンが集まった。[8]

ブラジレイロというチェーン店もあった。神戸の貿易商星隆造が昭和五年（一九三〇）一月七日に大阪梅田に開店、後に全国展開したもので、「レイロ」と略称され親しまれた。[9]その発端は、関西学院大学教授だった畑歓三が、昭和三年（一九二八）、サンパウロ州政府からコーヒー宣伝販売権を得て、教え子の星にその契約を譲渡したと考えられている。[10]現存する京都店のメニューには、本店は大阪梅田新道太平ビル、卸売部が大阪市東区釣鐘町二丁目三五、支店が東京市銀座一丁目桜田ビル、出張所として京都市四条通御旅町、神戸三宮三丁目、福岡市東中洲、の記載がある。メニューの内容は今日とさほど変わらないが、ホットコーヒー一五銭、牛乳一〇銭、プレーンソーダ水一〇銭と続くのは多少の時代の違いを感じさせる。

天野忠は京都四条通りにあったブラジレイロを《あすこのコーヒー、濃い味がうまかった。そこでね、すみっこの方に（当時、富貴に出ていた）式亭三馬がしょぼんと、きてたのをよく見ました。[11]》と覚えている。富貴は京極通りの寄席。ブラジレイロ京都店は昭和六年（一九三一）四月五日に河原町富士ビルに開店した後、同年末頃同じく四条河原町招徳ビルへ移っていた。御旅町というのは現在の高島屋百貨店の並びになる。後述するブラジレイロの宣伝雑誌『前線』にはこう紹介されている。

《月形龍之介こゝを愛し、その一党先づ和製ホリウッドのシネアストに先んじてこゝを占居したとの声あり。此の新らしい珈琲の家は映画人に学生諸氏に舞子嬢に文学青年に

一率に愛され、豊住支配人は毎日多忙を極めてゐる。》[12]

ただし天野の印象とは違って、ブラジレイロのコーヒーは下等な豆を用いた苦味の強いものだったという意見もある[2]。

福岡のブラジレイロは、少し遅れて、東中洲の西大橋の袂に昭和九年（一九三四）四月六日に開店した。ブラジルコーヒー一五銭、ケーキ一〇銭、カレーライス四五銭、ランチ六〇銭。矢山哲治が真鍋呉夫と出会って雑誌『こをろ』の発刊を相談したのが喫茶店メトロで、第一回同人会が開かれたのがブラジレイロだった[13]。

星隆造はニッポン・ブラジリアン・トレエディング・コンパニー（神戸市八幡通三丁目）を経営し、生豆のみならずコーヒーミルや焙煎機の輸入製造販売を手がけていた。『珈琲の知識』（一九二九）、『カフエ経営術』（一九三〇）という著書を出版しているが、特筆すべきは宣伝誌『ブラジレイロ』の発行であろう。創刊は昭和五年（一九三〇）五月。第一七号（一九三一年九月）の表紙には《世界人の文芸雑誌であり／カフエピープルの手帖であり／COMMERCIAL ARTであり／カフエ経営学の羅針盤である》と大書されている。単なるPR誌を越えた本格的な内容を目指していたことが分かる。誌名も昭和六年（一九三一）一一月発行の第二〇号から『前線』と変わり、詩人や作家の寄稿も増えている。北園克衛、生田花世、春山行夫、百田宗治、北村千秋、詩村映二、山村酉之助、新居格、竹内勝太郎、井上友一郎、イナガキタルホらの名前が見える。北園は毎号

ブラジレイロ京都店内部　『明りの名所』京都電燈（1933）より

ブラジレイロ京都店メニュー（表紙）

ブラジレイロ京都店入口　『明りの名所』京都電燈（1933）より

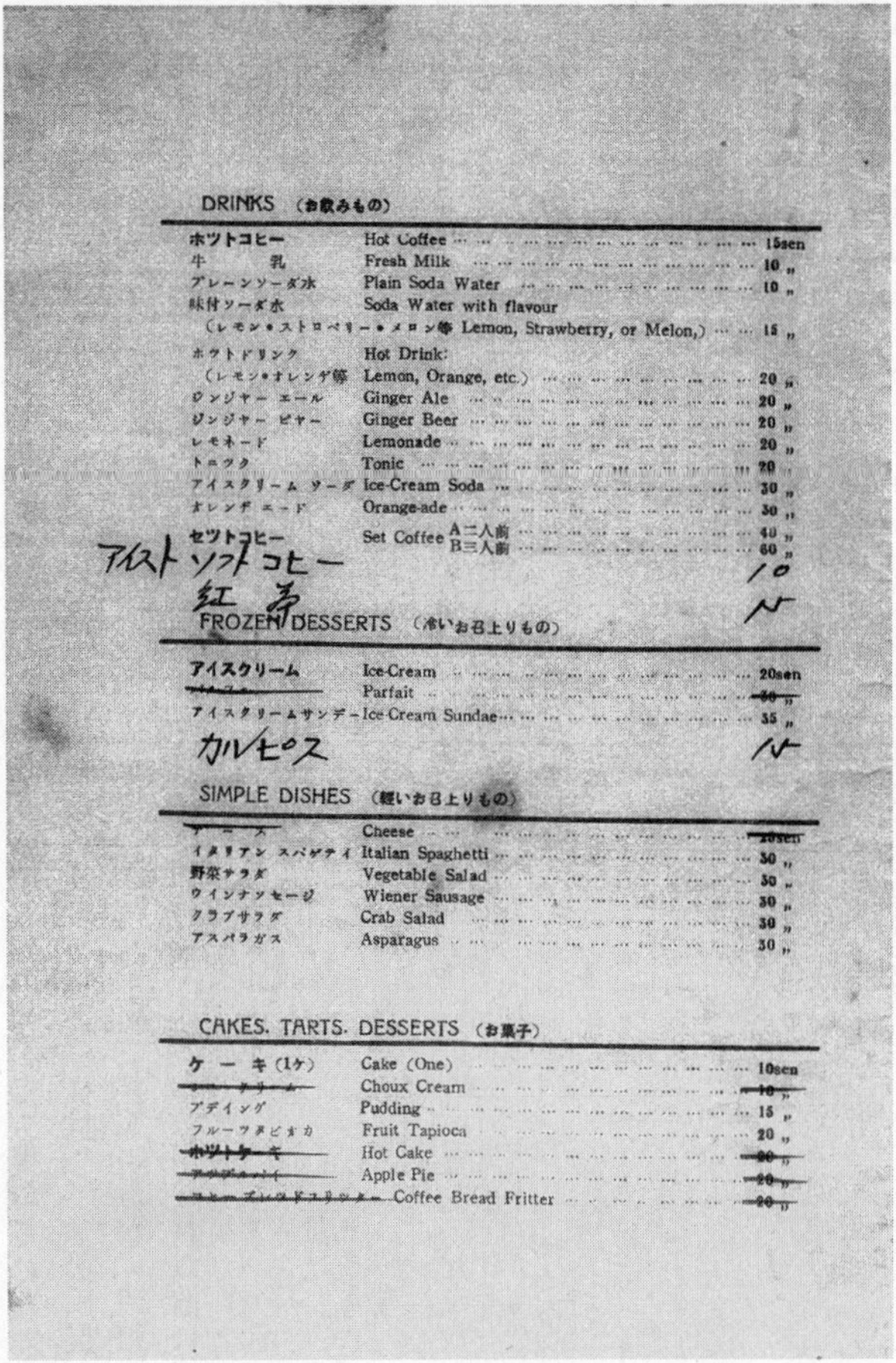

DRINKS （お飲みもの）

ホツトコヒー	Hot Coffee	15sen
牛乳	Fresh Milk	10 〃
プレーンソーダ水	Plain Soda Water	10 〃
味付ソーダ水	Soda Water with flavour	
（レモン・ストロベリー・メロン等	Lemon, Strawberry, or Melon,)	15 〃
ホツトドリンク	Hot Drink:	
（レモン・オレンヂ等	Lemon, Orange, etc.)	20 〃
ヂンジャー エール	Ginger Ale	20 〃
ヂンジャー ビヤー	Ginger Beer	20 〃
レモネード	Lemonade	20 〃
トニツク	Tonic	20 〃
アイスクリーム ソーダ	Ice-Cream Soda	30 〃
オレンヂ エード	Orange-ade	30 〃
セツトコヒー	Set Coffee A二人前	40 〃
	B三人前	60 〃
アイスト ソフト コヒー		10
紅茶		15

FROZEN DESSERTS （冷いお召上りもの）

アイスクリーム	Ice-Cream	20sen
~~パフェー~~	Parfait	~~30 〃~~
アイスクリームサンデー	Ice-Cream Sundae	35 〃
カルピス		15

SIMPLE DISHES （軽いお召上りもの）

~~チーズ~~	Cheese	~~20sen~~
イタリアン スパゲテイ	Italian Spaghetti	30 〃
野菜サラダ	Vegetable Salad	30 〃
ウインナソーセージ	Wiener Sausage	30 〃
クラブサラダ	Crab Salad	30 〃
アスパラガス	Asparagus	30 〃

CAKES. TARTS. DESSERTS （お菓子）

ケーキ（1ケ）	Cake (One)	10sen
~~シユークリーム~~	Choux Cream	~~10 〃~~
プデイング	Pudding	15 〃
フルーツタピオカ	Fruit Tapioca	20 〃
~~ホツトケーキ~~	Hot Cake	~~20 〃~~
~~アツプルパイ~~	Apple Pie	~~20 〃~~
~~コーヒーブレツドフリツター~~	Coffee Bread Fritter	~~20 〃~~

ブラジレイロ京都店メニュー

のように寄稿しており、詩集『若いコロニイ』(一九三二)の近刊広告も掲載されているから、関係は浅くなかったと思われる。大阪梅田新道店では壁面を提供して常設画展が開催されていた。『前線』は第五四号(一九三五年八月)まで確認されているが、昭和一一年(一九三六)九月に福岡店から『レバノン』が創刊されたことから、それ以前に終刊したようだ。[14]

銀座に白いアヴェニュウは
ガラスの風が吹いてゐて
ぼくらの夢を切つてゆく

朝の十時
コオヒイとパンの匂ひが街にながれ
飾窓の菫の花の
そこだけが
ガラスをよぎるシャルマンな
女の声で影になる[15]

ブラジレイロは南米からのコーヒー豆の輸入が途絶えた後も在庫を繰り延べして営業していたものの、昭和一八年（一九四三）には閉店のやむなきに至った。[10]

永井荷風が『濹東綺譚』（一九三七）の「作後贅言」に西銀座の裏通りにあってほとんど客のいないと書いている萬茶亭も伯拉爾児珈琲店と称していた。荷風によれば、萬茶亭は多年南米の植民地に働いていた九州人が開いた店だという。当時のブラジル移民は熊本、福岡、沖縄の順で出身者が多かった。初期の辛苦を耐えた入植者は、この頃になると独立小農層を形成し、故郷に錦を飾る者もいたわけである。萬茶亭の位置は酒場ムーランルージュ、ラインゴルトなどと同じ側とあるので、現在の並木通りとソニー通りの間の通りを晴海通りから南に入ってすぐ左側ということになる。荷風は校正の神様といわれていた帚葉翁こと神代種亮や高橋邦太郎らと昭和七年（一九三二）頃から入り浸っていた。

荷風一党は萬茶亭の他に並木通りのコーヒー専門店耕一路をも溜まり場としていた。あまりに長居するので出入りを謝絶され、金春通りのきゅうぺるへと河岸をかえざるを得なくなるような小事件も起きている。[16] 耕一路は極めて希少で高価だったブルーマウンテンを販売しており《慶応のキザな学生たちがワンサとわが物顔にたむろしていた》[17]。きゅうぺるの主人は東京工業試験場で長年貴金属の研究をした前歴があり（そのため店名が灰吹法の皿キューペルにちなむ)、かつまた童話作家でもある道明真治郎だった。ネオ・スパニッシュ調の内装を設計したのは萬本定雄という人物で、築地小劇場の小道具を担当していたらしいが、彼もまた「万ちゃん」と愛称されていたそうだ。[18]

銀座には「ブラジル珈琲」というコーヒー豆を売る店があった。加太こうじはこう書いている。

《昭和初期のブラジル国営の東京・銀座のブラジルコーヒーでは、第一級の豆によるコーヒーを飲ませたし、その豆の販売もしていたのだから、コーヒー通の養成をしていたと言ってもよい》[19]

加太のいうブラジル珈琲ことブラジル珈琲宣伝販売本部はブラジルの貿易会社A・A・アッスムソンが三井物産と提携して昭和七年(一九三二)に日比谷三信ビル内に開設したもので、銀座四丁目の聖書館ビルに移ったのは昭和九年(一九三四)六月である。藤田嗣治による大壁画が呼物だった。『ブラジル珈琲』という宣伝誌も発行していたし、月刊雑誌『珈琲』や『珈琲研究』もバックアップしていたようである。[20]

ブラジル産コーヒーは大正七年(一九一八)当時、全世界において八一パーセントのシェアを誇っていた。しかしその後、ジャワ産などに圧され、急速に輸出量が低下する。あまりに豆がだぶついたので、ブラジル政府は無償供与の非常手段に出た。ブラジレイロなどもその恩恵を受けたことになろうが、昭和一〇年(一九三五)から一一年(一九三六）にかけては、三万俵という大量の豆がアッスムソンを通じて日本国中にばら撒かれた。[21] おそらく、この結果、日本人のコーヒーや喫茶店に対する嗜好が決定的になったと考えても誤りではない。

大阪にもブラジルはいくつかあった。ブラジル珈琲宣伝所とはっきり分かる店が阪神電車野田駅のそばにあり、美味なコーヒーを飲ませていたし、[22] 梅田新道と戎橋筋にブラジルという店が営業していた。柳町菊之輔が次のように昭和初期の大阪における喫茶店の批評をしているのは参考になる。

《所で、先づヅラリと大阪の喫茶店を見渡して、果たして、コーヒーらしいコーヒーを飲ます所が、何軒位あるだらう？

その昔、戎橋畔に、カフェーパウリスタが出来た時、金五銭を投ずれば相当うまいコーヒーが飲めたが、時代は逆転し、今では法外な値段を取り乍ら、飴湯に等しいものを、平気で客の前に出してゐる店が如何に多いことだらう。

心斎橋あたりで、レモンチーを飲むなら、ぜひ、大丸の中二階へ行くべしだ。十銭にしては、勿体ない位うまく飲ましてくれる。

森永のコーヒーもお粗末だが、こゝは十銭だ。明治製菓も相当うまいものを出す、がこゝは十五銭だ。

十銭のコーヒーとしては、飛切うまいと思ふ店は、堺筋のドンバル、梅田新道のブラジル、三越前の西村だ。但し、ドンバルの菓子は少しボツてゐやしないか。同じ菓子が、西村では二割以上安く売つてゐる。[23]》

これらの他、北浜喫茶店のバタートーストはいっぺん食べてみる必要があり、南海前の千壽堂のコーヒーも一〇銭としては上々、スポーツマン、プラタンなどは無難、新戎橋のキヨカワは昔は相当良かった。資生堂は高いが落ち着ける、などなど忌憚のない意見を吐いている。

神田のカフェ・ブラジルで『新興文学全集』全二四巻の出版記念会が版元の平凡社主催で開かれたのは昭和三年（一九二八）だった。社会主義傾向を持つ内外の作品を収録した画期的な全集である。その関係者が一堂に集まった。一杯酒をひっかけてそれに参加した岡本潤は、席に着くや、向かいに座っていた林房雄が気に入らず、いちゃもんをつけたところ、「ケンカならおれが買ってやる」とばかり、葉山嘉樹がビール瓶を投げ付けてきた。

《「よし、やろう！」

ぼくもビールびんをひっつかんで、葉山に向かって行った。葉山が椅子をたかだかと振りあげるのを見た。同時に、葉山の仲間の前田河広一郎や小堀甚二や里村欣三などもいっせいに立ちあがっていた。アナ系では先輩の宮嶋資夫が前田河に立ちむかっていた。ぼくは頭に激しい一撃をうけたことをおぼえているが、あとはもう喧々ごうごうとした乱闘の渦のなかに無我夢中で巻きこまれていた。[24]

そこに黒色青年聯盟の連中もなだれ込んで来て、収拾のつかない修羅場になった。警察隊がなかに入ってなんとかその場を取り静めたそうだが、カフェ・ブラジルはめちゃくちゃになり、輸入したばかりのコーヒーポットも壊されたため、平凡社が払った損害賠償金は莫大な金額だったという。》

昭和一四年（一九三九）一一月二三日、浅草雷門前ブラジルで若き吉岡実たちは、コーヒー、サンドイッチを摂りながら句会を催した。会費は五〇銭。[25]このブラジルは大正末頃に浅草六区にできたというブラジルコーヒーであろうか。それならば、二階建てのかなり大きな建物で、店内には鉢植えが置いてあり、白い詰襟に黒ズボンをはいたボーイが立ち働いていた。[26]その時、吉岡実が吟じた句のひとつ。

珈琲をのみこぼす愁ひ白卓に

銀座四丁目のブラジル珈琲宣伝販売本部は昭和一五年（一九四〇）暮れに閉鎖された。[27]

［1］井出孫六『ねじ釘の如く』岩波書店、一九九六年。
［2］耕八路『珈琲と私』葦書房、一九七三年。後出『カフェと文学　レイロで会いましょう』に

大正九年にカフェーブラジルが開店したという記述がある。
[3] 江口渙『続わが文学半生記』春陽堂書店、一九五八年。
[4] 芥川龍之介『侏儒の言葉』文藝春秋社出版部、一九二七年。
[5] 「ブラジル移民100年」『朝日新聞』二〇〇八年一月一四日号。一五〇万人の日系人がブラジルに住んでいるとある。
[6] 荒尾親成「近世珍写真物語41 楠公前にあったカフエーブラジル」『兵庫・神戸・三宮 センター』四五四号、一九九二年一一月。
[7] 足立巻一『評伝竹中郁』理論社、一九八六年。および『こうべ元町100年』元町地域PR委員会、一九七一年、座談会中、竹中郁の発言。今井については『近代人』第二巻第三号（近代人社、一九三五年三月）のゴシップ欄に《凡そ芸術家の限界を怪しくするものは元町の住人、ランクル・ブール（青い錨）と云ふ酒場の主人今井朝路でサキソホンでも吹きさうな豊頰童顔、未来印象派画家兼未来派詩人を開業したのは一世紀も前で、赤いマントで神戸中をノシ歩るき今では「神戸っ子の会」を作ったり元町ショップガールをモデルに洋画研究所もやってござる。》と出ている。
[8] 季村敏夫『窓の微風 モダニズム詩断層』みずのわ出版、二〇一〇年。
[9] 秋山悟堂『喫茶店回顧』大阪喫茶店連盟、一九八八年。開店日はブラジレイロの宣伝誌『前線』一九三一年一二月号による。
[10] 『神戸とコーヒー 港からはじまる物語』神戸新聞総合出版センター、二〇一七年。
[11] 和田洋一＋松田道雄＋天野忠『洛々春秋 私たちの京都』三一書房、一九八二年。天野は

《四条河原町へんをぶらついた。角っこの大きな硝子窓のブラジレイロ喫茶店に入っていくと、うすぐらい席にポツンと式亭三馬が坐っていた》とも書いている（「かんかん帽子の頃」『そよかぜの中』編集工房ノア、一九八〇年）。

［12］「関西喫茶店前線点景」『前線』三三号、日本前線社、一九三二年三月。

［13］『カフェと文学　レイロで会いましょう』福岡市総合図書館文学・文書課、二〇〇二年。本書によれば「福博カフェ史」には大正三年にカフェーキリン、大正六年に生田菓子店、大正九年にカフェーブラジル、カフェーパウリスタ、昭和三年に明治製菓、台湾物産フルーツパーラー、喫茶店山の家が開店したなどとある。真鍋呉夫の母も昭和一四年に喫茶店「木靴」を開いたが、翌年、当局の指導により「門」と改名し、およそ五年間営業を続けたそうだ。コーヒーは二〇銭。

［14］『コーヒー文化研究』一八号、日本コーヒー文化学会、二〇一一年一二月。同一九号、二〇一二年一二月。

［15］北園克衛「春の葉書」『北園克衛詩集』思潮社、一九八一年。『若いコロニイ』ボン書店、一九三二年、所収。

［16］野口冨士男『わが荷風』中公文庫、一九八四年。耕一路は昭和一五年（一九四〇）までには娯廊と改名して外堀通り六丁目に移っている。店主は日野道英。

［17］宮崎康平「コーヒー飲みの大放浪」『日本の名随筆別巻3　珈琲』作品社、一九九一年。

［18］安東英男「写真について」『荷風全集月報22』岩波書店、一九六四年九月。中原中也は昭和八年五月に「きゅぺる」で初めて牧野信一に会っている（「思ひ出す牧野信一」『文学界』一九三六年五月号、文化公論社）。道明真治郎ときゅうぺるについては野口孝一『銀座カフェー興亡史』（平

凡社、二〇一八年）に詳しい。
[19] 加太こうじ『サボテンの花』廣済堂文庫、一九九三年。
[20]『日本コーヒー史』上巻、全日本コーヒー商工組合連合会、一九八〇年。『珈琲』はティーアンドコーヒー社、一九三四年創刊。『珈琲研究』は珈琲研究社、一九三六年創刊。
[21] 前掲『日本コーヒー史』。白洲次郎の回想によれば、大正中期、ケンブリッジで教鞭を執っていた経済学者ケインズはブラジル産コーヒー豆の価格の下落を予言した（青柳恵介『風の男 白洲次郎』新潮文庫、二〇〇〇年）。
[22]「大阪喫茶街展望」『喫茶街』上方食堂楽社、一九三七年一月号。
[23] 柳町菊之輔「コーヒー行脚」『上方食道楽』上方食道楽社、一九三〇年四月号。香川滋「ブラジル讃嘆」に《戎橋筋ではブラジルを除いてほんとの珈琲を飲ませる家は一軒も無い》とある（『食通』食通社、一九三四年一二月号）。
[24] 岡本潤『罰当りは生きている ひんまがった自叙伝（1）』未来社、一九六五年。
[25] 吉岡実『うまやはし日記』書肆山田、一九九〇年。
[26] 永忠順「ミルクホール」前掲『日本の名随筆別巻3 珈琲』。
[27] 前掲『銀座カフェー興亡史』

恐慌時代

『東京市統計年表』によって「喫茶店」数の推移を追ってみると、明治三一年（一八九八）の六九店舗から増減を繰り返しつつ徐々に減少し、大正一一年（一九二二）には三二店舗と半数以下にまで落ち込んでいる。[1]ところが関東大震災（一九二三）の年に他の飲食店、茶屋などが全て数を減らしているにもかかわらず、喫茶店のみ五五に跳ね上がった。その翌年には一五九、大正末年（一九二六）に二二六、世界恐慌が始まった昭和四年（一九二九）には一〇七三、上海事変の起きた昭和七年（一九三二）に二〇五六、日中戦争が始まった昭和一二年（一九三七）に三〇六五、そして国家総動員法が発動された昭和一三年（一九三八）がピークで三三〇七。大事件が起きる度に喫茶店の数が増えているのだ。

《焼跡の銀座はどこよりも早く復興したが、これはと思う程飲食店が多く見えた。だが、パウリスタは昔の俤もなかった。有名文士や画家達、或いは新思想を抱く人達が集まる著名な店々は震災前からあったが、学生や庶民のものとしての喫茶店形式が生じたのは、震災後のことであった。焼け爛れた市の中心から逃げ出した者も多かったので、渋谷や新宿や中央線界隈が俄に栄えはじめていた。震災後は直ぐ昭和に続く。道玄坂上にある百軒店はその前から計画されていて、そこには銀座のウーロンも来ていたが、その他大小ごちゃごちゃと見る間に店が並び、その多くは小さな喫茶と軽食であった。》[2]

これは珈琲研究家の井上誠の意見である。震災前と震災後では、都市の性格ばかりか、人々の精神構造まで一変したことが喫茶店の急増に現れているようだ。明暦の大火の後、江戸の世相がガラリと転換したのと同じような現象であろう。
震災後の復興が成り、新たな暗雲が立ちこめ始めた昭和一〇年（一九三五）、川崎長太郎は「喫茶店」という小説を発表している。全編、スペイン茶房という喫茶店の描写で埋められているが、その冒頭が参考になる。
《近頃の東京は喫茶店時代の観がある。銀座あたりでは、どんどんバーが喫茶店になつて行く。喫茶店はバーと違つて第一チップがいらない。十五銭か二十銭で、コーヒーをのみ、レコードを聴き、図々しく構へれば一時間でも二時間でもねばつて居られる。ビールもある。日本酒もコップで持つて来る。十五六から二十位までの、まだ誰の手垢もついてゐないやうな様子をしたういういしいのが、お揃いの人絹を着、派手な帯を胸高にしめて右往左往して居るし、又歌劇の舞台に見るやうな異国風の衣粧で、目の椽を青く塗つた子がコーヒーを運ぶ店もある。バーにあつて喫茶店に欠けてゐるのは、彼女達が客と膝頭をくつつけ合はない事だけだつた。》[3]
当時の法規によれば、カフェーとは《洋風の設備を有し自家調理を客に供し、連続して客席にはべり、歓興するもの》[4]だそうだ。昭和一〇年（一九三五）頃ともなると、さしもの隆盛を誇ったカフェー群も、風俗取締の強化によって、キャバレー、サロン、バーあるいは社交喫茶、特殊喫茶というふうに名前を変えて拡散して行く。大衆の無意識下には世界戦争へ向かう道筋の危うさが澱んでいた。表面の狂躁に反して、いや狂躁が激しくなればなるほど、彼らは喫茶店の片隅へ、「ハンガリヤ狂想曲」や「田園」の流れの内に身を沈めざるを得なかった。

［1］初田亨『カフェーと喫茶店』INAX、一九九三年。『東京市統計年表』の数字に関しては、すでに「青木堂」の註1で触れたように喫茶店のカテゴライズに問題があることを斎藤光が指摘している。

［2］井上誠「喫茶店の変遷」『机』紀伊國屋書店、一九五八年二月号。安岡章太郎は小学校の頃《学校のかえりに道玄坂の途中を白軒店へ折れると近道だったから、狭い道路の両側にギッシリ並んだカフェのことは、いくらかは知っていた。戸口に細いカーテンをたらした内側のことは、とおりがかりに覗いただけではわかりっこなかったが、それでも白いエプロンを胸から掛けた女が、さっきの勝子みたいな声で笑っているのや、赤い顔をした兵隊が二三人づれで、そんな女と縺れ合いながら出てくるのにぶつかったりすると、中の大体の様子はわかった》と書く（『花祭』新潮文庫、一九八四年）。

［3］川崎長太郎「喫茶店」『作品』作品社、一九三五年七月号。

［4］加藤秀俊＋井上忠司＋高田公理＋細辻恵子『昭和日常生活史1　モボ・モガから闇市まで』角川書店、一九八五年。出典は『京都日出新聞』一九三七年一月八日号。

不二家

明治四三年（一九一〇）、横浜元町に開店した不二家洋菓子舗は、モカとコロンビアを半々にブレンドしたコーヒーや、リプトンの紅茶を出して繁盛していた。大正元年（一九一二）に創業者藤井林右衛門はアメリカへ視察旅行に出掛け、ナショナル・キャッシュ・レジスターとソーダファウンテンを持ち帰る。そして大正一二年（一九二三）八月には銀座進出を果たした。六丁目店一階喫茶室のコーヒーは評判で、一〇銭、クリーム付一五銭。メニューにはカツレツもあった。[1]

「一九二五・初夏　東京銀座街風俗記録・断片」[2]と題する興味深いレポートが吉田謙吉によって提出されているが、そこには不二屋喫茶店に出入りする客の男女比、和装洋装の別、学生の割合、テーブルの配置と席の埋まり方などが克明に記録されている。同年六月二四日午後七時三五分から四〇分の五分間に二二人の客（うち女性四人）が不二屋に入り、同数の二二人の客（うち女性二人）が出てきた。これは相当な繁盛ぶりといってよいだろう。

『文藝春秋』がバーやカフェーで作られたということは前に述べておいたが、菊池寛に造反するような形で若手文士を糾合した雑誌『文芸時代』（一九二四～二七）は銀座の不二家で作られたといえよう。甘党だった川端康成、酒は一滴も飲めなかった横光利一、そして池谷信三郎、片岡鉄兵、石浜金作らが毎夜のように不二家に集まった。築地小劇場の村瀬幸子、細川ちか子、北村小松、高橋邦太郎らも常連だった。店内には四角な大きなストーブがあり、それをぐるりと取り巻いて横光らが雑談に花を咲かせた。三好という文学好きのボーイがおり、いつも文士たちを優遇してくれたのだという。[3]演劇人の青山順三は次のように回顧している。

《昭和のはじめ、銀座に不二屋というカフェがあって、「築地」の芝居がハネると、私たちはよくその店に立ち寄って、仲間と雑談をたのしんだ。

文士やジャーナリストや、歌舞伎の連中もやってきて、パリにでもありそうな、おっとりした店の文化サロン的なフンイキが、なかなか魅力的だった。

ボーイの三好君が、こまめにテーブルの間を歩きまわって、しきりなしにグラスにウォーターを注ぎ足してくれるので、コーヒ一杯でいくら話しこんでも気兼なしに坐りこんでいられるのが嬉しかった。[4]》

三好は新居格びいきで、菊池寛ぎらいだったともあるが、これは『文芸時代』同人の影響だろう。

《この銀座の『不二家』に作家ひいきの（あるいは文学ひいきの）三好というボーイ頭がいて、そんな関係からか、その店へは作家がよく集まっていた。三好という作家ひいきが、『不二家』からいなくなってから、作家のいわゆるたまりは、やがて銀座の角店

の『コロンバン』に移った。》[5]

昭和二年（一九二七）二月中旬、藤沢桓夫が横光利一たちと不二家のストーブを囲んでいるとき、古びた灰色の中折を阿弥陀に被り白っぽい冬のトンビを着た芥川龍之介が、美しい青年葛巻義敏を連れて大股に入って来た。汚れたシャツが汚れた紬の羽織の袖口から覗いていた。芥川はその夜「河童」を書き上げて、鵠沼から東京へ出て来たところだという。顔色は恐ろしく悪く、仕事を仕上げた後の疲労から、逆に快活になっているようで、ココアをすすりながら元気よく話をした。[6]

芥川は不二家でココアを注文したわけだが、どうやら彼はココアを好んでいたようである。晩年の小品「歯車」にカフェーへ入る描写が四度出てくる。その内の二度、語り主はココアを注文している。まず冒頭、東海道線の或る停車場前のカッフェ。店内には親子丼やカツレツの紙札が何枚も貼ってある。

《それはカッフェと云う名を与えるのも考えものに近いカッフェだった。僕は隅のテエブルに坐り、ココアを一杯註文した。テエブルにかけたオイル・クロオスは白地に細い青の線を荒い格子に引いたものだった。》

そして、東京の日本橋通り、電車線路の向こうにある或るカッフェ。

《それは「避難」に違いなかった。僕はこのカッフェの薔薇色の壁に何か平和に近いものを感じ、一番奥のテエブルの前にやっと楽々と腰をおろした。そこに幸い僕の外に二

三人の客があるだけだった。僕は一杯のココアを啜り、ふだんのように巻煙草をふかし出した。》[7]

また、ココアに似ているともいえるかもしれないが、芥川は小倉汁粉も好物だった。小島政二郎の証言には次のようにある。

《私はその頃から余り甘い味が好きではなく、ごく普通の御膳汁粉専門だつたが、芥川さんは白餡のドロッとした小倉汁粉が大好きで、御膳が十銭とすれば、小倉は二十五銭位した。従つて赤いお椀も、平たく開いて大きく、内容も御膳の二倍はあつた。》[8]

そして芥川は悠々とその甘ッたるい小倉汁粉をお代りするのがきまりだったそうだ。小島によれば、芥川行きつけの汁粉屋は上野の常盤、柳橋の大和、日本橋の梅村、浅草の松村で、中でも常盤が一番のひいきだったらしい。

寺田寅彦の日記には銀座の不二家が何度か登場する（常に不二屋と記されている）。そこで人と待ち合わせて竹葉で食事をするのが定まったコースだった。例えば、昭和一〇年一月四日。

《帝劇で「クレオパトラ」、「コングの復讐」を見る。夕、不二屋で松根君、安倍君と会し、銀座竹葉食事。》[9]

松根は松根東洋城、安倍は安倍能成である。竹葉は五丁目の中央通りを挟んで東西に店を出しており、東の竹葉亭は鰻屋だが、西の竹葉では日本料理一般を食べさせた。

大阪の心斎橋筋にも不二家洋菓子舗はあった。昭和九年(一九三四)の紹介文。不二家は銀座が有名で、ボーイの三好が文士をもてなしたことを述べた後、心斎橋店についてこう書いている。

《こちらは少し客は変つてゐますが、それでも近頃売り出しの松竹少女歌劇の柏晴江が十一時過ぎまで話し込んでゐたり、柳宗悦や山本修二、滝川幸辰、さては永井瓢斎、井上吉次郎等が現はれることもあります。が、女は場所柄三味線や円盤や邪図が割合に多いのです。

ですが、天井の高いのや、明るい程の配光が、とてもい、です。それに、真中に冬はストーヴ、夏は噴泉といふ仕掛がヒユモラスです。》[10]

冬にストーブを出すのが不二家の流儀だったらしい。

[1] 池田文痴菴『日本洋菓子史』日本洋菓子協会、一九六〇年。
[2]『吉田謙吉collection 1考現学の誕生』筑摩書房、一九八六年。原典は今和次郎+吉田謙吉『モデルノロジオ』春陽堂、一九三〇年。
[3] 寺下辰夫『珈琲ものがたり』ドリーム出版、一九六七年。
[4] 青山順三『演劇ノート・思い出の人びと』グロリヤ出版、一九八三年。青山は不二家ではなく不二屋だと主張する。この三好貢は人脈を使って昭和四年(一九二九)に街の手帖『歩道』とい

う雑誌を編集していたとのことである。また立野信之は《不二屋の二階には、いまは轟夕起子のマネージャーか何かをしている三好貢がボーイをしていた》と書いている（「あの頃」『銀座百点』七九号、銀座百店会、一九六一年七月）。


［5］高見順『昭和文学盛衰史』文春文庫、一九八七年。

［6］藤沢桓夫『大阪自叙伝』朝日新聞社、一九七四年。

［7］『新潮日本文学10 芥川龍之介集』新潮社、一九九五年版。

［8］小島政二郎『食いしん坊』文藝春秋新社、一九五四年。

［9］『寺田寅彦全集』第一四巻、岩波書店、一九六一年。

［10］白石太郎「不二家の一話」『食通』二年八号、趣味雑誌食通社、一九三四年一〇月。

コロンバン

パリの老菓子舗コロンバンで修業した門倉國輝は、大正一三年（一九二四）、大森にフランス菓子店を開いた後、昭和四年（一九二九）に銀座へ進出した。六年（一九三一）にはエッフェル塔をかたどったネオンサインの広告塔を六丁目角に建て、店内には螺旋階段、シャンデリア、藤田嗣治の天井画などを備え、贅をつくした店作りをした。[1] それは銀座のランドマークともなって、すぐ近くにカフェテラス形式のテラス・コロンバンを設けるほどの活況を呈した。文学者たちも多数出入りしたが、井伏鱒二の回想には次のようにある。

《私がタケリンさんと初めて口をきいたのは堀辰雄の紹介による。そのときの情景を私は割合よく覚えている。夏のことであった。その日「作品」の同人会がすんでから、堀辰雄が夜の汽車で軽井沢の室生さんを訪ねて行くというので、堀君が時間をつぶすのにつきあって一緒に銀座を散歩した。コロンバンの二階でお茶を飲んでいると、どこかで見たことのあるような人が、一人の見なれぬ男と連れだって私たちの隣の卓にやって来た。どこかで見たことのある人に堀君は「やあ」という挨拶をして、その人と私を紹介した。それが武田麟太郎であった。》[2]

野口冨士男も高見順と初めて会ったのはコロンバンだった。

《昭和九年ごろ雑誌編集者として彼とはじめて会ったのは銀座のコロンバンでのことであったが、そのとき「若いのに、眼の下を真黒にしちゃって」と、事実そうには相違なかったものの、すっかり文学少年あつかいを受けたことも忘れがたい。》[3]

彼らは何時間も話し込んで倦むことがなかった。坂本徳松は昭和八年頃、毎週、銀座の喫茶店コロンバンの二階で草野心平や土方定一らとコーヒーを飲みながら語り合った[4]し、田村泰次郎によればこうである。

《夕方には、よく銀座の表通り（当時）の洋菓子店「コロンバン」にあつまった。ここのコーヒーは、十五銭だったが、本格的なフランス・コーヒーであった。無論、私たちはコーヒーを飲みにあつまるわけではない。ここで、コーヒー一ぱいで、時間を稼ぎ、仲間があつまるのを待って、夜の街をのし歩くのである。そういうとき、よく私たちは片岡鉄兵のあらわれるのを待った。氏があらわれれば、私たちはご馳走にありつけたからである。新田潤、牧屋善三、井上立士、番伸二（本名、古川真治、大衆文学を書いていた）たちと毎日のように逢っていた。片岡鉄兵は荻窪の奥から、運転手に自家用車を運転させて、三日に一度は、颯爽とあらわれた。[5]》

あるいは、二三歳の吉田健一、ようやく文壇に登場し始めた頃の思い出。

《昭和十年頃の銀座は人通りも少くて、実際にぶらぶら歩いて行けたし、向うから歩いて来る人間も直ぐ目に付いた。コロンバンがテラス・コロンバンといふフランスのカフェ風の店を本店の二、三軒先に出してゐて、今は銀行か何かが建つてゐる所へ新宿の紀伊國屋の銀座支店があつた頃のことである。その入り口の陳列台にはいつも文芸関係の新刊書が一杯並べてあつて、佐野繁次郎氏が装釘した横光さんの本も勿論、出ると直ぐにそこに並んだ。その辺を、髪を長くした男が黒っぽい鉄色の和服姿で歩いてゐるのに出会ふことがあつて、それが誰なのだらうと思はずにはゐられなかつた。それから資生堂でも見た。こつちが二階にゐて、下の窓際の卓子にその男がゐるのでどう勘違ひしたのか、それが嘉村礒多ではないだらうかと思つた。文学青年は妙なことを考へる。横光さんを知るやうになつてから、資生堂には度々連れて行つて戴いた。[6]》

菊盛英夫も、真昼間から新居格、高田保、矢野目源一らがテラス・コロンバンでとぐろを巻いていたと書く。

《当時まだ学生だった筆者は、新居格に連れられて初めてカフェに足を踏み入れてからは、魅力のない大学の講義をさぼってここに通いつめ、これから日本の「カフェ文士」たちの文壇噂話や時代批判の毒舌に耳を傾けながら青春の一時期をすごした。》[7]

残念なことに、このカフェテラスは《日本の舗道のホコリがフェルト草履の動く度に舞上がるのは感心しません》[8]という欠点があり、永井荷風によれば、昭和九年（一九三四）七月には閉店していたようだ。

最後に寺田寅彦の昭和七年（一九三二）の日記から。

《五月二十日　金　航研。帰途、モナミで松根と連句。二の裏三句目を作るため松根と数寄屋橋までバス同乗。新田で球。十時半コロンバンへ行く。松根、四句目持参。》[9]

航研は勤務先（新宿百人町）、新宿のモナミで夕食を摂ったのだろう。松根は前出の松根東洋城。球はビリヤード。当時の寺田の典型的な行動パターンである。コロンバンは遅くまで開いていた。不二家の他には、資生堂、中村屋、伊東屋地下、エスキモー、千疋屋などが行きつけの喫茶店だった。なお伊東屋地下は千疋屋の支店である。

［1］『サライ』小学館、一九九三年六月一七日号、特集名門老舗喫茶店。コロンバンのホームページには《1931年、コロンバンが銀座六丁目に開いたサロンには藤田嗣治画伯による6枚の天

井壁画があり、表にはエッフェル塔が装飾され、当時としては斬新な門倉國輝考案の冷蔵ケースと冷房設備まで装備し、皇室・皇族方には当時としては最先端の自動車（ダットサン14型）でお菓子をお届けしておりました。》とある。

［2］井伏鱒二「タケリンさん」『人と人影』講談社文芸文庫、一九九〇年。

［3］野口冨士男『感触的昭和文壇史』文藝春秋、一九八六年。

［4］坂本徳松「回想断片」『歴程』二六九号、歴程社、一九八一年三月、土方定一追悼。

［5］田村泰次郎『わが文壇青春記』新潮社、一九六三年。

［6］吉田健一「或る時代の横光利一」『書き捨てた言葉』垂水書房、一九六二年。紀伊國屋書店銀座支店は銀座六丁目警醒社書店の建物を建て替えて昭和五年（一九三〇）に開店、昭和一四年（一九三九）まで営業。二階にはギャラリーと「B・Gクラブ」という喫茶店があった（内堀弘「予感の本棚」『ｓｃｒｉｐｔａ』紀伊國屋書店、二〇〇七年）。吉田が見た佐野繁次郎装釘の横光本というのは『時計』創元社、一九三四年、『紋章』改造社、一九三四年、『機械』創元社、一九三五年、『覚書』沙羅書店、一九三五年、『横光利一全集』非凡閣、一九三六年……あたりであろうか。

［7］菊盛英夫『文学カフェ』中公新書、一九八〇年。

［8］白木正光『大東京うまいもの食べある記』丸ノ内出版社、一九三三年。永井荷風『断腸亭日乗』昭和九年（一九三四）七月一一日には《喫茶店テラスコロンバン店頭板囲にはりたる紙に「閉店させて頂ます云々」とあり》と出ている。また道明真治郎は座談会「銀座十字路」（『八雲』八雲書店、一九四八年七月号）で《コロンバンなどは、戦争中二万五千円で大増へ売ったんですよ。それから魚河岸の大村が買った。今じゃ二百五六十万のことを云ってるでしょう》と発言している。

[9]『寺田寅彦全集』第一四巻、岩波書店、一九六一年。

モナミ

寺田寅彦が毎週金曜日に松根東洋城と連句を楽しんでいたモナミは新宿店のようだが、銀座本店は昭和四年（一九二九）、銀座通七丁目西側に開店している。主人幸田文輔の夫人が岡本かの子の秘書を務めていた恒松安夫と親戚だったという縁からモナミという名はかの子によって命名された。[1]アラビア風の外観は山中節治設計。一階が喫茶室、二階がレストランとなっていた。[2]

辛口の『東京名物食べある記』もまずは好意的な評価。

《久「テヘッ！　船の食堂みたいだなア」M「家具装飾凡て船の食堂その侭だ、ボーイさんも船に乗つてた人ぢやアないかな、物腰格好が……」H「そうかも知れん、こゝの経営者はもと東洋汽船にゐた人だから」窓際寄りの片隅に岡本一平さんかの子夫人が御家族連れで食事中だ。モナミはかの子夫人が名附け親だと聞く。定食（二円五十銭）のメニユウ。いゝ献立だ、とMが頻りに感心する。》[3]

批評者たちは定食ではなく一品料理を注文する。玉蜀黍シチウ（三〇銭）、豚エスカロップ（七〇銭）、蟹ニウバーグ（時価で払はされる）いずれも好評、ただし最後にケチがついた。《アイスクリーム、冷しレモンテイ等の飲みものに至つて一同少々懼れをなした、これではディナーの場合など、折角の料理もデザートや飲みものでぶちこわされはすまいかと》[3]。

三宅艶子は母やす子と時折この店を訪れていたが、東京府知事阿部浩の一人息子でパリ帰りの画家阿部金剛に誘われて食事をしたときのことを克明に記憶している。《阿部金剛は私に先立って階段を上がって行った。私は時々モナミでお茶を飲むけれど、一度母とハンバーグステーキを食べたぐらいで、いつも一階の方。二階は初めてであった。階下と造りは同じようだが、食卓の丈も高く、壁のパネルも樫材で落ちついていた。》[4]

この時、二人が摂った食事はクリームスープとエスカロップ・ドゥ・ヴォーだったが、かの子の夫で人気漫画家の岡本一平にちなんだ「一平ライス」などもあった。この後、艶子は阿部夫人となり、池谷信三郎らの劇団蝙蝠座が築地小劇場で上演した「ルル子」に大胆な水着姿で舞台に出たというので評判になった[5]。このとき舞台装置を担当したのが阿部金剛、東郷青児、古賀春江、佐野繁次郎という四人の新進画家たちであった。

艶子によれば当時のモナミのコーヒーは一五銭だった。資生堂、コロンバンなどいずれも一五銭で一般の一〇銭よりも高かった。一五銭が一般的になるのは昭和九年（一九三四）頃からである。

寺下辰夫は関東大震災後に有島武郎にもらったアーサー・シモンズの『合詩集』を翻

訳し、第一訳詩集『緑の挨拶』(一九二七)として上梓した。その出版記念会が銀座のモナミで開かれたという。里見弴、有島生馬、吉井勇、日夏耿之介、横光利一、小川未明、山田耕筰、成田為三らが発起人となった[6]。モナミは新宿や東中野にも支店を出しており、新宿モナミは現伊勢丹の向かい、当時の帝都座の地下にあった。白木正光によれば、《家族連れでゆつくり食べられる、まあこの付近第一の大食堂です。洋食、喫茶が主ですがモナミの洋食の悪からう筈がなく、一品洋食、定食等があつて定食も一円五十銭内外。価もたいして張りません。たゞ銀座から較べると、価も大衆的な代り、味も大分大衆化してゐる恨みがあります。少女給もよく訓練されて、チップの心配は要りません。》[7]というような店である。新宿モナミでは、昭和九年(一九三四)二月、草野心平らの発案で宮沢賢治の第一回追悼会が催された。永瀬清子がこのときの模様を鮮やかに記録している。彼女は草野からもらった賢治の『春と修羅』に感動し、所属していた同人雑誌『麺麭』に感想を書いていた。それが機縁で追悼会に招かれたのだった。草野心平、高村光太郎、尾崎喜八、逸見猶吉ら二〇人ほどが集り、宮沢清六による賢治作品の朗読、賢治を知る人々の話、そして「星めぐりの歌」の合唱が行われた。

《その会には弟の清六さんが来ていらした。はるばる岩手県の花巻から賢治さんの原稿のつまった大きなトランクをさげて上京されたのだ。多分あとで考えると宮沢賢治選集のはじめての出版のためであったものと思う。

そのトランクからは数々の原稿がとりだされた。すべてきれいに清書され、その量の多いこと、内容の豊富なこと、幻想のきらびやかさと現実との交響、充分には読みきれないまま、すでにそれらは座にいる人々を圧倒しおどろかせた。[8]》

さらに注目すべきは、この場において、初めて「雨ニモマケズ」の黒い手帖が見出されたことだった。

《そしてやがてふと誰かによってトランクのポケットから小さい黒い手帳がとりだされ、やはり立ったり座ったりして手から手へまわしてその手帳をみたのだった。

高村さんは「ホホウ」と云っておどろかれた。その云い方で高村さんとしてはこの時が手帳との最初の対面だったことはたしかと思う。心平さんの表情も、私には最初のおどろきと云った風にとれ、非常に興奮してながめていらしたように私にはみえた。

「雨ニモマケズ風ニモマケズ――」とやや太めな鉛筆で何頁かにわたって書き流してある。[8]》

宮沢清六『兄のトランク』によると、大正一〇年（一九二一）に父と口論の末に上京した賢治は神田辺りで買ったズックの巨きなトランクを持って花巻へ帰って来た。一年半後、「風の又三郎」などの原稿が詰められたそのトランクは東京へともなわれたが、日の目を見ないまま送り返され、土蔵に仕舞い込まれてしまう。昭和六年（一九三一）、今度は工場の壁見本をぎっしり詰め込まれたトランクは再び賢治によって東京へ運ばれた。しかしこのときすでに賢治の病は重く、目的を果たさないまま、止むなく故郷へ戻るはめになった。結局、八年（一九三三）九月に賢治は没し、その五ヶ月後、弟は賢治の遺稿をトランクに収め、新宿モナミへ赴いたのである。

《……あのトランクについての思い出は、最後に一番大切なことが残されている。実は私はそのことを長い間気付かなかったのであるが、あのトランクの蓋の後ろには、ポケットのような袋があったのである。私はそのポケットの中から、見なれない一冊の手帳と、両親と、私たち弟妹に宛てた二本の手紙を発見した。》[9]

手帳発見はその場にいた人々に大きな驚きと喜びを与えたが、とくに永瀬清子にとって手帳はその文業の礎石となるほど強烈な意味を持ったものだった。

埴谷雄高が「夜の会」会員となったのは昭和二二年（一九四七）である。花田清輝と岡本太郎が発足させた「夜の会」は、梅崎春生、椎名麟三、中野秀人、佐々木基一、安部公房、関根弘、野間宏らがメンバーだった。第一回の集いは上野毛の岡本太郎のアトリエで持たれたが、後には東中野のモナミが常設的な会場となって公開の芸術運動が行われていた。岡本太郎は岡本かの子と一平の息子である。すでに述べたようにモナミと岡本家との付き合いは深い。

《東中野のモナミの主人とは心安かったので、特別な条件で場所を借り、月に二回ずつ、

順番に誰かがレクチュアーし、あとフリーディスカッションするという形で、定期的に、かなり続けた。[10]》

この誰でも出席して公開討論できる研究会では、出席者のすべてが紅茶一杯を注文しただけで数時間も粘るのを常とした。五味康祐、永田宣夫、針生一郎、瀬木慎一、武井昭夫らの顔があり、「神について」だとか「悪魔について」だとか果てしない議論が闘わされた。それらの一部は月曜書房が『新しい芸術の探求』として昭和二四年（一九四九）に出版している。[11]

丹羽文雄が主宰していた同人雑誌『文学者』は発行所が「十五日会」となっていた時期がしばらくある。毎月一五日に合評会を開くところにその名

佛蘭西料理
RESTAURANT
モナミ
MONAMI
御宴會・御會食
座談會・御集會
ティーパーティに
御利用ください
結婚式場　御披露宴場
モナミ
東中野驛前
電(38)4059・5125

東中野モナミ広告　『文学者』52号（1954）より

は由来しており、会場は東中野のモナミであった。昭和三〇年（一九五五）に例会費は二〇〇円。出席者はおよそ二〇〇名でビールまたは紅茶とケーキが出された。丹羽の他、火野葦平、石川達三、八木義徳らがメインテーブルを占め、ときには井伏鱒二、尾崎一雄などが姿を見せたこともあったという。[12]その頃、芥川賞作家や候補を次々輩出し、新人の登竜門として『文学者』は最も有力な存在だった。モナミにおける合評会の熱気が想像される。

昭和二九年（一九五四）九月一六日、国電東中野駅（西出口前）モナミにて「大杉栄の会」が開かれた。発起人は秋山清、荒畑寒村、江口渙ら一二名で、没後三二年目の命日に大杉を偲ぶという主旨であった。会費は二百円。八〇人ほどが集まったという。[13]

ちょうど同じ頃、沢野ひとしは東中野モナミの近くで妙なものを見つけた。

《僕が小学校の頃の遊び場所は、東中野にあったモナミという西洋料理店の裏庭であった。モナミはその当時活躍していた文化人のたまり場で、とりわけ作家、編集者たちが出版パーティーなどで利用していて、人気のあった店である。店の中は落ち着いた油絵が飾られ、窓には白いレースのかかった上品な雰囲気の店であった。そのモナミでコックをしている人の子供の小田切君が僕とクラスが同じであったために、僕は年中モナミの裏庭で遊んでいた。

ある日その裏庭のとなりにアメリカ軍が使った軍用品が大量に隠されているという噂

が耳に入った。厳重な柵が設けられ、中をのぞくこともできなかった。柵には危険と大書きされた札がかかっていたが、僕と小田切君は庭の木の上に登り、その柵の中をのぞいた。

「アッ、毒ガス用のマスクがたくさんある」

「本当！」僕は小田切君がのぞいている位置まですぐに登りたかった。

「どんなマスク？」「黒いゴムでできたマスクだ。あれは戦争の時にかぶる毒ガス用のマスクだ」[14]》

二人はそのマスクを盗み出した。隣町の中学生たちとの喧嘩にそれをかぶって参戦し、バツグンの効果をあげたものの、警官がやってきたため、その夜、神田川へマスクを捨ててしまう……。中野には明治時代からいくつかの陸軍の施設が置かれており、昭和一四年（一九三九）には防諜研究所（後の陸軍中野学校）が移ってきていた。戦後は米軍が駐屯していたから、毒ガス用のマスクもたまたまそこにあったというわけではなかった。

戦後の銀座モナミについて、和多田進『毒の告発』にこんな記述がある。

《敗戦後、銀座に「モナミ」という喫茶店があった。大森兄弟（精一、勝夫、隆男、浩二）は敗戦直後からその「モナミ」の常連であった。「モナミ」という喫茶店は闇屋やブローカーの溜場だった。コーヒー好きの平沢貞通も、実は「モナミ」の常連のひとりである。そして、平沢の場合は単に常連だったのではない。平沢の長男と長女がこの

「モナミ」の従業員だったのだ。平沢と精一を結ぶ隠された糸はここにもあったのである。帝銀事件のもうひとつの舞台が「銀座モナミ」であったと私たちは考える。[15]》
敗戦によってモナミの性格も、銀座の風景もすっかり変わってしまったようである。

［1］陣内秀信＋三浦展『中央線がなかったら見えてくる東京の古層』NTT出版、二〇一二年。昭和二年（一九二七）開店説もある。野口冨士男は三田の白十字の姉妹店で《モナミの経営者はその恒松と同姓の親戚である》（『私のなかの東京』中公文庫、一九八九年）としているが、昭和一二年（一九三七）の銀座町内地図でも《モナミ幸田文輔》となっている。かの子の小説『母子叙情』（一九三七）はモナミが重要な舞台である。

［2］初田亨『カフェーと喫茶店』INAX、一九九三年。

［3］『東京名物食べある記』時事新報社家庭部編、正和堂書房、一九三〇年版。

［4］三宅艶子『ハイカラ食いしんぼう記』中公文庫、一九九三年版。

［5］高見順『昭和文学盛衰史』角川文庫、一九六九年版。「ルル子」の原作はドイツの劇作家フランク・ヴェーデキントの「ルル二部作」（「地霊」と「パンドラの箱」）。

［6］寺下辰夫『郷愁伝』寸鉄社、一九六二年一〇月二五日。

［7］白木正光『大東京うまいもの食べある記』丸ノ内出版社、一九三三年。

［8］永瀬清子『かく逢った』編集工房ノア、一九八二年版。文中「宮沢賢治選集」とあるのは文圃堂書店から出版された『宮沢賢治全集』（一九三四～三五年）であろう。

[9] 宮沢清六『兄のトランク』筑摩書房、一九八七年。宮沢賢治には「丸善階上喫茶室小景」という詩がある。《ほとんど初期の春信みたいな色どりで／またわざと古びた青磁のいろの窓かけと／ごく落ついた陰影を飾つたこの室に／わたくしはひとつの疑問をもつ／壁をめぐつてソーフアと椅子がめぐらされ／そいつがみんな共いろで／たいへん品よくできてはゐるが／どういふわけかどの壁も／ちやうどそれらの椅子やソーフアのすぐ上で／椅子では一つソーフアは四つ／団子のやうににじんでゐる（下略）》（『宮沢賢治全集』第二巻、文圃堂書店、一九三五年）。北園克衛は日本橋の丸善二階洋書売場の階段近くに小部屋があり《リプトンの紅茶などを飲ませる喫茶室になっていた。文明開化の名残りがほのかに残ってたその頃の丸善の、閑雅といえるような静かな雰囲気は、いまの丸善には全くない。（中略）最近、二階の片隅にコーヒースタンドができて、なかなかうまいコーヒーを飲ませている。ぼくはどちらかといえば、スタンド式が好きだ》と書いている（「丸善からはじまった随想」『詩と批評』昭森社、一九六七年四月号）。

[10] 岡本太郎「清輝と私」、花田清輝『アヴァンギャルド芸術』筑摩書房、一九七五年。

[11] 埴谷雄高『影絵の時代』河出書房新社、一九七七年。

[12] 吉村昭『私の文学漂流』新潮社、一九九二年。津村節子『瑠璃色の石』（新潮文庫、二〇〇七年）によると、東中野のモナミは富豪の屋敷をレストランに改装したもので、フランク・ロイド・ライトが設計したとある。一九二〇年頃に建築され、一九六三年秋までは存在していたことが確認されているという（渚総合研究所公式ブログ「フランク・ロイド・ライトの幻の建築」）。小島信夫『小銃』、庄野潤三『愛撫』の出版記念会、吉行淳之介や河野多恵子の芥川賞受賞祝賀会も東中野のモナミで開かれた（ブログ唐変木日録「東中野縁起⑦」）。坂口安吾が観戦記を書いた将棋名

人戦の対局場になったこともある（坂口安吾「散る日本」『群像』講談社、一九四七年八月号）。

［13］寺島珠雄『南天堂 松岡虎王麿の大正・昭和』皓星社、一九九九年。左翼活動家の多くが投獄された豊多摩刑務所（豊多摩郡野方村、現中野区新井三丁目、一九五四年当時は米軍刑務所）は中野駅の北方にあり、モナミから直線距離で二キロメートルほどであった。村山知義は東中野駅から一キロメートル足らずの上落合に長く住んでいた。大正一〇年（一九二一）に二〇歳の村山が住み始めた頃は《小滝橋を渡ると、すぐ目の前は広大な戸山ヶ原で、自殺や殺人がよくあった。重装備の兵隊が、赤坂や麻布の聯隊から、いつも演習に来て、原だけでなく、この近所一帯を走り廻っていた》というような場所だった。そこがまた同時に前衛運動「マヴォ」の発祥地となり、プロレタリア文化・芸術運動の根拠地となったわけである（『演劇的自叙伝1』東邦出版社、一九七〇年）。

［14］沢野ひとし「神田川の思い出」『本の雑誌』四一号、本の雑誌社、一九八五年四月。

［15］和多田進『毒の告発：ドキュメント帝銀事件』ｓｏｌａｒｕ、二〇一四年。

千疋屋

千疋屋は明治二七年（一八九四）に新橋駅近くで創業した果実店である。立ち食いをする外国人客のために椅子とテーブルを用意したのが本邦フルーツパーラーの始まりとなった。大正二年（一九一三）、すでにフルーツパーラーを名乗り、フルーツパフェやフルーツポンチをメニューに加えていた。[1]『大東京うまいもの食べある記』（一九三三）には次のように記されている。

《果物の千疋屋は余りにも有名です。二階の喫茶洋食は震災前からあつて銀座のこの種の店としては資生堂と共に最古参と云へます。殊に震災後あの明るいバンガロー風の二階の出来た当時は新時代の尖端的存在として、銀ブラ党に評判だつたものです。熱帯産の高貴な果物、軽い洋食等、高からず安からずと云つた手頃さなのも、モダン人好みと云へます。たゞかうした店として女給さんが余り派手過ぎるために、一寸チップが気になりますが、階下ならそんな心配は全然ありません。》[2]

手許に銀座千疋屋を撮影した古い写真が数枚ある。撮影時期は不明だが、分離派風というのかマッキントッシュを連想させる内外装は《新時代の尖端的存在》と形容されるにふさわしいものである。

ただし『東京名物食べある記』（一九二九）は少々辛口。

《店頭に並んだメロン、葡萄の美しさ、香り高い西洋花の鉢、切花に足を引かれて、先づ新橋口からの銀座の取つゝき千疋屋の本店へ入る、夜とは違つて見た目も暑い、階下奥の席を敬遠、二階へ上る。

階上は一杯に明け放して風通しが宜い、感じも明るい、だがペンキ塗の柱や、壁の色、安つぽいカーテン總てを通じて安つぽい、階段の欄の上に置かれた鳥籠の与える印象は宜い。女給さんは年頃の、白粉もこつてり塗つて、カフエーの女給張である。》[3]

そして、オレンジエード四〇銭は水っぽい、メロン一切五〇銭は高い、フルーツパン

千疋屋正面［撮影者不明、生写真］

千疋屋果物売場［撮影者不明、生写真］

千疋屋一階喫茶室［撮影者不明、生写真］

千疋屋二階のボーイと女給［撮影者不明、生写真］

チ三〇銭はかなりアルコール分がある、などと批評し、最後にハバカリ（便所）についてこう書いている。

《さつぱりしてゐるが入口の反対側に女給席があつて、ズラリと並んでゐるのが感心せぬ、女給さんだつてハバカリの前に座つてゐるのは厭でせう。[3]》

この記事からも鉢植えや切花を売っていたことが分かるのだが、茅野蕭々が次のように書いているので、珍しい草花を買うことができたのは間違いないだろう。

《久しぶりに銀座の千疋屋へ立ちよつた。そしてヤクシマ・コナスビといふ余り風情のない名のついてゐる、苔とも花ともいひ難いやうな高山植物を一鉢買つてきて、卓の上においてみた。私が千疋屋へ立ち寄つたのは、歯をいぢられたためにいら立つた神経を、美しい花や新鮮な果物を見て、落ちつかせたいためばかりでもなかつた。実は白根葵が

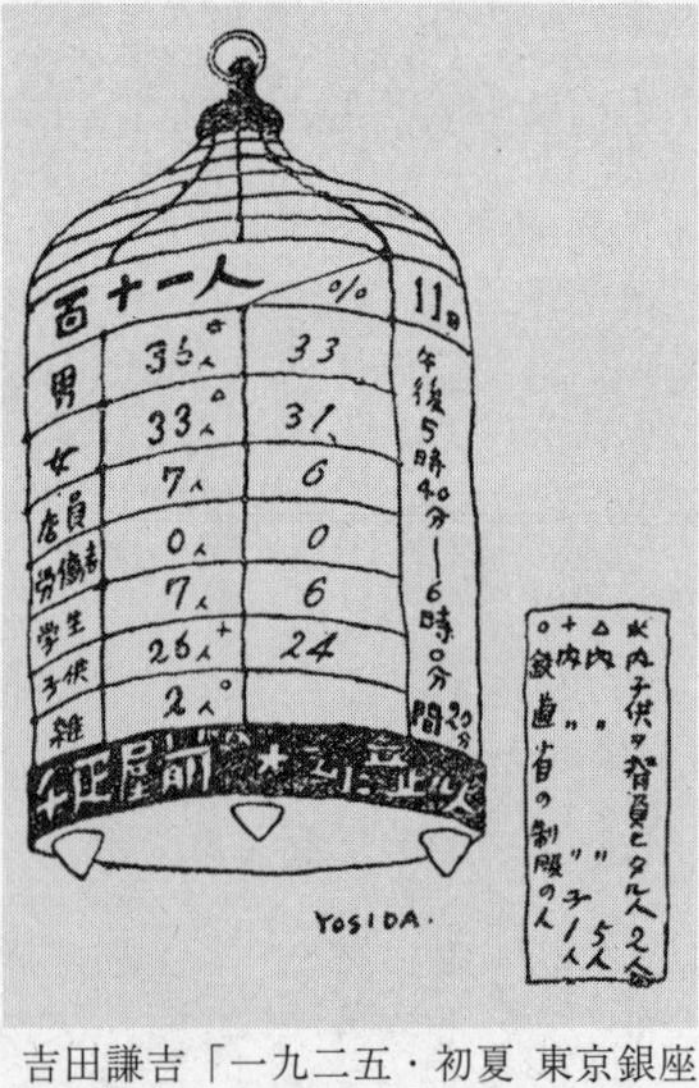

吉田謙吉「一九二五・初夏 東京銀座街風俗記録・断片」より

ほしかつたためである。》[4]

そして何より、昭和三年（一九二八）には二七歳の勅使河原蒼風が第一回の草月流展を千疋屋の二階で開催している。より新しく自由な「いけばな」を標榜した蒼風にふさわしい会場であったといえよう。この展覧会はＪＯＡＫ（東京放送局）のプロデューサーの目にとまり、ラジオを通じて蒼風は生花指導を行うことになる。それが反響を呼び、若い女性の間でもっとも人気のある流派として台頭した。[5]

吉田謙吉の「一九二五・初夏　東京銀座街風俗記録・断片」[6]によれば、当時、千疋屋前の街路樹にはオウムの入った篭が吊り下げられていた。熱帯風のイメージを強調し、客寄せの効果を狙ったものだろうか？　実際、その吉田の調査によると、同年六月一一日午後五時四〇分から六時までの二〇分間にオウムの前で立ち止まった人は一一一人にのぼった。ただ、岡本一平の取材記事には少し違うことが書かれている。

《こゝの表の店つきは米国シアトル市郊外住宅地あたりで見受ける雑貨店の店つきによく似てる。明快な感じを与へる。

千疋屋主人斎藤義政　『一平全集』先進社（1930）より

通りの街路樹に鸚鵡が片足に円い環を嵌められて、日向ぼつこさせられてる。片足膨れてるその療治の為めだ。アンヨがキー〱が悪い鸚鵡さんの病院は銀座通りの街路樹。療法は日光療治。（中略）猿といふものはいくらするものかと値段札をみると雑種が三十円、日本猿百三十円。》[7]

草花だけでなく、鸚鵡や猿まで売っていた？ 千疋屋はペットショップでもあったということだろうか。岡本は《水蜜桃のような顔色》をした主人の斎藤義政にインタビューしている。

《僕訊く『果物屋さんは果物は見飽きてるから食べ度い気は起らないでしよう』主人の答『いやどうして〱、大好きです。私許りでなく、店のものでも毎日欠かさず、四五十銭づゝは食べます』（中略）

僕がアメリカで喰べたグレープフルーツを褒め、日本で買つたそれを貶したので、主人憤慨し、店にあるグレープの選手を選抜し、二つに切つて喰べさせてみせる。僕悪口を取消す。》[7]

竹久夢二は昭和四年（一九二九）から翌年にかけて、千疋屋が発行していた広報誌『フルーツ』の表紙や、広告、マッチなどのデザインを手掛けている。夢二と千疋屋の直接的な関係を説明する資料は確認されていないようだが、客として夢二が千疋屋に姿を見せていたことはたしからしい。すでに夢二の時代は過ぎ去ってはいたが、それらのデザインはいずれも、夢二の才能を示して余りあるみずみずしさをたたえている。[8]
長く谷崎潤一郎の秘書を勤めた伊吹和子は、昭和二九年（一九五四）、熱海に暮らす谷崎のために、初めて東京の各地を奔走した。重子夫人と銀座のケテルで落ち合い、パンやソーセージ、空也で水羊羹と最中、その他の店でケーキや果物などを買い込んで戻ると、谷崎は仕事の話などそっちのけで尋ねた。
《「そんなことより、千疋屋だの、コロンバンだの、よく覚えてくれましたか」と訊き、水ようかんを音を立ててすすり上げて、ごくん、と呑み込むと、「それで、ケテルでは、何を食べましたって？」》[9]
何ともはや「美食倶楽部」の作者ならではの食いしん坊ぶりである。
戦後、銀座八丁目の千疋屋はビルディングに建て替えられ、フルーツパーラーは、吹き抜けの高い壁面にしつらえられた植物や夥しい鉢植えによって、銀座のオアシスとして人々に親しまれた。松山猛はこう書いている。
《この銀座のジャングルは、常に人々の眼に、新鮮な葉の輝きを見せてくれた。あまりに暑苦しい夏の日にも、ここにさえ来れば、気分は良くなった。もちろん、外が木枯しの日であっても、パラダイスの気分を味わえるのである。》[10]
そして、本物はいつまでも古びないということをこの店は教えてくれる、と結んでいる。残念ながら、この本店は一九九九年に閉じられてしまった。

［1］初田亨『カフェーと喫茶店』ＩＮＡＸ、一九九三年。春山行夫によれば《昭和の初めにＳさんを交えた数人が銀座の千疋屋に入つて各々好みのものを註文した時、Ｓさんは、／「クリームの入らないアイスクリームを下さい」／と言って、給仕娘をアッと驚かせた。クリームの入らないアイスクリームはシャーベットである》（『食卓の文化史』中央公論社、一九五五年）。シャーベットも千疋屋では大正二年頃から出していたという。

［2］白木正光『大東京うまいもの食べある記』丸ノ内出版社、一九三三年。

［3］『東京名物食べある記』時事新報社家庭部編、正和堂書房、一九三〇年版。

［4］茅野蕭々「白根葵」『朝の果実』岩波書店、一九三八年。ヤクシマコナスビはサクラソウ科オカトラノオ属の多年草でヒメコナスビとも。シラネアオイはキンポウゲ科シラネアオイ属の多年草。日光白根山に多く、花がタチアオイに似ることからその名がある。

［5］『週刊ＹＥＡＲ ＢＯＯＫ 日録20世紀１９２８』講談社、一九九九年七月七日号。

［6］「一九二五・初夏 東京銀座街風俗記録・断片」『吉田謙吉ｃｏｌｌｅｃｔｉｏｎ １ 考現学の誕生』筑摩書房、一九八六年。原典は今和次郎＋吉田謙吉『モデルノロジオ』春陽堂、一九三〇年。

［7］『一平全集』第一三巻、先進社、一九三〇年。

［8］谷口朋子「竹久夢二と広告デザイン、あるいは商業広告の仕事について」『美術館だより』弥生美術館・竹久夢二美術館、二〇〇二年一二月号。

［9］伊吹和子『われよりほかに』講談社、一九九四年。

［10］松山猛『僕的東京案内』日本交通公社出版事業部、一九八三年。

中村屋

新宿中村屋の前身は明治三四年（一九〇一）一二月三〇日、本郷の帝大前に開店したパン屋である。早稲田で学んだ後、郷里の信濃国安曇郡（長野県安曇野市）で養蚕を研究したり、キリスト教による教育に情熱を持っていた相馬愛蔵とその妻良（黒光）が上京して始めた店だった。当初、西洋にあるコーヒー店のようなものを計画していたところ、すでに青木堂が営業している上に、目と鼻の先、本郷五丁目にミルクホール淀見軒ができてしまい、彼らは業種を変えざるを得なくなった。当時の本郷辺りはまだ寂しい所で、東大前といえども何軒もの喫茶店は成り立たないと考えられた。そこで方針を変え、すでにあった中村屋というパン屋を従業員ともまるごと買い取って開業したのである。明治三七年（一九〇四）、シュークリームにヒントを得たクリームパン、クリームワッフルを売り出してから業績は順調に伸び、新宿に支店を出すのが明治四〇年（一九〇七）。二年後には現在地（当時、新宿駅青梅街道口前）に移転した。[1]

紀伊國屋書店の田辺茂一は《大正時代の中村屋は、間口四間半ぐらいの低い木造二階建てであって、その間口も、向かって左の一間半は、人力屋であった。》[2]と書いているが、その頃の紀伊國屋はまだ書店を業としておらず、後の高野フルーツパーラー（昭和元年開設）も家族経営の小さな果物屋だった。

中村屋がただのパン屋でなかったことは、その店内に展示されている美術品によって証明されている。相馬夫妻は明治末から昭和にかけて重要な文化的パトロンであり続け、中村屋はサロンと呼び得る数少ない場所であった。夫妻はまず夫と同郷の彫刻家荻原守衛や、その友人で画家の柳敬助のために中村屋の敷地内にアトリエを建てた。そこへ斎藤与里、戸張孤雁、中原悌二郎らが集まる。明治四二年（一九〇九）に守衛が夭逝すると、そのアトリエを記念館とし、柳の去った後のアトリエへは中村彝《つね》が入って制作を始める。今も中村屋が所蔵する中村彝の傑作「エロシェンコの像」は大正九年（一九二〇）の第二回帝展に出品された油絵だが、店先に飾られてシンボル的存在となっていた。彝は黒光の娘俊子に結婚を申し込んで断られ、中村屋と絶縁した後、大正一三年（一九二四）に肺結核で亡くなった。三七歳だった。

ユニークな食客は芸術家ばかりではなかった。大正四年（一九一五）、インド独立運動の闘士ラス・ビハリ・ボースらを頭山満から預かって匿った。次いで翌年、盲目のロシア詩人エロシェンコを寄寓させた。フェリス和英女学校、明治女学校で学んだ黒光はロシア語に堪能であったという。大正八年（一九一九）には朝鮮の三・一独立運動（万歳事件）に関わった林圭、朴順天を預かった。エロシェンコも再び客となり、滞在中に国外強制退去のため連行された。このとき夫妻は土足で乱入してきた警察を訴えている。またロシアの反革命軍人で日本に逃れていたセミョーノフとも親しく交わった。かと思うと、大正一二年（一九二三）には平河町の自宅土蔵を芝居小屋に改め、先駆座の前衛演劇を上演した。何というか、相馬夫妻は単なるサロンの主というのではなく、一種の俠客のような度量を示したようである。

関東大震災後、新宿は大きく発展したが、まだ、駅の二階か三越の食堂くらいしか食事をする場所がなかった。そこで中村屋に食事を出すように勧めたのは戸川秋骨だった。《そんな事からかねて私は相馬君に食事の店をす、めて居たのであつた。併し相馬君は今の店が手一抔なので、とても料理の方面には向へないと云つて、承知しなかつた。然るにこの程になつて君は喫茶店を新設された。而して一寸簡単に食事の出来るやうにした。》[3]

昭和二年（一九二七）、中村屋は喫茶部（レストラン）を開設し、隣の人力屋を買い取って間口を拡げた。紫檀のテーブル、椅子が重厚に光り、格調があった。その頃、新宿には駅前の東京パン、追分の明治製菓、二丁目の白十字くらしか喫茶店はなかったので、たちまち名物となった。同年、書店と画廊を創業した田辺茂一は、昭和三年（一九二八）に「東郷青児・阿部金剛二人展」を開催したが、その折り、田辺は中村屋を舞台に阿部金剛と三宅艶子を結ぶキューピッド役をつとめたという。

《会期中、文化学院在学中の三宅艶子さんが友達と、二度ばかりやってきた。

金剛が艶子さんを好きらしい気配だ。
私は機転で、三宅さんとその友達を、金剛と一緒に、近所の中村屋の喫茶部に誘った。珈琲に砂糖を入れるとき、私は友達の方だけに入れて、艶子さんの方は、しなかった。阿部に言った。
「きみが艶子さんの方を……」
そんなことが、きっかけで、二人の恋はみのった。》[4]
すでに引いたように、この後、二人は銀座のモナミで一緒に食事をすることになる。
また、田辺によれば、成城高校の学生だった大岡昇平、古谷綱武、富永太郎が中村屋喫茶部の常連で、いつも声高に「横光利一がね……」などと文学論をぶっていたという。[2]
中村屋は喫茶部開設と同時にボースから伝授されたカリーライスを売り出して評判となる。ボースのカリーがどんなものだったのかは、子母沢寛によって記録されている。
《ごくあっさりしていて、骨のついた鶏がずいぶん沢山入っていた。汁はさらさらしていて、御飯の上へこれをかけると、ジャガ薯のとけたものだけが僅かにそこへ残って、肉だの何かは銘々に独立していたし、香料も充分に利いている。》[5]
吉田秀和によれば、ライスのお代わりは自由だった。[6] 店員にはルバシカを着用させ、カリーの他、ボルシチ、ピロシキ、月餅、支那饅頭（中華まん）などをメニューに加え、ロシアパン、ラスク、かりんとう、カリーパンなど独自の商品を次々発売していた。吉田健一はそれを《一種の何でも屋》と呼んでいる。《Aコオスとか何とかいふのを頼むと、先づザクウスカが出て、その次にボルシチ、その次にパステエチェン、その次にカレエライス、最後に広東風の焼飯を持つて来るといふ風な仕組みになつてゐた。食後に、月餅も出たかもしれない。》[7]

吉行淳之介は、新宿には都会風俗の最尖端がある、昭和初年頃には中村屋のカレーライスや高野フルーツパーラーやムーラン・ルージュ新宿座が尖端だった、そして中村屋のカレーは《ふつうの店の十倍くらいの値段》だったと書いている。[8] 田辺茂一によれば、それは一円二〇銭であるが、[2] 中村屋の『営業御案内』（一九三四）には左のようにある。

純印度式カリー料理　肥育シヤモ或は鴨　一・〇〇銭
普通シヤモ　八〇銭

吉田健一が食べた定食は一円三〇銭で最も高価だった。

昭和四年（一九二九）六月、方々で出版を断られ続けた林芙美子の詩集『蒼馬を見たり』が松下文子の援助で南宋書院より刊行され、七月には中村屋で出版記念会が開かれた。芙美子の文運はようやくこの頃より上昇し始め、ちょうど一年後『放浪記』（改造社）がベストセラーとなる。彼女もまた時代の尖端だった。

昭和六年（一九三一）一月一〇日の寺田寅彦の日記に微笑ましい記述がある。

《航研行き。来月九日談話会講演準備。帰りに例のとおり中村屋で東洋城に会うつもり

で待てどもきたらず。帰宅、あとで電話をかけきたり、来訪。同時刻中村屋にいたりし由。》[9]

押し寄せる客でごった返し、スリが出没するほどの繁盛ぶりだったというから、すれ違いが起きても不思議ではなかったか。

昭和一四年(一九三九)には株式を公開し、岩波書店の岩波茂雄や王子製紙の足立正が経営に参画した。かつて岩波は、書店を始めるにあたって、同郷の先輩である相馬夫妻に相談したこともあった。そのように好調の時代が続いた中村屋だったが、戦火によって店舗、自宅ともに灰燼に帰した。敗戦後しばらく、尾津組マーケットに占められていた地所を回復して再出発するのが昭和二二年(一九四七)。それは奇しくもインド独立の年であった。

[1] 宇佐美承『新宿中村屋相馬黒光』集英社、一九九七年。および新宿中村屋ホームページ「中村屋の歴史」。
[2] 田辺茂一『わが町・新宿』旺文社文庫、一九八一年。
[3] 戸川秋骨「冷熱の喫茶店」『現代ユウモア全集3 戸川秋骨集』現代ユウモア全集刊行会、一九二九年。
[4] 田辺茂一『六十九の非』新潮社、一九八二年。

[5] 子母澤寛『味覚極楽』中公文庫、一九八三年。
[6] 吉田秀和『私の時間』中公文庫、一九八五年。
[7] 吉田健一「饗宴」『美食文学大全』新潮社、一九七九年。
[8] 吉行淳之介『私の東京物語』文春文庫、一九九五年。
[9] 『寺田寅彦全集』第一四巻、岩波書店、一九六一年。

南天堂

南天堂書房は松岡虎王麿という青年が大正九年（一九二〇）頃に始めた書店である。所在地は現在の都営三田線白山駅北口から東へ少し行ったところ、当時、本郷区東片町一〇五だった。現在も同名の書店が、文京区本駒込一丁目で営業しているが、松岡とのつながりはない。盛時の南天堂書房は三省堂や紀伊國屋書店と肩を並べるほどで、出版にも手を染め、階上には喫茶部を開設していた。喫茶部といっても、外国航路の汽船から引き抜いたコックがフランス料理らしきものを提供するレストランであった。白エプロンの女給が三人おり、カレーは二十五銭だった。[1]

父松岡寅男麿の時代から無政府主義者の渡辺政太郎に間貸し

南天堂書房のレッテル（書物に貼付する書店票）

するなど、松岡父子はかなりリベラルな思想の持ち主だったと思われる。大杉栄や伊藤野枝らも来店しているし、とくに大正末から昭和初めにかけて、その階上喫茶部がダダイストやアナーキストたちによって占領され、夜毎の狂躁が繰り広げられていた。その一人、小野十三郎は往時をこう回想している。

《雨の日も風の日も、夕方になると、ここに本郷界隈で下宿していた若い詩人や社会主義者たちが集まってきて、酒を飲みながら議論をしたり、歌をうたったりして気勢をあげていた。わけても常連は、岡本潤を筆頭に、壺井繁治、萩原恭次郎といった「赤と黒」の連中である。》[2]

小野の印象に残るのは岡本潤がやけっぱちで歌う「ジンジロゲ」の唄、辻潤が奏でる尺八、そして酔ったあげくの大乱闘で、小野自身、二階の窓から外へ抛り出されたこともあったという。岡本は雑誌『抒情詩』の合評会にやってきた金子光晴に敵愾心を燃やして火花のようにパンパンとぶつかって行った。[3] 川崎長太郎は当時の無法ぶりを次のように描いている。

《南天堂の二階では、若い長髪族が掴み合い、灰皿をぶつけ合うの騒ぎがよくあった。ある晩、そんな喧嘩場に、私も出くわし、店の中を滅茶滅茶にした挙句、萩原、壺井、岡木に「赤と黒」のファンの詩人やアナアキスト総勢十四五人、肩を組んで表へ雪崩れ、電車通りを行くうち、一人がメリメリと街路樹をへシ折り出した。みて、外の一行は、

われもわれもとばかり、並び立つ木の樹や枝を折り、喚声あげながら、本郷三丁目の方へ急いで行く。》[4]

金星堂より刊行された稲垣足穂『一千一秒物語』の出版記念会が、室生犀星ら数名の発起によって大正一二年（一九二三）二月一一日午後二時から南天堂二階で開かれた。序文を寄せた佐藤春夫も顔を出したのだが、そもそも著者である足穂本人が現われないという椿事もあった。[5]

その他、南天堂の常連には、五十里幸太郎、高橋新吉、宮嶋資夫、片岡鉄兵、牧野四子吉、小島キヨ、林芙美子、友谷静栄らがおり、小島は辻潤と、友谷は岡本、小野と、林は田辺若男や五十里と一緒に暮らした時期がある。大正一四年（一九二五）、林と友谷は『二人』という雑誌を作った。

《夕方、静栄さんと印刷屋へパンフレットを取りに行った。たった八頁だけれど、まるで果物のように新鮮で好ましかった。帰りに南天堂によって、皆に一部ずつ送る。働いてこのパンフレットを長くつづかせたいものだと思う。冷たいコーヒーを飲んでいる肩を叩いて、辻さんが鉢巻をゆるめながら、讃辞をあびせてくれた。「とてもいいものを出しましたね、お続けなさいよ。」飄々たる辻潤の酔体に微笑を送り、私も静栄さんも幸福な気持ちで外へ出た。》[6]

『二人』は南天堂仲間の神戸雄一の援助を受けて四号まで出すことができた。林は南天堂を《仏蘭西風なレストラン [7]》としている。ところで、小野は当時の林をあまり好意的には見ていない。

《彼女が南天堂の二階で、荒くれ詩人どもや「労働運動」社の猛者達の間にまじって酒を煽ったり、読売新聞社の講堂で、桃割姿で演壇に立って自作の詩を朗読したり、同じように貧乏ぐらしをしている詩人仲間の家を渡り歩きながら詩や童話を書いていたころの彼女についてはいささかおぼえていることもある。（中略）会えば、互に気心が通じるような口の利き方をし、一しょによく酒も飲みながら、要するに、彼女にとってわたしは、なんの生活上の苦労もない子どもみたいな男だったという点で、反対側の人間であった。》[2]

そういう自覚を持ちながら、林という女は貧乏を売り物にしてやがるということになり、内心大いにふくむところがあったのだという。金貸しを父に持ち、仕送りで気ままに暮らす小野と、とにかくも体を張って生きている林が容易に理解し合えるはずはないにしても、本当のところはもっと微妙な問題なのだろう。いずれにせよ、時代はダダイズムからプロレタリア文学へ、破壊から再構築へと動揺しながら進んでいる。その渦中で南天堂も揺れていた。

高見順は『故旧忘れ得べき』の第五節に次のように書いている。

《夜とも成れば共々彼等のたまりのたとへば今はないが白山上の南天堂の二階などに行

き、酒を飲むのであるが、彼等は揃ひも揃つて底抜けみたいな酒豪であり、ツケは常にに一番年若の友成が持つのをしきたりとした。年柄年中、嚢中ヒヤクもねえやと言ふ彼等に、彼はダダイストらしい不敵な気魄だと感激しベンベンとして親の脛を噛りその金で奢つてゐる自身を却つて卑下したりした。》[8]

文中に《今はない》とある。この作品の第八節前半までは昭和一〇年（一九三五）中に刊行された同人雑誌『日暦』に連載されているので、遅くとも昭和一〇年までには閉店していたことが分かる。そして昭和七年（一九三二）一月一〇日付の次のような記事を見つけた。

《アナキズムの全盛期、此所に嘗ての巨頭連が屢々会合したことは、喫茶店史を濃彩する、一頁の挿画である。

「毎日の様に喧嘩があつて、あの頃は怖かつた！」淡青の瞳のNが、ニヒリストの唇に当時を追想する。大正末期の追想だ。

今見る南天は閑静な喫茶部であり、黒色の旗族は既に見るべくもない――》[9]

昭和七年（一九三二）初頭にはまだ営業していたようである。寺島珠雄は、同年一一月、虎王麿は友人の興した印刷会社へ入社したとしているので、閉店はそれ以前、同年中と考えた方が自然であろう。[10]

南天堂から二キロメートルほど西方、護国寺前に喫茶店鈴蘭があった。鶴巻与多天

「カフェー巡礼」にこう書かれている。

《先づ護国寺前のカフェー・鈴蘭が振出しです。この店は異端派マボウの人々で賑やかです。いま、築地小劇場で、奇抜な舞台装置で鼻を高くしてみえる、村山知義御大を初め、所謂、長髪族の画家の方々の気焔で、割りに低い天井が、時々、ビリ〳〵と慄へます。文壇のプロ派の大将小川未明さん、歌人の窪田空穂さんも定連です。でも感じの悪い店ではありません。》[11]

この言葉通り、大正一二年（一九二三）六月一一日から二九日まで、喫茶店鈴蘭では「村山知義の意識的構成主義的第3回展覧会」が開催されていた。六月二〇日深夜、村山、大浦周蔵、柳瀬正夢、尾形亀之助、門脇晋郎が「MAVO」を結成した。その目録に載せられた住所は《東京小石川東青柳町六・音羽護国寺前》である。[12] 二科に出品していた画家恒川義雅の母親が経営していたともいう。[13] 恒川は、日夏耿之介を巻頭に戴く斎藤武士らの同人雑誌『詩囚』に扉絵やカットを提供している。

［1］寺島珠雄『南天堂 松岡虎王麿の大正・昭和』皓星社、一九九九年。および、森まゆみ「白山南天堂ノート22」『ちくま』筑摩書房、一九九六年四月号。当時の広告では《南天堂書房本店／階上フランス料理部》となっている。また《白山南天堂書房階上／音楽と珈琲／レバノン茶苑》というマッチもあった。

[2] 小野十三郎『奇妙な本棚』第一書店、一九六四年。『赤と黒』は大正一二年（一九二三）一月に岡本、萩原、壺井そして川崎長太郎が有島武郎の援助で創刊した詩誌。関東大震災前に四輯、震災の翌年に号外を出して終った。その号外に小野は新同人として参加していた。

[3] 岡本潤『罰当りは生きている ひんまがった自叙伝（1）』未来社、一九六五年。

[4] 川崎長太郎「私小説家」『やもめ貴族』宝文館、一九五七年版。

[5] 高橋孝次「稲垣足穂の〈文壇〉時代〈登記〉と〈オリジナリティ〉」『千葉大学人文社会科学研究』三二号、千葉大学大学院人文社会科学研究科、二〇一六年。

[6] 林芙美子『放浪記』新潮文庫、一九七四年版。

[7] 林芙美子『文学的自叙伝』角川文庫、一九五八年版。

[8] 高見順『故旧忘れ得べき』人民社、一九三六年。

[9] 「喫茶店往来」『前線』三二号、日本前線社、一九三二年三月。

[10]『月の輪書林古書目録9』（一九九六年）に掲載された松岡虎王麿の奥川夢郎宛葉書（一九三七年九月一二日付）に《南天堂敗退以来表記の所へ務めてゐます》とあって、表記の所というのは昭和七年（一九三二）一一月に須藤紋一が創業した印刷会社三鐘印刷であることから、昭和七年前半頃に閉店したのではないかと推測できる。それ以前にも南天堂出版部として関係のあった京華社という印刷所でアルバイトをしており、そのとき須藤と知り合ったようである。架蔵の渋川玄耳『支那閨房秘史』の昭和一二年（一九三七）八月一日発行の八版では、印刷は京華社印刷所、発行は綺文社、そして発行者が松岡虎王麿となっている。

[11]『クロスワード倶楽部』創刊号、東京十字語出版社、一九二六年一月。

［12］『すべての僕が沸騰する　村山知義の宇宙展』図録、読売新聞社、二〇一二年、目録図版掲載。井出孫六『ねじ釘の如く』岩波書店、一九九六年。
［13］いのは画廊アーカイブ「昭和の洋画」による。恒川義雅（一九〇五～一九二九）。

女たちの東中野

関東大震災後の中央線開発は、まず新宿から始まり、その延長として東中野には、いち早く喫茶店が次々と誕生した。東口にミモザ、ユーカリ（ゆうかり）、中央に暫、線路の右手裏には夜があった。ユーカリには秋田雨雀や北原白秋、大木惇夫、ピストン堀口らが通い、小滝橋のグローリーは雑誌『戦旗』の上野壮夫たちの溜まり場となっていた。やがて、ざくろ、ルネ、ノンシャランなども出現。井伏鱒二、久野豊彦、辻潤、中村地平らが徘徊する。開発されたといっても、戦後と比較すれば、まだまだ静かな落ち着きを持った蒼白きインテリゲンチャの町であった。［1］

高見順『故旧忘れ得べき』には東大の新人会の会合で検挙された男が東中野の喫茶店へ身を寄せるくだりがある。

《「黒馬」こと沢村稔のコツク振りは、なかなか堂に入つたもので、「黒馬」の提唱によつて喫茶店のメニユに、カレーライス、ハムライス、チキンライス等が新たに書き加へられ、その調理を彼はまことに巧みにやつてのけた。》［2］

「黒馬」は健康を回復すると喫茶店を出て運動に戻る。再び捕えられて転向。結局は出所後に自殺してしまう。

ルネには小林秀雄と別れた長谷川泰子がよく来ており、「たかりや姫」と仇名されていたが、中原中也をとりこにした美貌の彼女には誰もが喜んで酒をおごった。[1] 昭和五年（一九三〇）、泰子は東中野の一杯呑屋で知り合った山川幸世との間に茂樹を生んでいる。山川は築地小劇場で演出をしていた。まだ泰子に未練のあった中原中也がその名付け親となった。昭和六年（一九三一）頃、埴谷雄高は成城の学生だった古谷綱武の実家や、東中野駅近くの長谷川泰子宅を非合法活動の会合場所などとしてしばしば使用したという。

《長谷川泰子は、その後、グレタ・ガルポ《ママ》に似た女という、いまのコンテストのはしりのような企画に当選したくらいだから大柄で目立つ顔付きをしており、中央線では有名な女性であったが、東中野のここかしこの喫茶店で顔を合わせているうちに、どういうきつかけからか話をするようになり、彼女は私が左翼だと知つていて青木恵一郎の消息など聞いたりした。》[3]

埴谷は泰子の家で謄写版を半日以上刷ったり、ときには泊まり込んだりもした。埴谷によれば、東口のユーカリは酒場であり、そこのアイドル「ヨッちゃん」こと相良よし子はダンスホール・フロリダのダンサーを経てジャズ歌手のパイオニア水島早苗となる。[3]

井上誠は彼女を「ヨッペ」と呼び《東京不良少女の名流》だと述べている。その井上自身、高田馬場から小滝橋へ向かう中程に純喫茶コーヒーの店ノイエを経営していた。流行のジャズも鳴っておらず、女の子もいない小ぢんまりした店で、ベレー帽を被った井上がぶっきらぼうにコーヒーを運んでいた。[4]

堀辰雄はこんなことを葛巻義敏に知らせている。

《百田さんの今度引越した家は東中野駅から南へ約二分。酒場ユーカリと沢歯科医院の筋向ひの黒い練塀の中の、凝った萩の小門のある家なる由、今朝の雑誌で見た。》[5]

百田は百田宗治。詩人で雑誌『椎の木』などを主宰していた。

植草甚一も東中野をよく知っていた。その頃の植草は喫茶店に長居してはファッション雑誌の翻訳などをやっていたそうだ。

《東中野で有名だったのは、駅のそばの「ユウカリ」というバーで、ここに変てこな連中があつまったし、ここから不良少女の第一号と第二号が出ている。ぼくは二人とも知っているが、当時の不良少女とはモダンガール（モガといった）のことなのだ。鍋屋横丁のほうから東中野駅に近づくと「ユウカリ」の店が街燈が赤く見えて、それに黒いサソリがへばり付いている絵がかいてあった。》[6]

ユーカリに関して気になるのは田辺茂一の回想である。

《歌舞伎町のそのころは、まだヒッソリしたもので、ほとんど、府立第五高女の周囲は、住宅同様であった。

記憶にあるのでは尾張屋銀行裏に愛称「ユーカリのよっちゃん」こと、現在の水島早苗さんが、近代風の酒場「ユーカリ」を経営していたことである。

昭和八年十月、私が雑誌「行動」を創刊し始めた頃、その頃一番人気だった横光利一氏が社に寄られたので、氏を案内して、この「ユーカリ」に誘ったことがある。

酒を飲まない横光さんが、一緒にきてくれたことを、随分私は光栄に思ったりした。》[7]

府立第五高女（現東京都立富士高等学校）は、尾張屋銀行の峯島家の資金提供によって、大正九年（一九二〇）に豊多摩郡淀橋町字角筈（現新宿区歌舞伎町）に校舎を落成させ、昭和一一年（一九三六）に中野区富士見町へ移っている。歌舞伎町のユーカリは東中野のユーカリとどういう関係があるのか、あるいは田辺の思い違いか。

萩原朔太郎は昭和四年（一九二九）に妻稲子と離婚した。そのとき稲子は手切金として千円をもらい受け、西武新宿線中井駅の近くでワゴンという喫茶店を開いた。東中野駅と中井駅は一キロメートルと離れていない。中井駅の東中野側が上落合になり、尾崎一雄、檀一雄らが住み着いていたことで知られるなめくじ横丁は現在の上落合三丁目にあたる。尾崎家には木山捷平、外村繁、浅見淵、丹羽文雄らが、同じ家の二階に住む檀のところへは太宰治、森敦、立原道造、古谷綱武、綱正らが頻繁に集まった。上野壮夫夫妻も一時その向かいに暮らしており、二人してワゴンへコーヒーを飲みに行くのを日課としていた。[8] 数人入れば一杯になる小さな喫茶店兼バーで、間口の割に奥行のないバラック建ての埃っぽい店だったが、文学青年らが通い詰め、馬込から衣巻省三、平木二六なども顔を見せた。檀一雄もワゴンに入り浸っては一〇銭の電気ブランを飲み干し、汚れた看板を手ずから油絵具で塗り替えたりもした。しかし数年で閉店、稲子は再婚する。[9]

東中野には岸田麗子の店もあった。

《昭和九年から十年の春にかけて、私は東中野に住んでいた。私の家は東中野駅の東口へ降りて左の方、つまり練馬街道へ行く方向にあった。その道の途中の左側に麗子とその母親の経営している喫茶店があった。私はたまたま東京で酒を飲んだ帰りに、その店へふらりと立寄ったことが二三回ある。その頃の東中野は今と違って、郊外のさびしい街だった。麗子の店が何という名であったか覚えていないが、小さな構えであった。余り照明は明るくなかったように記憶している。

その店にはいつも、深刻ぶった若者たちが集まっており、古典音楽が流れていた。カウンターには麗子が立っていた。若者たちの憧れであったのであろう。[10]》

これは小林勇の証言である。小林は丁稚から勤めた岩波書店を昭和三年（一九二八）のストライキを機に退き、鉄塔書院を起した。七年（一九三二）、岩波茂雄の反対を押し切って岩波の次女百合子と結婚。九年（一九三四）から二人は東中野で暮らしていた。

長男が誕生した一〇年（一九三五）五月には小石川の岩波邸へ移っている。

岸田劉生が夭逝したのは昭和四年（一九二九）末だった。麗子たちが喫茶店を開くまでにどのような経緯があったのか不明だが、東中野という場所は、母蓁《しげる》の実家が西大久保だった関係からかもしれない。昭和九年（一九三四）一二月に創刊された雑誌『喫茶街』に麗子の店が紹介されている。名前はラウラ。

《すつかり有名になつて了つた。故岸田劉生氏の童女像で親しい麗子嬢の経営だ。それに中村進次郎《ママ》あたりが、二三の雑誌へ宣伝フイチヨウしてからと言うもの、珍らし好きが新宿辺から態々出かけてくるが、当の麗子さんはもう店がいやになつたらしく、お店には姿を見せないやうだ。》[11]

『喫茶街』を発行していたのは古城利昭という人物で、創刊号の発行所は古城の住所と同じ中野区上高田一ノ六三になっている。古城については詳らかにしないが、田村泰次郎の早稲田大学同期生だった永山三郎がこの雑誌を手伝っていた。

《小城《ママ》という男のはじめた「喫茶街」という雑誌を手つだって、それこそ、東京じゅうの喫茶店を調べ歩いた。どこには、なんという名の女の子がいて、どんなコーヒーを飲ませる、ということを、細大もらさず、調べあげ、経営方針まで研究して、たちまち、喫茶学（?）の権威になった。（中略）駅のホームなどでも売るようにしたので、予想以上に部数が出て、小城が別の原因からする金づまりで、それを投げだしてからも、他

『喫茶街』5巻3号、話の王国社森田書房（1938）

『喫茶街』創刊号、喫茶街社（1934）

銀座茶房マドロス広告 『喫茶街』四巻四号（1937）より

上野フロリダ広告 『喫茶街』4巻4号（1937）より

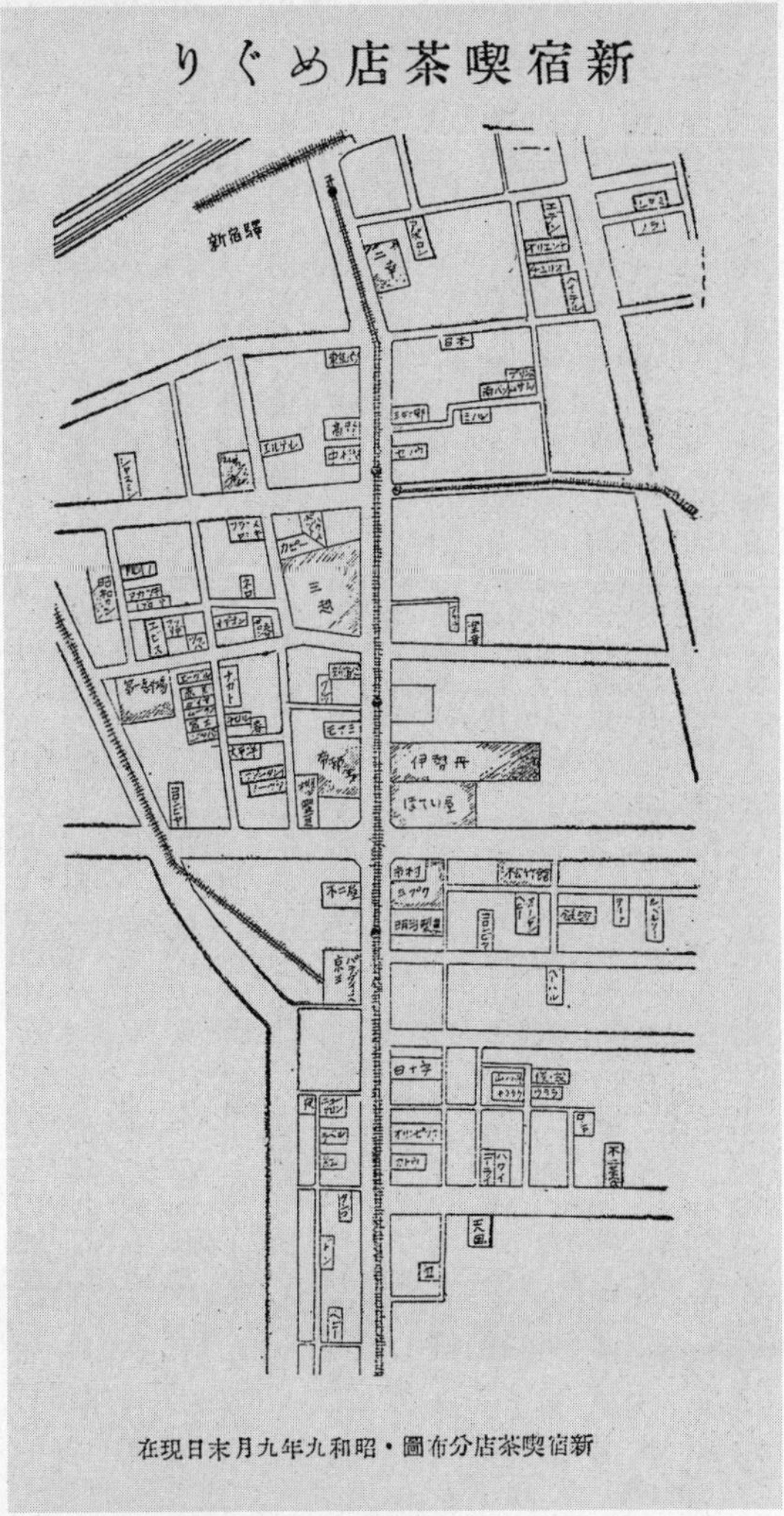

新宿喫茶店めぐり地図　『喫茶街』創刊号（1934）より

の出版社が買いとって、しばらく続刊していた。》[12]

文中、他の出版社とあるのは『話の王国』『オールユーモア』などの雑誌を発行していた話の王国社森田書房のことで、『喫茶街』昭和一二年一月号の奥付には社員として古城利昭の名前も並んでいる。永山の方はその後、銀座茶房、東京茶房などを次々に開き、科学的経営で喫茶界に旋風を起していた和田三郎の東京工房に招かれた。東京工房のスタッフには河野茂介、大久保武、原弘らもいた。なお野口冨士男は、永山三郎が八重洲口にあった八重洲園という大喫茶店のマネージャーになったと記憶している。[13]

昭和八年（一九三三）二月の特殊飲食店営業取締規制発令によって、いわゆる純喫茶（普通飲食店）と特殊喫茶（風俗営業）が形の上で二分され、また同年六月にはカフェー、バー、ダンスホールなどに対して歓興税が実施されたことにより、さしもの隆盛を誇ったカフェー群も翳りを見せ始める。以後カフェー流のサービスは特殊喫茶へと継承されるにしても、菊池寛らが派手に札ビラを切った時代は過ぎ去りつつあった。その反動として、純喫茶と特殊喫茶の境界が曖昧になってくる。前出『喫茶街』昭和一二年一月号の巻末に「突如現はれて三名殺傷／高円寺喫茶店の惨劇」と題した三面記事が載っている。昭和一一年（一九三六）一一月一〇日、高円寺七ノ九三六にあった喫茶店エンゼルに入って来た男が女給を刺殺し、居合わせた客と巡査に重傷を負わせたというものだが、記事中にその犯人が店で飲食した品が列挙されている。

《前記エンゼルに現れた和服姿の正八郎は酒六本フライビーンズ二包、菓子、水菓子等二人前計六円余を飲食した後、突然暴れて所持した刃渡八寸の短刀を挿ひ》女給を刺した。喫茶店と名乗っていても、これではカフェーとほとんど変わらない。六円という金額は今日の数万円に相当する。また、刺された女給八重子の経歴が当時の典型的な喫茶ガールのそれである。早くに父親を失くした七人兄妹の末子だった八重子は二〇歳のとき高円寺の某喫茶店へ女給として住み込み、法政大学生と知り合って結婚、夫の実家で子供を産んだが、大学を出た夫には就職口がなく、大阪へ行ったまま行方不明となった。実家にも居辛く、子供を残して上京、高円寺の純喫茶ターバンママへ住み込んだ。そこで映画会社社員と知り合って同棲、エンゼルへ移って四日目に惨劇の犠牲者となった。

規制が敷かれた昭和八年（一九三三）頃から喫茶店が高級化し始め、クラッシック喫茶、ジャズ喫茶、コーヒー専門店なども目立って増えて来る。田村泰次郎によれば、それ以前はこうだった。

《喫茶店といえば、ミルクホール式の殺風景なものか、そうでなかったら、そのすこし以前から中央線沿線の阿佐ケ谷とか、高円寺とか、東中野とかいった街の小路や、路地の奥などに、自分の家の娘を店へだしているような、こぢんまりとしたものであった。あるいは若い画家が、親からわけてもらった財産で道楽半分でやっていて、自分の細君

を店へ出しているというようなケースが多かった》[12]

それが俄然デラックスになり始め、内外装もゴシック風、スペイン風、ルイ王朝風、桃山風と趣向を凝らすようになる。例えば、新宿にトルキイという音楽喫茶店があったが、前述の『喫茶街』創刊号（一九三四）によれば、数年前、トルキイが蓄音機に一八〇〇円（今日の五百万円以上）の資本を投じたのは《現在こそ何でもない》が、当時としては大奮発だった、と紹介されているのなど象徴的であろう。実際、日本の実質経済成長率の変遷を見ても、盧溝橋事件の起った昭和一二年（一九三七）は二三・七パーセントと驚異的な伸びを示している。[14] 破滅は目前だった。

［1］井上誠「喫茶店の変遷」『机』九巻二号、紀伊國屋書店、一九五八年二月。昭和一〇年（一九三五）頃の中央線沿線の喫茶店には、新宿にハイテル、チエリオ、南蛮茶房、ジード、胡蝶園、行動、東中野に異人館屋敷、ル・モンド（ラ・モンド）、在中野に新井ベーカリー、朗加留、スミレ、中野にぶーけ、どりーむ、路傍、高円寺にレンボー、ミユーズ、中央茶房、サンキー、塩瀬、などがあった（富山三郎「中央線茶館点描」『江戸と東京』江戸と東京社、一九三五年一一月号）。田村泰次郎は、新宿武蔵野館の真向かいのフランス屋敷、紀伊國屋書店二階の行動、武蔵野茶廊、エデンなどを挙げている（『わが文壇青春記』新潮社、一九六三年）。

［2］高見順『故旧忘れ得べき』人民社、一九三六年。

［3］埴谷雄高「あの頃の東中野附近」『甕と蜉蝣』未来社、一九六四年。青木恵一郎は農民運動

家。ダンスホール・フロリダは料亭花月の主人平岡広高（権八郎の養父）の後妻河野静子が経営していた。静子は大正二年（一九一三）に鶴見に花月園を開設し様々な新規事業に手を着けたことで知られる。広高と離別後、溜池にフロリダ、蕨にシャンクレール、銀座にバー・コットンなどを経営（洲之内徹『さらば気まぐれ美術館』新潮社、一九八八年、出典は『内外タイムス』一九五八年六月六日号）。

［4］宮崎康平「コーヒー飲みの大放浪」『日本の名随筆別巻3　珈琲』作品社、一九九一年。

［5］『堀辰雄全集』第八巻、筑摩書房、一九七八年。一九三三年四月一五日付書簡。葛巻義敏は芥川龍之介の次姉の長男で、堀たちの雑誌『驢馬』にも参加していた。

［6］植草甚一「東京に喫茶店が二百軒しかなかったころ」『文藝春秋デラックス　紅茶ですか珈琲ですか』文藝春秋、一九七七年一一月号。

［7］田辺茂一『わが町・新宿』旺文社文庫、一九八一年。

［8］堀江朋子『風の詩人　父上野壮夫とその時代』朝日書林、一九九七年。

［9］近藤富枝『馬込文学地図』中公文庫、一九八四年。

［10］小林勇『冬青庵楽事』新潮社、一九七七年。

［11］『喫茶街』創刊号、喫茶街社、一九三四年一二月。同誌によれば、駅の南側にローカルと異人館が並び、陸橋の向こうにすみれ、北側にラウラ、古いところでゆうかり、ラ・モンドがあった。西武線中井駅前には幌馬車。中村進治郎は当時有名なプレイボーイでムーラン・ルージュの踊子高輪芳子と服毒心中を試みるも生き残り、結局は後に服毒自殺した（田村泰次郎、前掲書）。

［12］田村泰次郎、前掲書。和田三郎は銀座茶房、新橋茶房、東京茶房、テラス・エーホ、芝エー

ホ、鎧屋などのチェーン店を開いていた。
［13］野口冨士男『虚空に舞う花びら』花曜社、一九八五年。
［14］総務省統計局「日本長期統計総覧」による数字。一九三〇年までは粗国民支出推計値。一九四〇年にはマイナス六・〇パーセントに急落している。

リリオム

昭和六年（一九三一）、茶房リリオム（りりおむ）は市電団子坂停留所（現在の千代田線千駄木駅辺り）から谷中墓地へ向かって直ぐの左側（現谷中三丁目二の五）に開店した。老舗菊見せんべいの少し先になる。そこから右手へ折れ二〇〇メートルほど、現谷中二丁目一二の五に太平洋画研究所（一九〇一年設立）があった。岡倉天心、横山大観らが結成した日本美術院（一八九八年設立）も近く、東京美術学校（一八八九年開校）も遠くはない。

リリオムの経営者中林政吉は築地小劇場のファンであり左翼青年であった。店名も築地小劇場で上演されたハンガリーの作家モルナール・フェレンツ作「リリオム」に由来する。中林はノーネクタイでカラフルなセーターを愛用し、トミ夫人は断髪でスカート。店の外壁は水色に塗られ、二階まで蔦がからまっていた。モザイク模様の床板、白いカウンター、ソファー、そしてクラシック音楽。

昭和四年（一九二九）に松本竣介が盛岡から上京し、太平洋画研究所（後、太平洋美術学校）に入所する。一七歳。二年後、研究所の仲間たちと「太平洋近代洋画研究会」を結成し、同人雑誌『線』などを発行した。彼らのグルッペは毎日のようにリリオムに集まっていた。モディリアニの画集を持参して作家論に熱をあげ、腰にぶら下げた藁半紙へ熱心にスケッチするかと思うと、マルクス主義について激しい議論を応酬したりもした。[1]竣介たちの他には、長谷川利行、靉光、井上長三郎、鶴岡政男、吉井忠、麻生三郎、難波田龍起、高橋新吉、矢野文夫、我孫子真人らが姿を見せていた。竣介はリリオムで仲間たちと小品展を催し、初めての個展もここで開いている。中林はそのよき時代を次のように回想する。

《青年たちがその小さな茶房を愛したように、その主であった私も、若い情熱にまかせて、経営者の立場を離れて芸術を愛し、青年達を愛し、理解し、友人として仲間としておのずからそこにひとつの特殊な雰囲気をつくるようになった。そこでは真面目に画論が闘わされて時を忘れさすことも珍しくなかった。音楽が文学が演劇が、あらゆる話題が、青年の情熱が、珈琲の香りと、煙草の中に陽炎のようにたちのぼるのであった。》[2]

戦後、銀座で現代画廊を経営しながら「気まぐれ美術館」というエッセイを書き続けたことで知られる洲之内徹は、ここに挙げた画家たちの多くを積極的に評価した先駆者の一人である。彼は昭和五年（一九三〇）に東京美術学校の建築科に入学していた。《太平洋の連中は団子坂のリリオムという喫茶店にいつも集まっていたようで、その意味で今日、リリオムは伝説的になっている。私は近頃になって、リリオムの話が出るたびに、自分が学校の帰りに、山を谷中の方へ降りたことがなく、いつも山下（広小路）か鶯谷の方へ降りていたことを思い出し、あれが私の運命の岐れ目だったなと思う。美術学校の、とくに建築科の連中は、何かにつけてたいてい山下へ降りた。もし私が谷中へ降り、リリオムに行ってその人たちに会っていたら、あるいは私の人生の方向が変わっていたかもしれない。私は学校へ入って二年目にプロレタリア美術家同盟に加入し、やがてそのために退校になってからは、田舎へ帰ってそちらで運動を続けることになるが、もともと体質的にはリリオム・グループに近かったのだ、という気がする。》[3]

洲之内はこのように書いているけれども、当時カジノ・フォーリーに夢中になっていた青年が谷中へ足を向けるとは思えない。上野の美校の学生といえばエリートである。いわば私塾の太平洋美術学校の生徒たち、あるいは反アカデミズムの塊のような反骨画家たちの溜まり場リリオムへ踏み込むとすれば、かなり例外的な存在だと考えていいだろう。洲之内がリリオムの画家たちに目を向けるのは、敗戦後、全ての希望を失くした後のことになる。

リリオムは昭和九年（一九三四）八月に閉店を余儀なくされた。居候だった田尻稲四郎は《中林君の思想、ひいてはシンパ的行動がたゝって営業停止を喰って終った。（中略）この春よりオヤヂは佐藤君——（松本俊介）のもとで例の生命の芸術社のサラリーとなるらしい》と書いている。[4]『生命の芸術』は生長の家の機関誌である。当時、俊介（竣介）の父佐藤勝身が発行人となっており、兄の佐藤彬が編集長であったが、中林もスタッフの一人に加えられたようである。ただ、後に佐藤家が生長の家から離れたのに反して、中林は幹部になったという。[5]

リリオム常連の一人に、竣介とともに、リリオムのバーテンやボーイも務めた画家、異色作「重い手」（一九四九）で知られることになる鶴岡政男がいた。リリオムが閉店した後は、荒川区尾久の純喫茶ミチルへ難波田龍起や北川透らとともに足繁く出入りし、[6]昭和一〇年（一九三五）六月には新宿帝都座裏のノヴァでデッサン展を開いている。[7]鶴岡の自宅は千駄木坂下町（千駄木駅を挟んでリリオムの反対側）だったので、戦前戦後を通じて多くの芸術家たちの寄り合い所となっていたが、そのなかに瀧口修造や吉本隆明の姿もあった。一九六〇年代初めになると、新宿武蔵野館近くの風月堂にたむろするフーテンたちと親しく付き合い、ジャズ喫茶キーヨでは酔っぱらってボンゴを叩いていたこともある。[8]鶴岡こそ喫茶店とともに生きた画家の典型だといっていいようだ。昭和五四年（一九七九）に画家が没した後、日暮里の坂を上がった朝倉彫塑館の斜め向かいに鶴岡の次女が経営する喫茶店印沙羅ができた。多くの芸術家が集まっては展覧会を開き、夜には賑やかな酒宴になったという。[9]

[1] 宇佐美承「池袋モンパルナス」『すばる』集英社、一九八八年五月号。および中林啓治企画構成『上野・谷中 茶房「リリオム」復元記録図』セノグラフィカ、一九九五年。
[2] 中林政吉「谷中りりおむ物語」前掲『上野・谷中 茶房「リリオム」復元記録図』所収。
[3] 洲之内徹『セザンヌの塗り残し』新潮社、一九八三年。
[4] 田尻稲四郎「石田新一追悼誌」抜粋、前掲『上野・谷中 茶房「リリオム」復元記録図』所収。リリオムが営業取消となってからは常連だった北川実が河童と名前を変えて営業を続けたが、店は戦災で焼失した(『生誕100年松本竣介展』図録、NHKプラネット東北、二〇一二年)。
[5] 難波田龍起「松本竣介と「雑記帳」」『美術の窓』四二号、美術の窓社、一九八六年。
[6] 加太こうじ『サボテンの花』廣済堂文庫、一九九三年。
[7] 三田英彬『芸術とは無慚なもの 評伝・鶴岡政男』山手書房新社、一九九一年。
[8] 岩浪洋三「解説」『植草甚一ジャズ・エッセイ1』河出文庫、一九八三年。
[9] 宇野マサシ『僕の風景』私家版、一九九八年。吉田ひろ子「みみづく夜話3」『みみづく』三号、みみづく、一九七八年一一月。

らんぼお

書物展望社から独立した森谷均は昭和一一年(一九三六)に昭森社を起こした。小出楢重を手始めに、北園克衛、草野心平、堀口大学、宇野浩二、高見順、木山捷平、稲垣足穂らの作品を凝った造本で刊行し読書界に注目された。戦後も、昭和二〇年(一九四

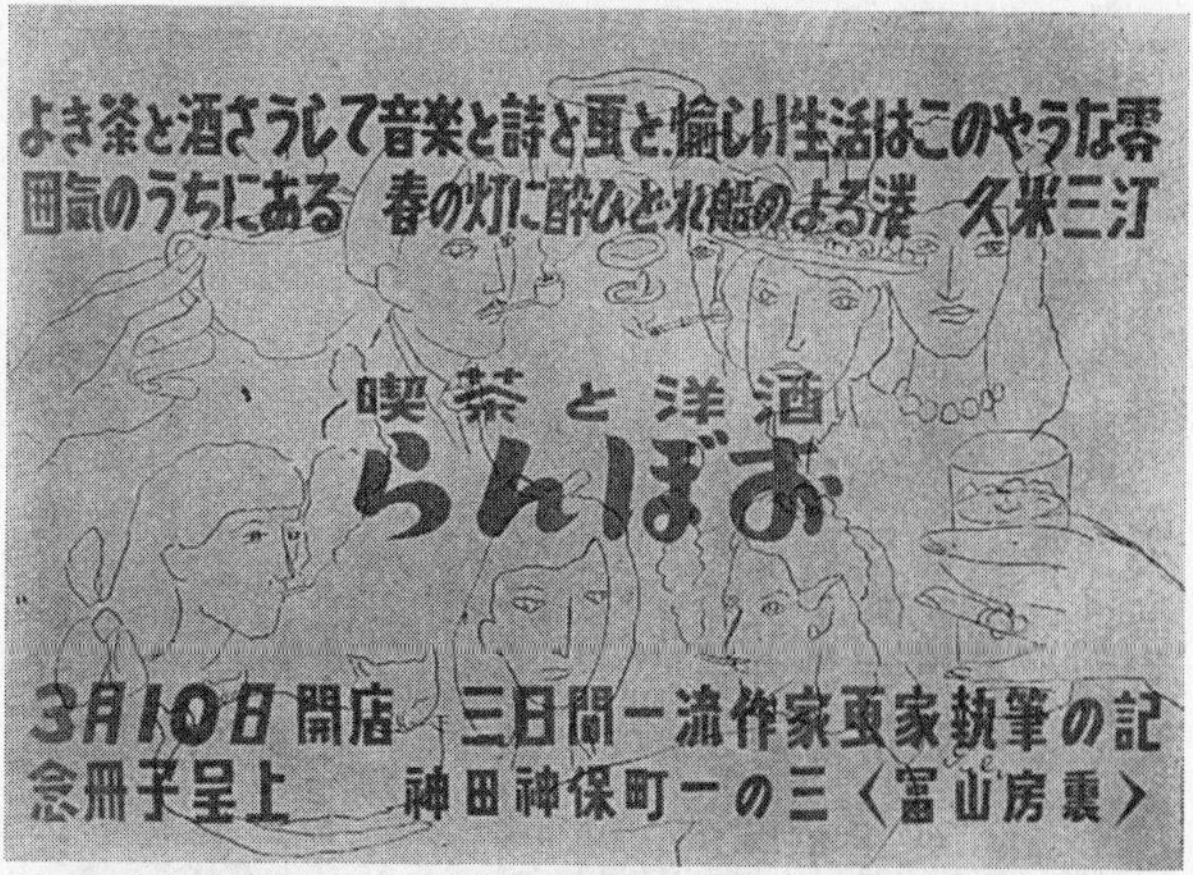
よき茶と酒さうして音楽と詩と画と愉しい生活はこのやうな雰
囲氣のうちにある　春の灯に酔ひどれ船のよる港　久米三汀
喫茶と洋酒
らんぼお
3月10日開店　三日間一流作家画家執筆の記
念冊子呈上　神田神保町一の三〈冨山房裏〉

らんぼお開店ポスター　『森谷均追悼文集』昭森社（1970）より

らんぼお開店披露時の写真（左端が森谷均、1947）『森谷均追悼文集』昭森社（1970）より

五）末に出版を再開するとともに、二二年（一九四七）三月九日、神田神保町の事務所一階にらんぼおという喫茶店を開店した。

《戦争の暗い谷間からやっと明るみに出て来た出版界が、戦後三年でもう下降期に向っていた。狐狸の住家のような部屋の修理の途中で私は急に事務室構想をすてて、喫茶店経営に変節した。》[1]

森谷自身はこのように開店の動機を述べている。このとき、川端康成、太宰治、井伏鱒二、日夏耿之介、木村荘八、棟方志功らが寄稿した『蘭梦抄』という小冊子が配られた。オープニングには独立美術協会の画家たちや鎌倉文庫の文士たちが集合し、らんぼおの門出を祝った。当初、経営については高見順が紹介したTというマネージャーに任せていたところ、そのTが売上金を持って失踪してしまうというハプニングもあったが、店自体は大いに繁盛していたらしい。ただし、それもそう長くは続かなかった。

《「近代文学」は、いってみれば、何重にも交錯したかたちでその森谷均の世話になった。第一は、発売所が河出書房になったとき、「近代文学」の事務所として、それまで画廊になっていた昭森社の階下の部屋を借りたのであるが、その部屋代はかなり溜った筈である。そして、第二は、この事務所の隣りが喫茶店「らんぼう」であり、その二階は編集会議にも使われて、これまただいぶ酒代が溜った筈である。森谷均はそれらのことについて私達に一言もいわなかった。（中略）そして、このような経済的負担ばかりでなく、「らんぼう」は戦後文学裏面史ともいうべき華やかな、また、堅実な恋愛事件の渦の中心ともなつて、森谷均を悩ましたのであつたが、或る種の徹底性をもつた人物である彼は、それらのことについても、「らんぼう」の潰れ方についても、私達にひとことの愚痴もいわなかつた。》[2]

埴谷雄高の率直な賛辞はともかく、らんぼおが潰れたのは昭和二四年（一九四九）の四月[1]頃だというから、丸二年の営業だったことになる。

《森谷均そのひとをモリヤーノと知らずに初めて出遭ったのは、森谷氏がいまの社屋の階下に開いていたランボオという芸術酒場であった。終戦から三年くらい経っていたが、あの時代特有のデカダンスの燐光をくすぶらせている薄命の店だった。こちらはまだ学生の時分でホームスパンの背広に下駄ばきという怪しげな風態の上に、酔って店内の植木鉢を蹴ったところがそれが気持よく割れて総髪巨体の店主と喧嘩となり、客以上にトラに変身中のしろうとマスターとやり合ったのを覚えている。》[3]

この加藤郁乎の追悼文からすると、森谷自身が店で酔っぱらっていた。いかにも長続きしそうもない雰囲気である。しかしそれゆえにイキのいい若き詩人たちを引き付けたとも考えられる。

《「ランボー」では、カストリ焼酎は薬罐で出てくる。軍隊にあったような厚手の白い茶碗に注いで飲む。もちろん、警察の目を逃れる手立てだった。

私は、そこで、平野謙、武田泰淳、梅崎春生、椎名麟三といった人たちの顔を見た。渡辺一夫先生も来た。すなわち「ランボー」は、『近代文学』および東大仏文研究室の巣窟だった。》[4]

このように山口瞳が書いているように、森谷が喫茶店と称したのは闇酒を飲ませるための隠れ蓑だった。昭和二二年（一九四七）から片山哲内閣の飲食店営業緊急措置令によって、料飲業者は営業所における酒類・主食の販売ができなくなっていた。茶と称してヤカンや土瓶で酒を提供する裏技は昭和二四年（一九四九）五月の同政令解消時まで続くことになる。

書肆ユリイカとして独立する前の伊達得夫も稲垣足穂や『世代』グループとらんぼおに入り浸り、鈴木百合子という美しい少女から横流しのウィスキーをサービスしてもらったりしていた。

《ランボオという店は文学喫茶店と呼ばれるにふさわしい店で、いつも、毛なみ正しい白色レグホンや威丈高なシャモからまだ卵の殻を尻につけたヒヨコに到るまでの文学者たちが一切を罵倒しながら焼酎のコップを傾けていた。そこは第一、第二あるいは第三の違いはあってもおしなべて青春といわれるような「嵐と衝動」がみなぎっていた。たとえば顔を紅潮させた草野心平がオールドブラックジョオを突如として歌い出すとそのとぎれたところから稲垣足穂が鮮やかな節廻しでつけて行き、やがて店の到る処から足

ぶみが音頭をとり出すというふうな。》[5]
『世代』は、いいだ・もも、遠藤麟一郎、日高晋、大野正男、吉行淳之介、矢牧一宏、中村稔、清岡卓行、村松剛、小川徹、栗田勇、菅野昭正、橋本一明、中村真一郎、加藤周一、福永武彦らによって運営されていた総合雑誌である。吉行は、毎週一回の会合が七年間休まずに続けられたことを書き、その場所として目黒書店、新宿中村屋などの他に《三省堂裏の喫茶店ランボオ》を挙げている。[6]
埴谷のいう「恋愛事件」の主人公の一人は、三島由紀夫が《デコボコの煉瓦の床のところどころに植ゑ木鉢があり、昼なほ暗い店内に、評判の美少女がゐた》[7]と書いた鈴木百合子、後の武田百合子である。百合子は敗戦直後、玉チョコレートの行商をしているとき、得意先だった神田神保町冨山房裏のRという酒房でカストリ焼酎を飲み、世界の見方を変えたのだった。
《代金をうけとって、まわりを見まわすと、客のほとんどが、透きとおった、または少し白濁した液体の入ったコップを握りしめて、愉快そうにしている。今度は椅子に腰かけて客となり、玉チョコ代金で、みんなと同じもの（カストリ焼酎）を注文した。カストリは五臓六腑にしみわたって、指の先まで力を張らせてくれた。闇のカツ丼よりも天丼よりも確実に、迅速に、お腹いっぱいにしてくれた。毎週くり返すうちに、いっそ、この店で働くのが一番手っとり早いのではないか、と気がつき、女給仕となった。まも

なく家を出て店の二階に住みついた。》[8]

もう一人の主人公武田泰淳は「もの食う女」にらんぼおの魅力をこう語っている。

《房子は、神田のかなり品の良い喫茶店で、昼の十二時から、夜の十時ごろまで立ち働いているので、自由に気楽に会いに行けます。新聞社の玄関の無情なまでに頑丈な壁や柱や石段と、そこに出入りする元気の良い男女の足どりに圧倒され、おびやかすようなガード下の騒音や、あまりにも巧みな交通巡査の手つきや、闇あきないの青年たちの眼くばせの波を逃れて、しずかな、くすんだ木組みで守られた、その古本屋街の喫茶店に入るとまずホッとしました。》[9]

武田は『未来の淫女』にさらに詳しく二人の関係を描いている。それによれば、百合子は昭和二三年（一九四八）の一二月かららんぼおの二階に寝泊まりしていた。その二階の汚い蒲団で二人はともに寝るようになり、必然的に同棲へと進んだ。[10]稲垣足穂はこの時期の二人が秘かに訪ねて来たことを『東京遁走曲』に書き留めている。[11]結局、彼らは昭和二六年（一九五一）になって長女花の出生届を出すとともに入籍したのだった。[12]

らんぼおの二階で寝たのは彼らだけではなかった。武田によれば、こうである。

《女房の働いていた酒房「らんぼお」へ、店が閉まったあとも泥酔した古田氏がおしかけた。表口が閉まっているので裏口の露地へまわり、二階へよじのぼって窓からおしいることが多かったが、見当がちがって隣の家の窓の中へ入って、中にねていたおばあさ

んに怒られたこともあった。》[13]

古田氏は筑摩書房の古田晁である。

らんぼおを閉めた後の昭森社は、昭和二四年（一九四九）に二冊、二五年（一九五〇）には一冊、二六年（一九五一）から二七年（一九五二）まで毎年一冊の本を出しただけだった。森谷の苦衷が偲ばれる。ところが、そこへ天使が舞い降りる。らんぼおの跡がセレーネ、そしてもうひとつ別の店を経てミロンガ、グレースに変わっていた昭和二九年（一九五四）、伊達得夫の書肆ユリイカが昭森社ビルに割り込むような形で引っ越して来たのである。同じ頃に、和光社、緑書房、的場書房などが同居したこともあるようだが、何といっても伊達はユニークだった。無名の戦後詩人を網羅した画期的な『戦後詩人全集』の刊行を企てた。『稲垣足穂全集』も無茶な企画である。昭和三一年（一九五六）に雑誌『ユリイカ』を創刊。その頃、伊達に誘われて小田久郎の思潮社も同じ建物に入居した。伊達や小田の情熱が家主である森谷に燃え移る。極端に少なかった昭森社の出版点数は増加し始め、詩集もふたたび盛んに作るようになる。昭和三六年（一九六一）には雑誌『本の手帖』をスタートさせた。戦後詩出版のホワイトホールが神保町の木造二階建てに出現したのである。

そのとき彼らの応接室となったのは狭い露地を挟んで向かい、島木健作の兄島崎八郎宅の一階に昭和二四年（一九四九）に開店していたラドリオだった。ラドリオはウインナ・コーヒーを初めて出した店だといわれる。開店した年のクリスマス、草野心平は古田晁とここで初めて対面した。議論めいたことになり、わめき合った後、店を出て粉雪の中へ二人は別れたのだが、翌朝、草野は《ランボウの二階で眼をさました》[14]と記憶している。ただし、先に記したらんぼおの閉店時期（昭和二四年四月頃）が正しいとすれば、そこはもうらんぼおではなかった。

伊達得夫は「喫茶店・ラドリオ」というエッセイを残している。

《ぼくはラドリオの椅子に毎日三時間くらいは腰をおろしている。ぼくの向かい合っている人は、毎日違うのだ。ぼくのオフィスもまたこの露地にあって、そこがあまりにも狭いので、応接室として、ラドリオを利用しないわけにはいかない。そして出版などというものは、人と応接するのが最大の仕事だろう。コーヒーを啜り、煙草をふかし、かわりばんこにトイレットに行ったりしながら、ぼくは相手の話を聞いている。相手は殆ど若い詩人たちである。》[5]

昭和三六年（一九六一）一月、伊達は肝硬変で死去した。享年四〇。森谷は昭和四四年（一九六九）三月に他界した。享年七一。伊藤信吉は森谷の没した年の九月、昭森社のある狭い露地の写真を撮影しようとしたのだが、上手くいかなかった。

《あきらめてラドリオにはいると西脇順三郎氏がいた。鍵谷幸信氏、吉岡実氏がいた。大村さんの姿がみえた。私がいた。だが、『本の手帖』や『東京遁走曲』を手にした森

谷さんはいなかった。[15]》

［1］森谷均「「らんぼお」雑感」『本の手帖別冊　森谷均追悼文集・昭森社刊行書目総覧』昭森社、一九七〇年。同書所収の昭森社年譜には昭和二四年（一九四九）《四月ごろ、「らんぼお」終焉》とある。ただし『草野心平日記』第一巻（思潮社、二〇〇五年）に、昭和二四年（一九四九）一〇月八日、神田らんぼおで「歴程詩の会」が催されたと出ているので再考が必要であろう。

［2］埴谷雄高「酬いなき支持者たち」『甕と蜉蝣』未来社、一九六四年。

［3］加藤郁乎「モリヤーノ・白髪の春」『詩学』詩学社、一九六九年四月号。

［4］山口瞳『酒呑みの自己弁護』新潮文庫、一九七九年。

［5］伊達得夫『詩人たち　ユリイカ抄』日本エディタースクール出版部、一九五六年版。

［6］吉行淳之介『私の文学放浪』角川文庫、一九七九年。『世代』の版元は一号から一〇号が目黒書店、一一号から終刊一七号までが書肆ユリイカだった。

［7］三島由紀夫「私の遍歴時代」、長谷川郁夫『われ発見せり　書肆ユリイカ・伊達得夫』書肆山田、一九九二年より。

［8］武田百合子『遊覧日記』ちくま文庫、一九九三年。

［9］武田泰淳「もの食う女」『食通に献げる本』山本容朗編、実業之日本社、一九八〇年。

［10］武田泰淳『未来の淫女』目黒書店、一九五一年。

［11］稲垣足穂「東京遁走曲」『本の手帖』五一号、昭森社、一九六六年二月。《彼らが、「病院への用向きが出来た」とでも一言ムつてくれたら私も察したのであるが、「疲れているから休ませて

ほしい」と云つてやつてきて、翌日彼女はどこかへ出掛け、青くなつて車で帰つてきたのだから、なにか利用されたような気がしてならない》。

[12] 村松友視『百合子さんは何色』筑摩書房、一九九四年。

[13] 武田泰淳「古田晁のこと」『そのひと ある出版者の肖像』臼井吉見編、径書房、一九八〇年。

[14] 草野心平「古田晁の酒」前掲『そのひと ある出版者の肖像』。註［1］と同じく昭和二四年（一九四九）四月以降にもらんぼおは存続していた可能性がある。

[15] 伊藤信吉「露地の細道」前掲『本の手帖別冊 森谷均追悼文集・昭森社刊行書目総覧』。

ユーハイム

ドイツ人カール・ユッフハイムはドイツの菓子学校を卒業後、ドイツ租界だった中国山東半島の青島で菓子店ユーハイムを開業した。明治四一年（一九〇八）のことである。ところが六年後に第一次世界大戦が勃発し、大正三年（一九一四）一一月、青島は日本軍によって占領されてしまう。青島のドイツ人は日本へ連行され、浅草本願寺他全国九ヶ所の俘虜収容所に入れられた。カールは初め大阪の恩賀島へ、次いで広島の似島へ送られた。似島には同じ捕虜仲間としてフロインドリーブやローマイヤーがいた。大正九年（一九二〇）、五年間の捕虜生活の後、明治屋社長磯野長蔵らの運動によって彼ら料理人たちは釈放され、カールは明治屋が同年銀座にオープンした日本初の本格的なコンデイトライ（菓子店兼喫茶店）カフェー・ユーロップに勤め始めた。本場の職人を雇ったおかげでユーロップはコーヒーやケーキの旨い店として有名になったが、そう長くは続かず、ドイツ人ウィルヘルム・ミュラー経営のジャーマン・ベーカリーへと変わる。

大正一一年（一九二二）に契約が切れたカールは独立し、横浜にドイツ菓子と喫茶の店E・ユーハイムを開店した。Eはユッフハイム夫人エリーゼの頭文字。夫人はドイツから青島へ嫁いで来たとたんに良人を連行され、釈放されるまで一人青島で過ごしていた。E・ユーハイムは繁盛したけれども、これで非運が終ったわけではなかった。翌大正一二年（一九二三）の関東大震災で店は完全に破壊され、ユッフハイム夫妻は知人をたよって神戸へ避難することを余儀なくされた。そのとき、三宮の路上で偶然出会ったアンナ・パブロバの示唆によって三宮町一丁目の洋館で菓子造りを再開する。それが神戸を代表する洋菓子店ユーハイムとなるのである[1]。

長い心棒にケーキの種を薄く塗り、棒を回転させながら焼く。焼いては塗るを何度も繰り返してバウムクーヘン（木の年輪）という菓子はでき上がる。ユーハイムの名物がこのバウムクーヘンである。他に、ミートパイ、クッキーなど、いずれもドイツ風の重厚な味わいだった。淀川長治は次のように思い出を語っている。

《神戸の昭和初め、大正の終りころの、海岸通りにあったユーハイムはチョコレートと洋菓子の店であったが、ここも店の中に喫茶店を持っていて、ここの喫茶店の楽しさは、ゆったりした籐椅子で入口から一歩あがったところから板敷きになっていて、テーブルの横には新聞、雑誌が積み重ねられていて、何十分どころか二時間くらいそこの籐椅子に腰かけたままコーヒー一杯でそれらの新聞、雑誌を読みふけっていても、店員はいやな顔ひとつしなかった。》[2]

一〇時開店なのに美味しいビスケットが目当ての客が二〇分くらい前から並んでおり、開店前に店の人たちが飲物とビスケットを食べているのをドアのガラス越しに覗くことができたそうである。

昭和七年（一九三二）一二月、堀辰雄は竹中郁の詩集『象牙海岸』の出版記念会のために神戸を訪れたが、小説「旅の絵」に、そのとき竹中と二人で入ったユーハイムの様子を描いている。ちょうどクリスマス・イブだった。彼らは、下町の古びたドイツ菓子屋の、奥まった大きなストーブに体を温めながら、ほっと一息ついていた。

《その店の奥がこんなにもひつそりとしてゐるのに引きかへ、店先きは、入れ代り立ち代りせはしさうに這入つてきては、どつさり菓子を買つて、それから再びせはしさうに出てゆく、大部分は外人の客たちで、目まぐるしいくらゐであつた。それも大抵五円とか十円とかいふ金額らしいので、私は少しばかり呆気にとられてその光景を見てゐた。》[3]

ユーハイムは第二次世界大戦中も営業はしていたものの、菓子の統制下、登録予約して月一回の配給であった。昭和二〇年（一九四五）、じゅうたん爆撃によって店と工場は焼亡し、敗戦の前日、主人カールも六甲ホテルで息を引き取った。さらには昭和二二年(一九四七)になって夫人が本国へ強制送還されてしまい、さしものユーハイムもこれまでかと思われた。ところが、四散していた店員たちが集まって昭和二五年(一九五〇)に店を再開したのである。三年後にはエリーゼ夫人を迎え、株式会社ユーハイムとして再出発する。このときの本店は下山手通り二丁目、生田神社前だった。一階がケーキ売場、二階が喫茶室になっており、年配のボーイが白い服を着て立っていた。[4] その後の発展にともない、東京へ店を出すのが昭和三二年(一九五七)。銀座七丁目金春通り、蕎麦の老舗よし田の隣にビルを建てた。小島政二郎、河上徹太郎、吉田健一など多くの文化人たちによってひいきにされた。

戸川秋骨の長女エマは文化学院でフランス語を教えていた。彼女は洋菓子に目がなく、神戸の知人が持参してくれるユーハイムの菓子を楽しみにしていたので、東京に支店ができたことを喜んだ。

《銀座に「ユーハイム」が開店したことはうれしいことでした。開店して間もない頃、ある会の帰り中里恒子さんと飯沢匡さんと三人で二階の喫茶室へ上って行きました。このバウムクーヘンは余程粉そのものを吟味しているのか一番おいしいと思います。甘いお菓子が欲しくない時はミートパイを注文する手もあります。》[5]

木村栄次は椎名麟三を生田神社前のユーハイムへ案内し、バウムクーヘンとブルーマウンテン・ブレンドのコーヒーでもてなしたところ、帰京した椎名から《あの味が忘れられんので、銀座へ行って、あの菓子を食べて来た》という便りが届いたそうである。[6]

植草甚一は『スウィング・ジャーナル』誌の編集者だった岩浪洋三へ原稿を手渡すとき、待ち合わせ場所として、古本屋や洋書のイエナの他に、銀座なら並木通りのユーハイム、渋谷ならトップ、虎ノ門ならやはりユーハイムを指定した。[7] 戦前の一時期、喫茶店を経営したこともあり、コーヒーの旨い店にしか入らなかったという植草もユーハイムは気に入っていた。

富田砕花は嘉治隆一とともに横浜時代のユーハイムにしばしば通っていた。大正一四年(一九二五)、渡欧する友人を神戸まで送るつもりで出かけた砕花は、そのまままずるずるとハルピンまで随いて行ってしまう。そのとき、やはりシベリア経由でドイツへ帰省するエリーゼ夫人と朝鮮の列車内で遭遇するという珍事があった。砕花とエリーゼ夫人との交友は後年までずっと続いたようで、砕花はユーハイムの社歌を作詞しているし、富田砕花賞の授賞式ではユーハイムのケーキが受賞者に手渡されることになっている。[8]

日々のくらしに灯を入れて
照らせ明るく心の燭台
真赤な太陽白い雲

黒く枝張る森の樅
年輪殖やす菓子づくり[9]

昭和四六年（一九七一）五月、エリーゼ夫人は八〇年にわたる波乱の生涯を閉じた。

[1]『デモ私　立ッテマス　ユーハイム物語』ユーハイム、一九七〇年版。東秀三『神戸』編集工房ノア、一九九四年。『日本コーヒー史』上巻、全日本コーヒー商工組合連合会、一九八〇年。
[2]淀川長治「喫茶店のこと」『日本の名随筆別巻3　珈琲』作品社、一九九一年。初出は『ユリイカ』青土社、一九八七年四月号。淀川は海外の映画情報などを仕入れていたのだろう。
[3]堀辰雄『燃ゆる頬・聖家族』新潮文庫、一九六三年版。
[4]東秀三、前掲書。
[5]戸川エマ「東京の喫茶店」『東京味覚地図』奥野信太郎編、河出書房新社、一九五八年。
[6]『神戸味覚地図』創元社、一九六五年版。
[7]岩浪洋三「解説」『植草甚一ジャズ・エッセイ1』河出文庫、一九八三年。
[8]和田英子『風の如き人への手紙　詩人富田砕花宛書簡ノート』編集工房ノア、一九九八年。
[9]『富田砕花全詩集』富田砕花先生詩集刊行会、一九八八。ユーハイムの社歌二番。

進々堂

京都市左京区、東大路通りと今出川通りの百万遍交差点から東へ少し歩くと進々堂がある。道路を挟んで南側は京都大学工学部。薄茶のタイルを貼ったその建物は今も独特な風格を漂わせている。テーブルセットは昭和五年（一九三〇）に黒田辰秋が制作したもの。

立原道造は、昭和一三年（一九三八）、長崎へ向かう途中、京都に立ち寄った。一一月二五日夕刻、奈良から京都駅に着き、河原町のアサヒ・ビルの向かいのレストランで夕食を摂った。水戸部アサイに宛て《たうとうひとりで京都に来てしまつた》で始まる葉書を投じた後、京大近くの芳賀檀を訪ねてそこに泊まった。翌二六日のノートに立原は次のように書いている。

《大学の塀に沿うて百万遍の電車通りを、朝の光のなかに歩いた。本郷よりここの大学の方がこのましい雰囲気を持つてゐる。

落ついたミルクホールのなかで噴水や藤棚のある中庭に光が斑にこぼれてゐるのを眺めながら、牛乳のんでゐる。表のレースカーテンにはプラターヌのかげがうつつてゐて、今は学校の授業中だから、学生が四五人ゐるきりでひつそりとしてゐる。

三年まへは田中とここによく来た。あの秋のころがやはりおもひ出されて来る。けふ

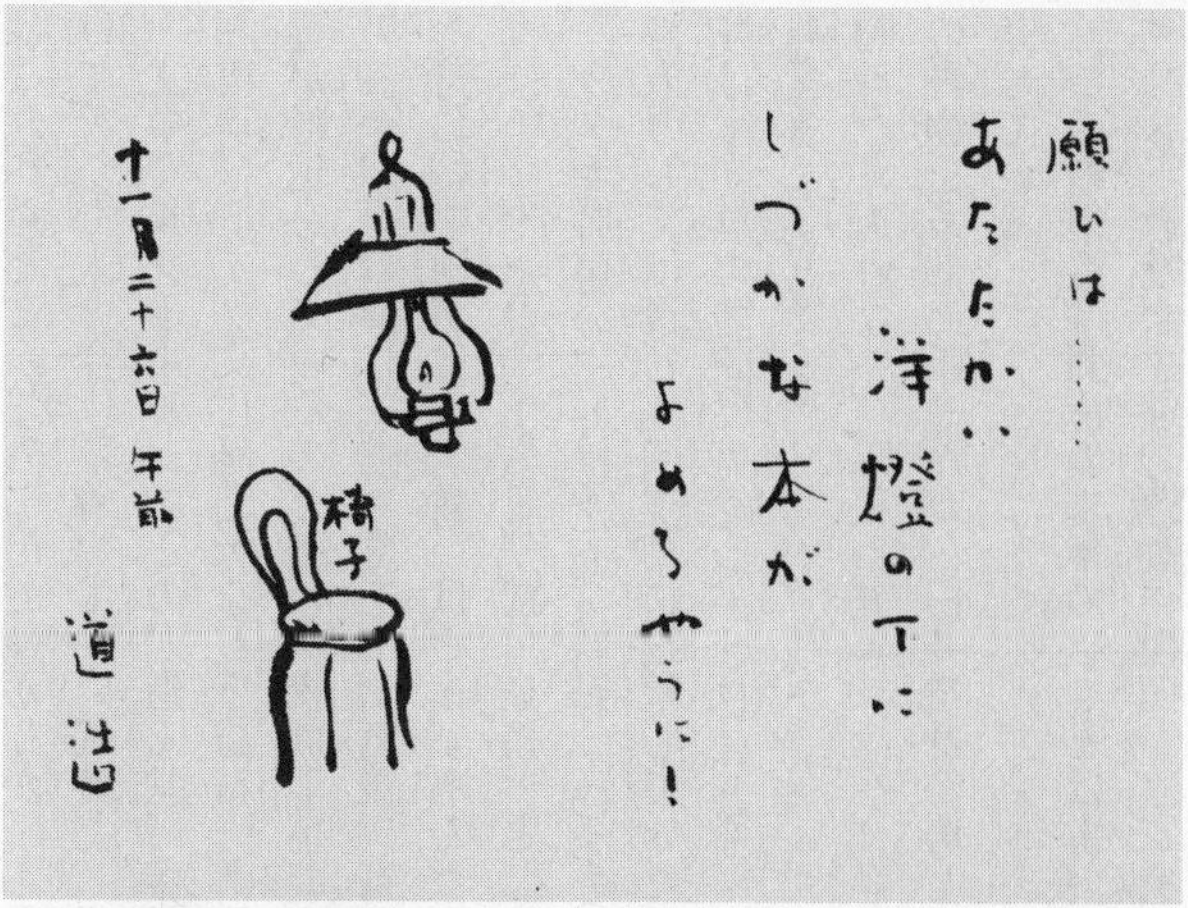

立原道造がウスヰ書房に残した画讃（1938）

臼井喜之介　『詩季』30号（1974）より

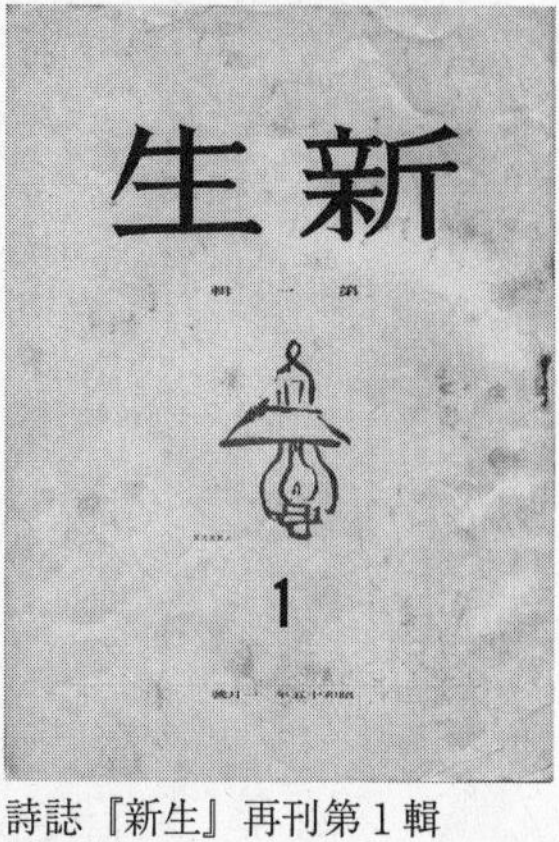

詩誌『新生』再刊第１輯（1940）

はこれからどこか郊外に出てゆかうか……あのころもここでパンを買ってどこかへ出かけて行つた——今は落着いていい気持だ。すこし疲れてゐるやうな気もする。》[1]

文中ミルクホールとあるのが進々堂。藤棚は今も健在である。立原はこの後、西芳寺湘南亭、ドイツ文化研究所などを訪ね、南禅寺で湯豆腐を食べ、三高のグラウンドで芳賀が野球をしているのを眺め、夜は下宿で大山定一と三人で話し込んだことが分かっているが、[2]その前に、進々堂を出た直後、東隣のウスヰ書房に立ち寄った。そこに残された芳名帖の画讃には《願いは……／あたたかい／洋燈の下に／しづかな本が／よめるやうに！／十一月二十六日午前／道造》としたためられている。

ウスヰ書房の臼井喜之介は昭和一〇年（一九三五）に詩誌『新生』を創刊していた。詩人としては復刊『四季』に投稿していたことから立原と接点があったのであろう。臼井は、立原の訪問に先立つ一〇日ほど前、一一月一五日に出版書肆ウスヰ書房（後に臼井書房）の看板を掲げたばかりだった。おそらく立原はそのはなむけとして先の言葉を贈ったに違いない。昭和二五年（一九五〇）、臼井は新たに白川書院を設立し、京都関係の書物を多数出版したが、臼井自身が著した『京都味覚散歩』の中で進々堂を詳しく紹介している。

《ここの創業は明治の末年で、もとは古い醸造家であった。主人が内村鑑三の門に入り、キリスト教社会主義の運動に没頭、パン《ママ》家の仕事は妹のハナ女とその夫君の続木斉さんがあたった。続木斉さん、つまり進々堂の先代は、初め神戸に勤め、後に京都の外国語学校へ入りフランス語とドイツ語を学び、文学にも興味をもって詩作をやったが、内村鑑三の門に入ってハナ女を知って結婚、兄に代ってパン屋をついでからは、一方で社会改良の志に燃えつつ次第に家業の方も盛大にしていった。

そして大正十三年にフランスへ外遊し、欧州各国を廻ってパンを研究、足かけ三年で帰朝すると共にフランスパンを売り出し、次第にファンをふやしていった。昭和五年に京大前に本場のフランスそっくりの落ちついた喫茶店を新築し、店で自家製のおいしいパンとコーヒを客に供するようにした。客の殆んどは大学の教授と学生たちで、新しいこの進々堂は忽ちこれらインテリーの欠くべからざる憩いの部屋となった。（くしくもそれは本社白川書院のすぐ西隣である）その後斉さんは昭和九年に亡くなったが、ハナ女があとを引受けてよく八人の子供を育て今日の発達の基を固めた。[3]》

立原は京都を去った後、体調を悪化させ、一二月六日、長崎滞在中に大喀血をすることになる。年末にかろうじて帰京したものの、昭和一四年（一九三九）三月二九日、その短い生涯を終えた。わずかな休刊の後に発行を再開した『新生』再刊第一輯（一九四〇年一月）の表紙には立原の描いたランプの絵が掲げられている。

《表紙のカットは立原道造氏の筆であり、氏が最後の旅行の途次、拙宅を訪れられた時の揮毫からとつたものであることを記す。奇しくも氏の遺品となつたことは感慨無量で

ある。（臼井喜之介）》[4]

吉村英夫「臼井喜之介の想い出」は臼井書房の内情を知るための貴重な記録である。吉村は昭和二二年（一九四七）から翌年にかけて住み込みで働いていた。

《臼井書房は、京都大学北門前にあった。表の土間を編集室にして、毎晩おそくまで、校正や編集を手伝っていた。

臼井の家族は、妻女の典子さん、長男浩義、長女雅子と彼の母親が同居していた。（中略）臼井は、出版事業の忙しい時間を割いて、毎月例会を、臼井書房の隣の「進々堂」喫茶店でやったり、三条柳馬場角の「キリスト青年会館」で「詩文化サロン」や、詩の朗読会をつくったりした。

また、織田作之助をよんで「文芸祭」をしたり、デパートで、詩人、俳人、歌人らの色紙展をひらいたことなどが、記憶にのこっている。（中略）臼井は、無類の酒好きであった。誰彼となくつきあいがよかった。東京から詩人やジャーナリストの連中がくると、仕事を放りだして、京都案内をした。そして夜は先斗町や祇園町の居酒屋をまわり、ひょうひょうとした風采で、着流しの顔には、酒に乱れたところがなかった。》[5]

世話好き、酒好きな臼井喜之介の人柄が目に浮かぶ。最晩年に到るまで詩誌や俳誌を発行し続けた。同人雑誌への、文学への情熱は衰えなかった。昭和四九年（一九七四）二月二二日没。享年六一。

進々堂以外にも京都には古い喫茶店が多い。依田義賢のエッセイ「京のおんな」に次のくだりがある。

《カフェーというものも、昭和のはじめでは数えるほど。エプロンを背中に蝶に結んだ姿の女給さんが、季節の造花の桜や若葉や紅葉の下のボックスで、お酒の相手をしてくれたものです。喫茶店ができるのが、昭和五年。面白いのは、円山公園のチチ・パン、つまりトーストパンにバターやジャムをつけ、ミルクをのむ。これは祇園の芸子はんらの祇園さんの朝詣の時のたのしみ。》[6]

チチ・パンはミルクホールであろう。

喜久屋の辰巳幸三郎は、大正一一年（一九二二）五月に喫茶店業者の団体が結成され、河原町四条北角にあった喫茶店花屋に事務所を置いたとしながら、京都で一番最初の喫茶店は昭和五年（一九三〇）頃、三条通りに開店したリプトンだったと思うと述べている。[7] リプトンといえば、立原道造は杉浦明平に宛てて次のように書き送った。

《僕はこの町に「リプトン紅茶」といふ名の喫茶店があるので感嘆し、なかにはいると、青鑵と黄鑵とメニューに二種類書いてあり、また感嘆しました。建物の内部は白く作られてある。》[1]

また、織田作之助の小説「青春の逆説」にも三高生の立ち回り場所として幾度か登場する。

鎰屋　『時世粧』１巻７号、時世粧同人会（1937）より

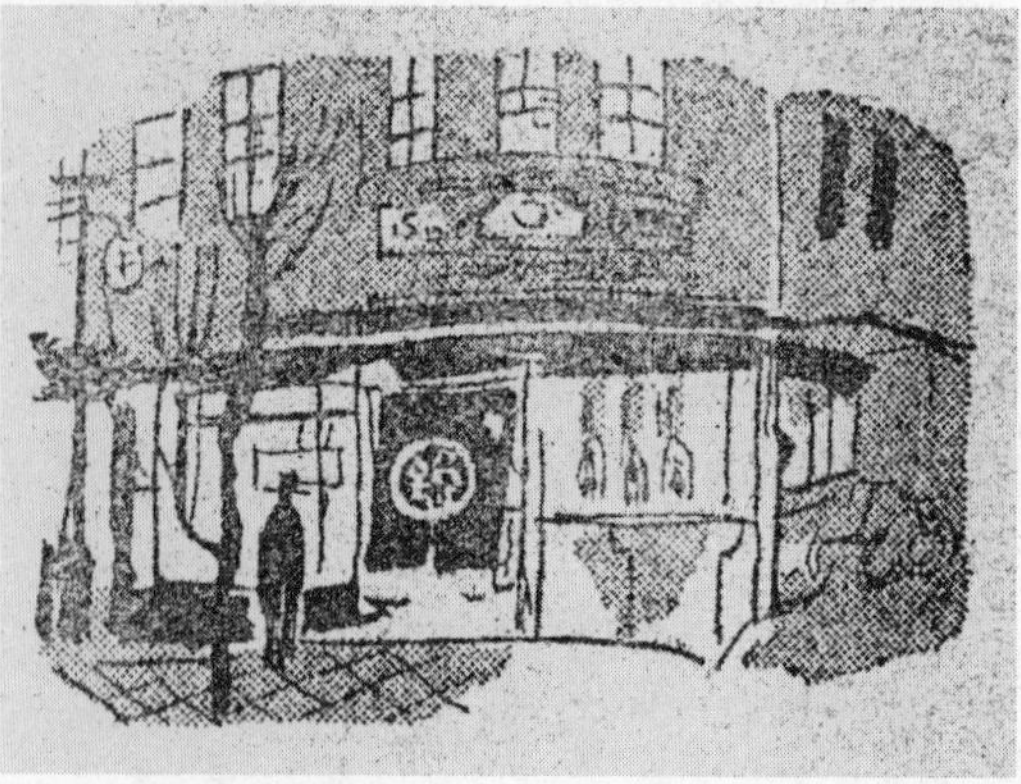

鎰屋　『洛味』創刊号（1938）より

《第一日の試験が済むと、彼等は例によつて京極へ出て、三条通の「リプトン」で翌日の試験の秘策を練つた。その日の試験は独逸語で、これは豹一の答案を写してどうにか落第点を免れたので、紅茶の味はうまかつた。レモンの香が冬の日らしい匂ひをぷんと漂はせて、彼等の寝不足の眼をうつとりと細めた。》[8]

喫茶店の概念にもよるだろうが、パウリスタは大正九年（一九二〇）に新京極通りに開店していたし、大正一二年（一九二三）末頃、長谷川泰子が中原中也の朗読を褒めたのは河原町通りの喫茶店だった。それが切っ掛けで二人は同棲を始めることになる。[9]また、寺町通り二条には三高生がよく行く鎰屋《かぎや》があった。鎰屋は梶井基次郎の「檸檬」に登場したことで有名になる。主人公がレモンを買う果物屋の美しさを描いたくだり。

《「おや、あそこの家は帽子の廂をやけに下げてゐるぞ」と思はせるほどなので、廂の上はこれも真暗なのだ。そう周囲が真暗なため、店頭に点けられたいくつもの電燈が驟雨のやうに浴せかける絢爛は、周囲の何者にも奪はれることなく、肆《ほしいまま》にも美しい眺めが照し出されてゐるのだ。裸の電燈が細長い螺旋棒をきりきり眼の中へ刺し込んで来る往来に立つてまた近所にある鎰屋の二階の硝子窓をすかして眺めた此の果物店の眺めほど、その時どきの私を興がらせたものは寺町の中でも稀だつた。》[10]

「檸檬」の着手は大正一二年（一九二三）である。鎰屋は和洋菓子店で二階が喫茶室になっていた。堀辰雄も京都を訪れる度に立ち寄っているし、織田作之助は前の「青春の逆説」の中でもかなり詳しく店の様子を描写している。

《寺町二条の鎰屋といふ菓子舗の二階にある喫茶室へ上つて行つた。蓄音機も置かず、スリッパにはきかへてはいるやうな静かなその喫茶室が、三高生達の記念祭の歌と乱舞で乱暴に騒がしかつた。豹一と赤井はわざとそんな連中を避けて、窓から東山の見える隅のテーブルへ腰掛けた。女給仕に珈琲を註文した赤井は、ちらとその女の背後姿を見ながら、

「あいつらはなぜこんなに騒いでゐるか知つとるか」と豹一に訊いた。》[8]

その理由は、この喫茶店が代々三高生の巣で、しかも店の息子が三高の理乙に入っていること、そして看板女給の「お駒ちゃん」の気を引きたいからだということである。昭和八年（一九三三）、鎰屋で三高の『嶽水会雑誌』合評会が行われたときには、織田、青山光二、白崎礼三らと、同人雑誌『三人』を計画していた野間宏、富士正晴、竹之内静雄とが対峙し、激しくやりあったこともあった。[11]

寺町通りの鎰屋は現存しないが、臼井喜之介によれば、百万遍の鎰屋政秋に引き継がれているそうである。[12]

梶井が「檸檬」を発表したのは同人雑誌『青空』だった。三高出身者たちが中心になって大正一四年（一九二五）一月に創刊された。中谷孝雄、外村茂（繁）、淀野隆三、飯島正、三好達治、北川冬彦らである。大正一三年（一九二四）秋、尾崎一雄は山科の志

賀直哉を訪問し、柳宗悦夫妻、津田青楓夫妻、武者小路実篤、網野菊らとともに茸狩りに出かけた。帰途、疏水を舟で京都市街まで下り、志賀と尾崎は祇園石段下の喫茶店レーヴンで憩う。

《志賀先生と一緒に入つた「レーヴン」という喫茶店は、あとで思つたことだが、梶井基次郎、中谷孝雄、外村茂（繁）ら同人雑誌『青空』の連中が、三高時代に出入りした店ではなかつたらうか。『青空』の誰かが書いた文章で、この名を見た覚えがある。[13]》

誰かとは外村繁であろう。小説「澪標」に《祇園石段下の「レーヴン」というカッフェに、梶井や、中谷や、私達が毎晩のように集まったのは、もう三高の生活も終りに近い頃である。[14]》とある。

彼らはそのとき、新しい同人雑誌の相談をしながら、それをレーヴンから取って「鴉」と呼んでいた。鴉は青空へ飛び立つ。

大正一二年（一九二三）、千本丸太町にカフェー天久が開業した。昭和六一年（一九八六）に閉店するまで、戦前戦後を通じて大正カフェーの雰囲気を守り続けた希有な店として知られた。水上勉は立命館の学生だった昭和一三年（一九三八）頃、しばしば天久に通った。

《当時、この天久は、カフェにはちがいなかったが一風変っていて、ラッパのついた蓄音器で、レコードをかけて、エプロン前かけをした美女（?）が数人いた。そうだ。もうこの年は「露営の歌」や「紀元二千六百年」といった歌がはやっていたし、戦争激化の風が吹いていた。ところが天久だけは、自粛の雰囲気はなく、レコードをじゃんじゃんかけていたのは不思議である。》[15]

さらに、四条通り大丸向かいには、洋品店の喫茶室コマドリがあり、岡本帰一の絵が飾られていた。絵画専門学校の生徒だった天野隆一は常連の一人で、大正一四年（一九二五）一月に創刊した同人雑誌『青樹』を置いてもらっていた。同人や寄稿者もここに集まり、『自由詩人』の児玉実用や『坩堝』の荒井信実らとの交流も行われている。昭和九年（一九三四）に北川桃雄、天野忠、田中忠雄らによって創刊された『リアル』の合評会もコマドリで開かれたし、また、翌年には天野隆一、荒木利夫、野間宏らが中心になって結成した「京都詩人クラブ」の月例会もこの店で持たれた。コマドリは京都における詩人たちの発信基地であった。[16]青山光二も《大丸の手前で四条通を渡った所に喫茶店『コマドリ』があった。ボックス席がずうっと奥まで並んでいる列車のような店で、学生や若いサラリーマンでいつも賑わっていた。杉はここで、三高生の頃、哲学者の真下信一と二度ばかり、長ばなしをした。》[17]と記憶している。

昭和に入ると、リプトン、エランビタール、ブラジレイロなどが次々と開店する。築地とフランソアは昭和九年（一九三四）創業。フランソアの印象的な丸天井のある内装はイタリア人の設計である。ちょうど滝川事件（一九三三）によって学生や自由主義的インテリたちが絶望感を抱いていた時期にあたり、その沈滞に抗い、ファシズムへの不同調の意気をもって昭和一〇年（一九三五）二月に創刊されたのが雑誌『世界文化』だった。冨岡益五郎、久野収、中井正一、新村猛、和田洋一らが運営した。彼らの一部は斎藤雷太郎、能勢克男、林要らが発行するタブロイド新聞『土曜日』（一九三六年創刊）にも協力する。斎藤は松竹の人部屋俳優だった。中井正一、新村猛らの他、淀川長治も寄稿している。挿絵は伊谷賢蔵。『土曜日』はフランソアにも置かれており、関係者も出入りしていた。しかし、昭和一二年（一九三七）八月には『リアル』の同人たち、一一月には『世界文化』のメンバーたち、そして『土曜日』の斎藤らまでも一斉に検挙されてしまう。目立った反体制的な動きがあったわけではない。ヒステリックな文化統制は歯止めが利かなくなっていた。

鶴見俊輔は『土曜日』に象徴されるような戦前のリベラルな雰囲気が途切れず戦後へ続いているのが京都であり、《その特色は、四条木屋町のコーヒー店フランソアにあらわれている》[18]と指摘している。

［1］『立原道造全集』第五巻、角川書店、一九六三年。
［2］芳賀檀「リルケと立原道造」『立原道造全集月報3』角川書店、一九六三年。
［3］臼井喜之介『京都味覚散歩』白川書院、一九六四年版。白川書院（旧ウスヰ書房）の住所は

左京区北白川追分町八七、進々堂は同じく八八。『カルチェラタン京大北門前進々堂六十年記念』（川口隆也、一九九〇年）にはパン店開店が昭和五年三月三日、喫茶部開店が昭和六年九月二二日とある。

［4］『新生』再刊第一輯、新生編輯所、一九四〇年一月。

［5］吉村英夫「臼井喜之介の想い出」『柵』一五号、詩画工房、一九八八年二月。

［6］依田義賢『京のおんな』駸々堂出版、一九七一年。

［7］辰巳幸三郎『珈琲の雫』白川書院新社、一九八二年。

［8］織田作之助『青春の逆説』三島書房、一九四七年版。初版は一九四一年に萬里閣より発行されたが、発禁処分となった。

［9］大岡昇平『富永太郎と中原中也』レグルス文庫、一九七五年。

［10］梶井基次郎『檸檬』武蔵野書院、一九三一年。

［11］青山光二編「織田作之助年譜」『日本文学全集55』新潮社、一九六二年。

［12］梶井がレモンを買った果物屋八百卯は平成二一年（二〇〇九）一月二五日を以て閉店。創業は明治一二年（一八七九）だったという。百万遍かぎや政秋は盛業中。

［13］尾崎一雄『あの日この日』、講談社文庫、一九七八年。

［14］外村繁『澪標・落日の光景』新潮文庫、一九七〇年版。

［15］水上勉『私版京都図絵』福武文庫、一九八六年。天久はレコードや什器など一切を岐阜県恵那市の日本大正村へ寄贈、大正時代館（喫茶天久）として存続している。

［16］河野仁昭『京都の文人 近代』京都新聞社、一九八八年。和田洋一＋松田道雄＋天野忠

『洛々春秋 私たちの京都』三一書房、一九八二年。永良巳十次「「リアル」から「土曜日」まで同人誌にも警察の目」『近代京都のあゆみ』京都民報社編、かもがわ出版、一九八八年。
[17] 青山光二『吾妹子哀し』新潮社、二〇〇三年。
[18] 鶴見俊輔「六十年そこにいる」『私の愛する喫茶店関西篇』カタログハウス、一九九六年。京大俳句事件の当事者だった西東三鬼は《京都府警特高部は、大本教事件で一躍名を挙げたが、その後就任した中西警部という、とんでもない出世欲の強い男が、前任者に劣らぬ事件を探していた時、人民戦線運動にひっかけた、全国的な弾圧が始まった。そこで中西警部は、先ず京都で発行されていた「世界文化」を検挙し、つづいて「京大俳句」に眼をつけ、要視察人であった某新興俳人を強要して講師とし、六ヵ月間新興俳句解釈法なるものを学んだ。》と書いている（『冬の桃』毎日新聞社、一九七七年）。

ルルと創元

サテン文化人を自認した小野十三郎は自らの人生をその拠所とした喫茶店によって区分けしている。まず大正から昭和初期が、東京白山上の南天堂時代。次は大森駅近くのバー白蛾時代。昭和八年（一九三三）に大阪へ戻り、敗戦までの空白期を経て、紅ぼたん、創元時代が来る。紅ぼたんは焼酎を飲ます店だった。そして晩年は法善寺のルル時代、ここが一番長い。

ルルは難波の「虹のまち」噴水ショウのある地下広場を北へ上がったところ（難波新

地二の三)、列車食堂みたいな細長い喫茶店である。

《マスターとママの妹さん三人でやっている小さな喫茶店で、筋向いが水かけ不動さんである。先だって大阪にきた富岡多恵子にここで落合うやくそくを電話でして、そのとき彼女から、先生はいい齢をしていまでも喫茶店族なのと笑われたが、学校の帰りはもちろん、難波に出たときは必ず立ち寄る。つまり「虹のまち」の通りはこの小さな喫茶店に行く近道であって、出口の階段をまちがえて上ったことはない。》[1]

ルルの開店は昭和二三年(一九四八)八月。開店当時の様子が三〇周年記念冊子『ルル』に語られている。

《とにかく周囲には喫茶店も少なく道頓堀に「コンドル」法善寺に「ハワイアン」精華小学校裏に「みどり」と数えるほどしかなかった。お蔭で店は大繁昌で紅茶も大きな釜で炊いていた。今では考えられない雑なもので、それでもよく売れた。コーヒは一杯五円でした。ケーキも政府の統制令で自由に売れなかったが神戸から内緒で運んでくる若夫婦から仕入れて売っていた。帽子箱などにかくして隣の電器屋さんに預けお客さんから注文のあるたびに、それを出して売ったものだ。》[2]

常連には劇団民芸の滝沢修、宇野重吉、米倉斉加年、伊藤孝雄ら、前進座、文学座など劇団関係者たち、堀江謙一、鴨居羊子、大山昭子、浅野孟府、伊東静雄、石浜恒夫などがいた。そしてルルには小野が教鞭を執っていた帝塚山学院大学の帰りに採集してきた季節の花や雑草をごっそり入れた壺がいつも飾られていた。近くには創元という喫茶店もあった。

《御堂筋の現在の新歌舞伎座の筋向いに「創之《ママ》」という喫茶店があった。表は書店（創之《ママ》書房）で、その奥に喫茶室があり、そこに安西冬衛さん、小野十三郎さんはじめ詩人連中が屯していた。ときたま安西冬衛さんが、そこの空気がわずらわしくて、うちの店へ逃避してきた。そのうち安西はどこへ行きょんのかといふことになって、みんなうちの店をかぎつけとう／＼うちの店も詩人の溜り場になった。その頃の安西冬衛さんは国民服を着ていた。小野十三郎さんは黒のトンビを着てステッキを振り廻して街を歩いていた。伊藤《ママ》静雄さんは復員服を着てゴムぞうりをはき、腰にキタない、てぬぐいをぶらさげていた。頭は丸刈りでドングリ眼の伊藤《ママ》さんは高校教師や詩人などにはとても見えなかった。[2]》

創元社の出版物を優先的に取り扱っていたところから創元という屋号を付けたと小野十三郎は書いているが、[3]谷沢永一は創元社が出した新刊書店だとしている。[4]実際には、創元社主矢部良策の友人内藤勝之助の親戚で創元社の取締役でもあった内藤宗晴が経営しており、昭和二三年（一九四八）四月、南区難波新地五番地（現難波三丁目）に開店した。表は創元書房で書棚の奥に四坪ほどの喫茶室があった。細長い空間に椅子が一〇ばかり。大阪の文学関係者、ジャーナリストたちはほとんどここで姿を見ることができた。

作家として名を成す以前の沢野久雄、庄野潤三、司馬遼太郎もいたし、織田作之助はここへ来ると近所の薬屋へ出かけヒロポンを射っていた。他にも竹中郁、井上靖、伊東静雄、杉山平一、足立巻一、浜田知章、長谷川龍生、石浜恒夫、須田剋太、吉原治良などの顔があった。[5]

《試みに当代の大阪文学風俗誌を輯するなら、ひとはその一章を四七年下半期以降の「創元」に割かなくてはなるまい。夏の終りに近くサロン・アテネが解散してから僕達仲間は自然ロビーをここへ移した形である。詩人、作家、ジヤアナリストの諸君が夜毎に集つてパイプを燻べてゐる。》[6]

常連の安西冬衛の言葉である。当時、まだ焼跡が残る難波界隈は一大闇市だった。安西は毎日、堺から創元へやって来ては片隅で原稿を書いたり、人に会ったり、様々な用足しをしたりしながら南海電車の佐野行終電が出る午後一〇時直前まで居座っていた。お露さんという親切なおばさんが居り、コーヒー一杯注文するでもなく長時間粘っている小野たちに何度も番茶のサービスをしてくれたものだという。[7]

安西はこうも書いている。

《地下鉄で難波へ出「創元」へかへつたら七時過ぎだつた。わが小野十三郎は、すでに火のないパイプを咥へて彼独特の思考演習をやつてゐた。僕は彼と対隅の定位置につく。そして留守中にたまつてゐた用件の報告を受ける。竹中

都がたつた今帰つた由。展覧会を観にきたとのこと。》[8]
あるいは、×月×日の夜、久しぶりに杉山平一が現れた。安西は杉山の「ロビンソンと俊寛」について議論していた。
《彼笑って傾聴、彼の笑は木下利玄の牡丹の花のようだ。
そこへひょっくり着流しの男が入ってきた。
「コロンバ」の訳者意外にも三好達治君だった。》[9]
ただ、杉山平一によれば、少し様子が異なる。杉山が大阪で三好に会ったのは二度だった。一度は戦前。
《その次、大阪でお会いしたのは、大戦後で、福井から東京へ出られる頃だった。大阪の難波に、「創元」という本屋の奥が喫茶室になっているところがあり、そこがいつのまにか戦争で散り散りになっていた詩人たちの集合場所になっていて、(中略)三好先生は、そのうわさをきかれたと見えて、私に一しょに覗いてみよう、といわれ、同道した。三好先生は、なんだ、こんなところかと思われたのだろう、ながくは坐っておられなかった。(中略)小野十三郎さんは、そのときはじめて、三好さんを見られたらしく、のちほど木樵みたいな人だな、愉快やな、と自分のイメージとちがったその風貌に、大へん親しみを感じられたらしく、私にうれしそうに話された。》[10]
このような創元も、若い世代にとっては、必ずしも心地よい場所ではなかったようだ。

例えば、若き日の谷沢永一は、創元では小野と安西の定席が決まっており、おばさんが一見の客を丁寧に移動させておくという噂を耳にしていたので、開高健と連れ立って様子をうかがいに出掛けた。しかし、その暖簾をくぐるやいなや、二人は即座に店内の声高な雰囲気に違和感を覚え、直ちに去って、二度と足を踏み入れなかった。[4] 多少事情は異なるものの、明珍昇も安西冬衛との出会いをこういうふうに書いている。

《「創元」のドアをおそるおそる押すと、なんとわずかに開いた5センチほどの隙間のむこう、真正面に写真で見おぼえのあるあの銀髪のその主が獅子のような目を据えていて、私の目をとらえてしまった。押した勢いのままに足を踏み入れねばならぬ。何も置かれていないテーブルの上に両肘をついて詩人は座っていた。詩人以外に相客の姿はなく、のぞき見の興味でその場に居合わせることになったこの場違いの客人の挙動は、いや応なしに高貴な風貌と相むかい、その奥深い眼光にさらされることになった。》[11]

明珍は安西冬衛と二人きりで向かい合っている緊張に耐え切れず、運ばれて来たコーヒーも飲みさしのまま、ちぢこまった表情を伏せながら這うようにその場から退散した。

それにしても、暖簾なのかドアなのか……。

街の復興が進むにつれて、立地の良さから創元は廃業を余儀なくされた。五年ほどの営業期間であったが、その跡地にはパチンコ屋ができたという。[12]

小野十三郎は創元で夢想する。フランス革命時代のパリの地下酒場「緑の鸚鵡」になぞらえて、市民蜂起や農民戦争によって、都会の喫茶店に溜まっているような詩人連中が一網打尽に皆殺しにされる光景、ロルカがスペインで強いられたような死を。《そして、むろんわたし自身を含めて、あのころ、街の酒場や喫茶店に入りびたっていた仲間の全部は、いかなる弁解も哀訴も容れられず、夜明けの海を前にして銃殺される側に立たされるというわけだ。わたしのそのころの仲間には、刑の宣告を下す側に属する人間はひとりもいなかった。心理的にはみな殺される側の人間ばかりであった。》[3]

創元が閉店した頃から日本は高度成長期に入って行く。小野の次なる停留先ルルにもすでに述べたような多数の詩人、作家、画家、俳優その他有名人が出入りはしたが、小野が空想したような革命の銃声は建設の轟音によって掻き消され、僚友たちもそれぞれの場所へ去った。喫茶店の椅子は彼にとってのみ《だれにも話しかけも話しかけられもせず、ひとり放っておかれるために必要な場所》となっていた。《周囲に昔の仲間の姿もないそんなところでひとり腰かけていると、これはどういうことになったのだろうと思う。あのころの仲間は、わたしひとりを残して、みな殺す側の人間になったのかもしれない。つまり、朝早く起きてもっとしばしば夜明けを見ている側の人間に。》[3]

小野の嘆息は、ある意味で、戦後における喫茶店の変質を象徴するのではないだろうか。時間に追われ、物質に溺れてしまった人間に喫茶店は必要ではない。少なくとも第一義の存在ではなくなる。だから多様化するのであろう。しかし、本来、喫茶店というトポスは常に若く、未熟で、貧しく、ヒマを持て余した者たちのものであり、常に危機をはらんでいなければならないのだ。そして、それこそが、喫茶店の時代なのである。

［1］小野十三郎『日は過ぎ去らず わが詩人たち』編集工房ノア、一九八三年。清水正一は《大劇の南東辻入った通称サーカス横町の「紅ぼたん」がいささか雑ぱくだったが、カチューシャぐらい唄えて面白かった》としている（『犬は詩人を裏切らない』手鞠文庫、一九八二年）。荒川洋治は《法善寺の喫茶店「ルル」（杉村春子さんや小野十三郎さんのいきつけの店）で、気持ちととのえるべくコーヒーをすすりました》という（『ボクのマンスリー・ショック』、新潮文庫、一九八五年）。

［2］三〇周年記念冊子『ルル』には発行日等の記載はない。内容から見て一九七八年であろう。マダム森本政子の回想談をまとめてある。石浜恒夫によればコンドルは道頓堀橋の東南袂にあり、織田作之助がしばしば顔を見せていた。画家志望だった石浜はその二階の四周の壁面に油絵で《いくぶんシュール・レアリズム的な大壁画を描いたりした。その制作中を、それぞれ一時間あまり、珈琲を飲みながら眺めていたのは、吉原治良と、それから来阪した川端康成のふたり》だったと書いている（『大阪新聞』一九八六年七月五日号）。コンドルは娘夫婦によって引き継がれリブリバへと変わった（同六月七日号）。

［3］小野十三郎『奇妙な本棚』第一書店、一九六四年。

［4］谷沢永一『回想開高健』ＰＨＰ文庫、一九九九年。

［5］大谷晃一『ある出版人の肖像　矢部良策と創元社』創元社、一九八八年。明珍昇『評伝安西冬衛』桜楓社、一九七四年。『文学雑誌』一八号（一九五一年一月）の広告では《創元書房／創元茶房／大阪市南区難波新地／但御堂筋難波大映前》とあり「創元茶房」が正式名称だったようだ。一九五一年七月と思われる新聞切抜（掲載紙不明、富士正晴記念館所蔵）の記事「おしゃべり　ごしっぷ　へらず口」に創元が取り上げられており、それによれば、小野は毎夕のように現れ、長沖一、吉田定一らが常連で、吉村正二郎、岡田誠三、吉井栄治、庄野英二、庄野潤三らが実績組、まれに来るのが安西冬衛とし《ここのマダムは別に注文をききもせず、水だけもらつて飲んでもイヤな顔一つしない、マダムに十円借りて向いの風呂に行く青年もある、これを一口に創元グループという》とあり、また南の創元に対して、北には堂ビル前を西に入った路地にドンバルという喫茶店がある、宇井無愁、土井榊、京都伸夫、宮崎一郎、茂木草介、穐村正治、坂本嘉江、中正夫ら大衆小説派が寄り集まって賑やかだ、とも。

［6］安西冬衛「愛情の背景をなすわが鉄道達」『安西冬衛全集』第二巻、宝文館出版、一九七八年。

［7］清水正一は《お露さんとよぶ品のいい小母さんと、少女時代の竹久恵子を偲ばせる女店員が一人》と証言している（前掲『犬は詩人を裏切らない』）。竹久は東宝の看板女優。

［8］安西冬衛「会話のエスプリを鍛へるために」『安西冬衛全集』第五巻、宝文館出版、一九七八年。

［9］安西冬衛「立夏以後」前掲『安西冬衛全集』第五巻。

［10］『三好達治全集月報7』筑摩書房、一九六五年八月。

［11］明珍昇『夏の状差し』編集工房ノア、一九九〇年。

［12］石浜恒夫は《御堂筋なんばの東がわ、現在は千日前大通りとシネマビル南街会館とのあいだ、銀行のビルがいくつも目白押しに並んでいるが、その中央ややなんば寄りのところ、いまの辻クッキングなんば校あたりだったろうか》としている（『大阪新聞』一九八六年五月一七日号）。

音楽喫茶

ミュージック・ホール

一六世紀半ば、トルコのコーヒーハウスを細密に描写したミニアチュールには、弦楽器や打楽器を演奏している楽士たちの姿がすでに見えている。アラブ圏のコーヒーハウスでは、とくにラマダーンの間には、どんな粗末な店でも弦楽器の弾き語りを雇っていた。彼らは古い騎士物語や人気のある民話や叙事詩を語った。初期のコーヒーハウスの楽団には女性歌手も混じっていたが、それは信心深い道徳家を憤慨させ、コーヒーハウスを非難する理由の一つともなった[1]。

イギリスでは、一八世紀のコーヒーハウスやパブにおいて、客たちが素人合唱団を結成するということが始まっている。店の中で頻繁にコンサートが開かれ、それが人気を博したので、数多くの歌声酒場のようなものが現れた。一九世紀に入ると、酒場に付属していたコンサート・ルームが独立し、歌や小演劇を上演する劇場になるのだが、一八四三年に劇場法が制定され、劇場の観客席で酒類を販売することが禁止されてしまう。するとと再び人々は歌と酒に戻り、四七年頃からミュージック・ホールという名称を持つ店舗が現れ始める。要するにそれは舞台とオーケストラボックスのあるレストランだった。ロンドンに著名なミュージック・ホール、カンタベリーが出現したのは、博覧会史上に画期的だったロンドン万博の翌年、一八五二年のことである。これが大当たりした。カンタベリーの成功に続けとばかり、あっという間に同様な店が増え、七五年にはロンドンだけで三〇〇軒を数えたという。このミュージック・ホールは、二〇世紀初頭、レヴューに取って代わられるまで、イギリスにおける大衆娯楽の中心的存在であり続けた。[2]

ミュージック・ホールの人気はイギリス国内のみならず、海を越えて第二帝政期（一八五二〜七〇）のパリへと飛火する。この時期、パリでも万国博覧会（一八六七）が開催され、オスマン男爵の都市改造計画によってブールヴァールが整備された。その結果、カフェ、バー、レストラン、ブティックなどが急増していた。ミュージック・ホールはカフェ・コンセール（音楽喫茶）あるいはカフェ・シャンタン（歌声喫茶）と呼ばれ、一八六九年には、マネがそのバーの女性を描いたことで知られる大型店フォリー・ベルジェールが開店している。これはカフェというよりも、演芸場とサーカスとレストランを一つにまとめたような娯楽の殿堂だった。[3]

明治四一年（一九〇八）、パリに滞在していた永井荷風は拉甸区（カルチェ・ラタン）のコンセール・ルージュという音楽カフェの常連となった。この寄席もまた巴里《ある夜元老院門前の大通なる左側小紅亭とよべる寄席に行きぬ。この寄席もまた巴里ならでは見られぬものの一なるべし。木戸銭安く中売の婆酒珈琲なぞ売るさまモンマルトルの卑しき寄席に異らねど演芸は極めて高尚に極めて新しき管弦楽またはオペラの断片にて毎夜コンセルバトアルの若き楽師来つて演奏す。》[4]

荷風はドビュッシイ一派の新しい曲をほとんどこの小紅亭（コンセール・ルージュ）で聴き、ここで敬愛する上田敏の姿を初めて見かけた。河盛好蔵の追跡調査によって、その所在地はトゥールノン町六番地だったこと、入場料が一・二五から三フラン（約五〇銭から一円二〇銭）であったこと、一九〇〇年頃の音楽カフェ流行の最盛期を過ぎても忠実な常連客を惹き付けていた有名な店だったことなどが判明している。[5]

［1］ラルフ・S・ハトックス『コーヒーとコーヒーハウス』斎藤富美子＋田村愛理訳、同文館出版、一九九三年。

［2］小野二郎「ミュージック・ホール」『紅茶を受皿で』晶文社、一九八一年。

［3］千足伸行「さらば、いとしきバーよ　マネの《フォリー・ベルジェールのバー》とその周辺」『コートールド・コレクション展』図録、日本経済新聞社、一九九七年。

[4]『荷風随筆集』下巻、岩波文庫、一九九四年版。
[5] 河盛好蔵『巴里好日』河出文庫、一九八四年。

電気蓄音機

エジソンが音を記録再生できる機械フォノグラフを発明したのが一八七七年（明治一〇）である。ほぼ同じ頃、エミール・バーリナーも平円盤を用いる装置グラモフォンを開発していた。明治二〇年代にはわが国でも蓄音器または蓄音機という訳語が定着し、国産品さえ製造されていたというが、本格的な録音は英国グラモフォンの技師が明治三六年（一九〇三）に来日して行なったのが最初である。このときには邦楽や落語を吹き込んだ原盤をドイツの工場で製品化し、改めて輸入販売するという手数が必要だった。一九二四年にベル電話研究所が革命的な電気吹き込み法を完成。翌年にはその初レコードがRCAコロムビアから発売され、レコードの大衆化が始まった。日本のレコード会社も、前身はすでに明治四〇年（一九〇七）に結成されていた日本コロムビア、昭和二年（一九二七）に設立された日本ポリドール、日本ビクター、続いてキングレコード、テイチクなど大手各社が出揃った。SPレコード黄金時代の到来である。[1]

加太こうじは、昭和一〇年（一九三五）前後の音楽喫茶はおおよそ三種に大別されると断定している。それはレコードの種類と女給のサービスによって分類できるそうだ。

【名曲喫茶】ベートーベン、ショパンなどを聴かせ、女給は令嬢スタイルで必要な用件以外は客とほとんど会話を交わさない。

【軽音楽喫茶】タンゴ、ワルツ、シャンソン、ジャズなどをかけ、女給は町娘スタイル。会話は比較的多かったが、客はソファに座り、女給は立っていた。

【社交喫茶】特殊喫茶ともいう。カフェーが名称を変更したもの。浪花節、歌謡曲などをかけ、女給は客の横に腰掛けて酒の酌をした。チップも必要だったが、一〇銭スタンドなどに対抗し、安価で飲める形態をとっていた。


いずれの喫茶店もレコードを聴かせるのが看板で、昭和五年（一九三〇）頃から、電気蓄音機が普及し始めるにつれて増えて来た新商法だった。カフェーにあった手巻きのゼンマイ式蓄音機が徐々に電蓄に替わって行く現象とカフェーそのものの衰微が重なるようだ、と加太は観察している。[2]

社交喫茶は新興喫茶と呼ばれることもある。野口冨士男によれば、昭和一二年（一九三七）頃、ビールや洋酒を置き、女給が客席脇のストゥールに座って話し相手を務める、純喫茶とバーとの中間的な存在が新興喫茶だという。[3]

当時、SPレコードは片面三分間二五センチのものが一枚一円五〇銭、片面五分間三〇センチのものが三円くらいだった。電蓄は安物でも六、七〇円はしたので、庶民が安易に購入できるものではなかった。

《文明の利器電蓄で、西洋の音楽をきいてコーヒーを飲むと、いかにもモダンな人間になったような気分になれるから、当時の若者はミルクホールよりも高いコーヒー代を払って喫茶店へ行ったのである。十六歳の私もそう言う若者の一人だった。》[2]
川崎長太郎の小説「喫茶店」(一九三五)の主人公も、一五銭のコーヒー代が切れたときには友人に借りた本を質草にして出掛け、《三度のめしは二度にしてもコーヒー代は欠かしたくないと云ふのが彼の願いでもあつた》[4]と告白している。ミルクホールから電蓄のある喫茶店へ、明らかに若者たちの嗜好や経済状態も変化していたようである。
昭和一〇年(一九三五)頃、池袋西口にセルパンという仕舞屋風の二階家を改造した音楽喫茶があった。一〇坪足らずのフロア、天井には扇風機とシャンデリアが吊り下っていた。プレーヤーはアメリカ製の電気蓄音機で、女給はブルーズではなくロングドレスを着ていた。聴きたい曲名を紙に書いて彼女たちに渡すのだが、リクエスト曲がかかるまで、かなり待たなければならなかった。一〇銭のコーヒーを僅かにカップの底に残して何時間も粘っている客ばかりだった。ディック・ミネや灰田勝彦らを含む立教大学の学生が多かったが、松本竣介や船越保武、靉光、寺田政明、麻生三郎、大野五郎らの池袋界隈に住む美術家たち、小熊秀雄、山之口貘、高橋新吉、野口雨情、岡本潤、杉捷夫、平野威馬雄、秋田雨雀、山手樹一郎、窪川鶴次郎・いね子らの文士たち、そして大泉の新興キネマから溝口健二、鈴木伝明、大友柳太郎らも集まって来ていた。[5]

中野重治の日記、昭和一六年（一九四一）六月二六日にこうある。

《晴れて甚だ暑し。

ひるねした。夕方からチクオン器をききに行く。Jodel〔ヨーデル〕を聞く。気に入る。ミルシタインによるチャイコフスキーのバイオリン協奏曲。マレシャル。[6]》

世田谷に住んでいた中野がどこの店へチクオン器を聴きに行ったのかは分らないが、この時期の有名な音楽喫茶店は、神田小川町の田園、上野池之端のイケモト、上野松坂屋横前通りの良子の家、新宿の南蛮、池袋のセルパンなどで、それらの店のコーヒーは二〇銭になっていた。[7] そして例えば、田園では爪先立つて歩かなければならないほどの静粛が要求されたという。銀座では三原橋の袂のメーゾン・ド・テ・モンがSP盤特有の針音も気にならないくらいうまくフィルターがかけられてフランス音楽が流れていた。[8]

野見山暁治は、九州から上京したての頃（一九三四）、先輩に連れられて銀座の音楽喫茶へ初めて入った。誰も彼も黙ってレコードを聴いているので《ぼくは音もたてずにコーヒーをすすりながら、郷里の炭坑町を遠いことのように思い出した[9]》。

［1］池内紀「歯車とバネとラッパ　蓄音機」『20世紀博物館』平凡社、一九九四年。

［2］加太こうじ『サボテンの花』廣済堂文庫、一九九三年。

［3］野口冨士男『しあわせ かくてありけり』講談社文芸文庫、一九九二年。

［4］川崎長太郎「喫茶店」『作品』作品社、一九三五年七月号。

［5］宇佐美承『池袋モンパルナス』集英社、一九九〇年。

［6］中野重治『敗戦前日記』中央公論社、一九九四年。

［7］木内廣『ある絵の周辺』造形社、一九七八年。

［8］池田圭「私と第一書房本」『第一書房長谷川巳之吉』林達夫＋福田清人＋布川角左衛門編、日本エディタースクール出版部、一九八四年。メーゾン・ド・テ・モンは喫茶門と同じ店だろうか。

［9］野見山暁治『一本の線』朝日新聞社、一九九〇年。面白いことに、井伏鱒二は「レコードをきくと、頭が変になるんだ」といって、喫茶店のレコードを女給に止めさせたことがあったという（中村地平「耳と目」『中村地平全集』第三巻、皆美社、一九七一年）。

クラシック

五木寛之が中野の喫茶店クラシックに初めて足を踏み入れたのは昭和二八年（一九五三）のこと。早稲田大学露文科に入学した年である。『風に吹かれて』によれば、九州出身の画家が経営するクラシック・レコードの蒐集で有名な店だった。初めて入った客はぎょっとするほど店内は雑然としており、時代物の蓄音機や再生装置が所狭しと並べられていた。二階席は歩く度にきしみ、手摺にもたれるのは危険だった。[1]

同じく早稲田露文の学生だった川崎彰彦は、当時クラシックには三〇円の《紅茶と称する奇態な飲み物》しかなく、七月一四日の巴里祭のときだけ、泡盛をコカコーラかサイダーで割った「泡ハイ」が用意されたと回想している。[2] この巴里祭を祝う習慣は昭和二五年（一九五〇）頃に大阪のキャバレーが始めたともいわれ、一時盛んに行われた。[3]

川崎はクラシックではたいていモーツアルトかプロコフィエフをリクエストした。[4] 主人の因幡さんは画家とはいっても、生業は風俗営業。クラシックの他にトリスバーのムンクとサントリーバーのピレネーを経営していた。川崎は因幡という仮名を使っているが、クラシックの主人、本名は美作七朗《みまさかしちろう》である。明治四〇年（一九〇七）に熊本で生まれ、二一歳で上京、小林萬吾に師事し洋画家を目指した。昭和五年（一九三〇）、高円寺に音楽喫茶ルネッサンスを開業。戦時中は古典と改名して営業を続けたが、戦災で焼失、敗戦を経て、昭和二〇年（一九四五）九月には中野へ移って名曲喫茶クラシックとして再開した。昭和二五年（一九五〇）以降は西荻窪ダンテを始め、店舗の内装デザインを数多く手がけ、昭和三二年（一九五七）、国分寺でんえん開業の折には意匠設計の全てを行った。昭和五五年（一九八〇）、愛弟子寺元健治の阿佐ケ谷ヴィオロン開業に尽力。平成元年（一九八九）病没、享年八二。経営は娘の良子が引き継いだが、平成一七年（二〇〇五）にその死去とともに閉店。老朽化した店舗は取り壊された。[5]

クラシックでは、泡ハイの出る巴里祭のときに、シャンソンのレコードに合わせてフランス語で合唱する東京外国語大学の学生たちを川崎ら早稲田の学生が野次って、あわや乱闘という場面があった。

《「やい、すこしうるせいぞ、イブ・モンタンの目ざしめ」

すると下からもヤジり返してきた、

「やんでい、やんでい、目ざしたあ何のことだ」

ぼくら中二階の手摺にもたれて立ちはだかった。臨戦体制というわけだった。》[2]

常連の仲裁で大事にはいたらなかったが、川崎たちはこの後「愚連隊」と仇名されることになった。ちょうど世間では太陽族[6]の季節が始まろうとしていた。

［1］五木寛之「出あいの風景」『朝日新聞』一九九二年五月二八日号。『風に吹かれて』講談社文庫、一九七四年版。

［2］川崎彰彦『ぼくの早稲田時代』右文書院、二〇〇五年。紅茶しかなくというのは一時的なことだったろう。五木寛之は三〇円のコーヒーを飲んだ。飲み物はコーヒー、紅茶、ジュースのみ。コーヒーはサントスとモカのブレンドのみだったという。参考までに、昭和三五年（一九六〇）に清水雅人が名を挙げているシャンソン喫茶は、昭和三〇年（一九五五）にパリから帰った原孝太郎が日本で初めて生演奏の聴ける店としてオープンした銀巴里（当時ロールケーキ付きコーヒー一〇〇円）、その後できた生シャンソンの聴ける店として、新宿にラ・セーヌ、地球会館、銀座東八丁目の日航ミュージック・サロン、上野の金馬車、新橋の夜来香。レコードによるシャンソン喫茶は、御茶ノ水西口のジロー、駿河台下のＡＭＩ、銀座小松ストアー隣のボンソワール、二丁目のシャン、

八重洲口のルフラン、日比谷のセ・シ・ボン、渋谷のダミア、ジャルダン、ジロー支店、ボンソワール支店、十字路、河、新宿のロアである（「東京の喫茶店」『机』紀伊國屋書店、一九六〇年一二月号）。

［3］柳沢健によれば、日本で初めて巴里祭が行われたのは昭和九年（一九三四）である。窮乏したパリの詩人ポール・フォールを救済するため、堀口大学らの発起によって数寄屋橋の朝日講堂で開催された（『回想の巴里』酣燈社、一九四七年）。

［4］トリスバーは昭和二五年（一九五〇）にトリスのハイボールと塩豆のみ七〇円でスタートしたスタンドバー。一時は全国に三五〇〇〇軒を数えた。

［5］「名曲喫茶中野「クラシック」店主 画家美作七朗 生誕一一〇年記念作品展」（二〇一七〜一八年）ちらし。二〇〇七年、元スタッフの檜山真紀子・岡部雅子により中野クラシックの内装を移築した高円寺ルネッサンスが開業している。

［6］湘南に集まる新世代の若者たちを描いた石原慎太郎の小説「太陽の季節」（一九五五）がベストセラーになったことで大宅壮一が石原との対談で用いた「太陽族」が流行語となった。

ジャズ・エイジ

大正一二年（一九二三）の春、村松梢風は初めて上海へ渡った。上海租界の黄金時代、梢風は南京路のカルトン・カフェーで生まれて初めて豪華な社交ダンスを見物して驚嘆する。各国の上流紳士淑女がフィリピン人三〇人位のバンドが演奏するジャズで踊り明かすのだ。それが驚きだった理由は《その頃日本にはダンスホールもなく、ジャズ・バンドもなかった》からだと梢風は書いている。[1]

実はこの大正一二年（一九二三）に、宝塚少女歌劇団のオーケストラから出た井田一郎らが日本初のプロのジャズ・バンドであるラフィング・スターズを結成していた。そして大阪のカフェーパウリスタが、翌年、初めてジャズ・バンドを入れてダンスを始めた。大正一四年（一九二五）に放送を開始したＪＯＡＫが日本人によるジャズをオンエアするのが昭和二年（一九二七）からである。その二年後には新橋ダンスホール地下の喫茶店デュエットで演奏家たちがジャズのレコードをかけ始め、昭和五、六年頃には、ブラックバード、ブランスウィック、ゆたか、メーゾン・リオ、ブラウンダービーなどという輸入盤を聴かせるジャズ喫茶ができていた。[2]

神田錦町にあるイトウコーヒーは昭和二三年（一九四八）開業だが、主人伊藤惣一の長兄は昭和一四年（一九三九）頃、上野駅前にアメリカ茶房を開いた人物である。加太こうじによると、上野広小路から隅田川の方へ寄った下谷竹町にあり、後に加太の妻となる女性が一時レコード係をしていた。主人は榎本健一に似ていたことから舞台でエノケンの吹き替えをやったこともあるジャズマニアで、実家の蕎麦屋を継がずにジャズ喫茶を始めた。[3] 戦時中に上野仲町へ移転しイトウコーヒー店と改名、店内私語禁止を貫いた店だった。

現存最古のジャズ喫茶として知られるちぐさは吉田衛《まもる》が昭和八年（一九三三）に横浜野毛に開店した。いらっしゃいませをいわない、静粛を求める、蓄音機の二機連続演奏など、ジャズ喫茶の基本スタイルを生み出したといわれている。[4]

ジャズが一般大衆の人気を博するようになったのは、一九世紀末頃のラグタイム（黒人音楽とクラシックの融合したピアノ曲）の流行、ニューオリンズにおける廃娼によって職を失った黒人ミュージシャンの大都市への移動を経て、ベニー・グッドマン楽団が一九三五年にスウィング時代の幕を開いて以降のことである。第二次世界大戦にアメリカが参戦するまでの何年かの間、スウィングとジルバが全米を席巻した。その結果、ジャズはポピュラー音楽の中へ拡散する一方、ジャム・セッションから生まれたビ・バップが登場し、モダンの新時代が開かれる。さらに戦後はクール、ハードから一九六〇年代のフリー、そして七〇年代のフュージョンへと展開を見せることになるが、ジャズの変遷に従ってジャズ喫茶もその消長を示しているようだ。

もし「喫茶店マンガ」というジャンルを考えるとすれば、永島慎二はその筆頭に位置すべき作家であろう。例えば『フーテン』（一九六七〜七〇）の背景は一九六〇年代、喫茶店の時代そのもの、登場人物たちも喫茶店を核として躍動している。東京トップ社から三万円借りたダンさん（永島の自画像）が新宿へ出て、コーヒーでも飲むかと入るのがタンポポ。そこで仲間の一人が事故死したことを知り、呆然とする。深夜喫茶オスローに寄った後、仲間たちとスタンドバーで一杯引っ掛ける。おやかたというジャズ喫茶へ。横丁の狭い路地、地下へ降りて行く。ズンガズンガ、ボボン、パパン、パン、ビィインバンバ、バーッ、ビーン、ボンボン、ビィンビィン、パパッ、ババ、ビンビンビンビン、ババッパアン、ビイイン。音に身を委ねるダンさんの目には涙が溢れて止まらない。その店を出ると「あ　あしたァ／日曜だあ／ジャジャジャズ／でも聞くべえと／おも…思って／よ!」という仲間たちとバッタリ出会って合流。ひとまずコーヒー渚へ。そこで喧嘩騒動が持ち上がり、なんとか納まった後、彼らは新宿の夜明けを眺める。

永島の発明といってもいいと思うのだが、作中画面に実在する喫茶店の名前が書き込まれている。これは、そのまま時代を反映しているようで非常に新鮮に映る。ルノアール、夢、ポカン、DAN、ぶるんねん、マーメイド、うらな、ドン、11、キーヨ、ポニー、ポエム、BON、すみれ、シャン、ナポレオン、セブン、エース、白十字……。

一九六〇年代はまさにひとつのジャズ・エイジだった。中上健次は来る日も来る日もジャズばかり聴いていた時期が五年ほどあるとして、ジャズ・ヴィレッヂ、ヴィレッヂゲイト、DIG、木馬、ニューポート、ビレッジバンガード、ビザール、キャット、アカシアの名を挙げている。

《東京へ来て、友人の下宿に転がり込んだ次の日、新宿のモダンジャズ喫茶店でジャズを聴いた。それが最初のジャズ体験だった。新鮮であった。衝撃的だった。何よりも、自由な感じが、気に入った。東京という都市に出てくることが、風土や、切っても切れない血の関係から自由になる、ということを意味するなら、ジャズは実際、ぼくの、体の真中、心臓の真中をさし貫き、流れ込み、響いた。》[5]

植草甚一は、響、ニューポート、木馬、ポニー、びざーる、ディグ、BUN、オレオ、LP、ママなどの名前をジャズ・エッセイに登場させた。これらに加え、岩浪洋三は植草のよく通ったジャズ喫茶として新宿のヨット、キーヨ、吉祥寺のファンキーを補っている。植草が初めてモダンジャズのレコードを聴いたのは一九五三年か五四年であったらしい。秋山邦晴が依頼したシャンソン歌手ブラッサンスの原稿を書くため植草は再生装置を購入した。そのお詫びにと秋山が持参したレコードのなかにモダンジャズも混ざっていたのだが、それがすっかり気に入った。

《それから半年ぐらいあとのことだったろうか。新宿のレコード喫茶風月堂だったかで植草さんとお目にかかった。開口一番、「いやあ、あれからすっかりモダン・ジャズにこってしまってね。もう五十枚くらい買ってしまいましたよ」と、ごきげんで話されたのである。》[6]

世界をジャズが風靡した時代だったのだが、日本のジャズ喫茶にはまた独自のテイストがあったようだ。植草はニューヨークで出会った若き秋吉敏子が次のように語ったと書き留めている。

《東京には八人か十人くらいしか入れない小さな喫茶店がいっぱいあってね、ハイ・ファイ装置がしてあるうえ、アメリカのジャズ・レコードのコレクションが凄いのよ。コーヒー一杯注文して四時間も五時間もねばったままジャズを聴いてて平気なんだけど、アメリカには、こんな遊び場って一軒もないでしょう。ほんとうに東京のジャズ喫茶が懐かしくなってきますわ。》[7]

かつて秋吉敏子は前述ちぐさの常連だった。その頃の彼女は同じフレーズのかけ直しを何度も何度も求めたという。

モダンジャズを略して「ダンモ」、ダンモを聞かせる喫茶店がダンモ喫茶、そこへ集まるのがダンモ族。森本一成『足で集めた喫茶店ガイド』(一九六七)を見ると、モダンジャズ喫茶という分類で九店舗が紹介されている。ビザールは新宿駅前角筈レンガ通り地下にありボリュームいっぱい、四〇人入れる造りで学生がほとんど。壁には前衛絵画、コーヒー一〇〇円。ピットインは角筈駅前大通りカワセビル裏、広い店で日曜には生演奏もある。ポピュラー曲もやり、コーヒー一〇〇円、モーニング・サービス、紅茶はお代わりできる。ジャズ・ビレッヂは新宿歌舞伎町、山小屋風の造り。スナック・コーナーもある。コーラ一〇〇円。DIGは新宿二幸裏パチンコ店モナコ横入るの階上。階段には外国モード雑誌の切抜写真。ボックス七組にぎっしり満員、表で待つ客もいる。他に、乗合馬車、ポニー、ヴィレッジ・ゲート、木馬、汀。

一九歳の永山則夫は、昭和四三年（一九六八）、アメリカ海軍横須賀基地から盗んだピストルによって連続射殺事件を起こし逃走していた。翌年四月七日、千駄ヶ谷のビジネススクールに押し入った後、逃走中に代々木の路上で逮捕される。永山はその直前の一月下旬からしばらく新宿歌舞伎町のビレッジバンガードでアルバイトをしていた。そのときボーイとして同じ店で働いていたのがビートたけしである。たけしは永山とはほとんど口もきいておらず、《暗いあんちゃん》としか思わなかった。サルトル、ボーヴォワール、コリン・ウィルソンを大音響の中で読みふけり、共産主義を分ったふうに語り、全共闘のヘルメットをアクセサリーにした時代。暗黒舞踏、天井桟敷の面々も客として来ていたビレッジバンガードでは、チャーリー・パーカー、バド・パウエル、ときにスタン・ゲッツなどがかかり、サム・テーラーをリクエストすると「やめろ」と怒鳴られたりした。[8]たけしはビザールでも働いていたようだが、萩原朔美はたけしの印象を《言われてみれば、そんなボーイが居たかもしれない。愛想のない無口な人物だったような気がする。小水と山崎と僕がそろってボーイになったのは、彼が辞めた後だった》[9]と、たけし自身も《暗いあんちゃん》の一人だったことを証言している。

高校生だった坂本龍一は、学校へロクに通わず、新宿の喫茶店をハシゴしていた。ウィーンで弁当を食べ、暮れて来る頃ピット・インへ行って夜まで粘った。ときには《ヴィレッジ・ヴァンガード》、ヴィレッジ・ゲートへ行くこともあった。《だから、永山則

夫とか、ビートたけしとか、中上健次とかにたぶんすれ違っているはずだよ。》[10]

やはりビレッジバンガードで永山に接触した嵐山光三郎は永山が逮捕されたときの印象をこう描写している。

《英介、テレビに写った永山の顔を見た。代々木署を出る永山は、顔を隠さずうつむいていたが、へこんだ眼とふてくされた口元を見ながら、「十九歳のときの俺と似ている」と、英介は気づいた。この男には、最初に会ったときから、妙にひっかかるものがあった。生気のない曇りガラスの眼の奥で、不気味な殺意が燃えていた。》[11]

中上健次は永山が逮捕されたとき《自分が、無数の永山則夫の一人であると思った》、そして《いまでも、ふと、そのような少年が、自分の中に居る気がする》[5]と書いている。

ビートたけしも同じ感覚を語った後、こう続ける。

《ジャズ喫茶なんて場所は、どうせダメなやつが行くわけだよ。ちょっと外れたやつが。社会から外れたり、学校もクビになって、サラリーマンになってなんていうことから落ちこぼれたやつが、どこでロマンを見つけるかといったら、ジャズ喫茶でポンとしてることで助けられてたところがあるんだよね。》[8]

ところが永山はそのささやかなロマンさえも持てなかった。寺山修司は永山を逃げることだけしか考えない少年であり《一切の地理は幻想であるにすぎない、ということを知らなかった》[12]と一流の比喩をもって斬り捨てたが、永山はそれに対して、寺山は魂をブルジョアに捧げたハイエナだとこと細かに反論している。[13]
これらの言説に対して、亀和田武はビレッジバンガードは神話化され過ぎているとして次のように語ったことがある。
《ぼくは当時、二回ぐらい行きましたけど、ホントにつまんない店でした。当時歌舞伎町に二軒あった似た名前のジャズ喫茶、「ジャズ・ビレッジ」と「ジャズ・ゲイト」のほうがフーテンが多くて、客の半分以上がハイミナールをコーラで飲んでラリったりしてて、すごくギスギスした怖いくらいのジャズ的な空間だったんですよ。（中略）後発の「ビレッジ・バンガード」はまず間違いなく、その二店の人気にあやかろうとして「ビレッジ」をつけたんだと思う。「ジャズビレ」と「ゲイト」が西の横綱なら、東の横綱が中平穂積さんの「DIG」だった。こちらは私語厳禁で、ひと言でも話すと店員がすっとんでくるような、すごく抑圧的な空間で。》[14]
中上健次はそんなDIGが大嫌いだったし、亀和田もそうだった。それに比べるとビレッジバンガードは明け方までやっている、終電に乗り遅れた若者が朝まで過ごすような、ユルーイ純喫茶みたいな店だった。
七〇年代以降、ジャズ喫茶が下火になったのは事実だとしても消滅してしまったわけではなく、より広く拡散して行ったのである。昭和五五年（一九八〇）に発行された角川文庫版『トクする電話帳』には全国のジャズ喫茶六三店舗が掲載されている。東京では新宿のびざーる、びざーるⅡ、ディグ、ダグ、ポニーを始め一三。名古屋に八、札幌に六、横浜はちぐさなど四、金沢はYORKなど四、福岡に二、鎌倉と川崎にそれぞれ一。そして近畿地方はまだまだ盛んだったらしく、合計三四店が紹介されている。京都は河原町三条のZABO、ビッグボーイ、河原町荒神口のしあんくれーる、河原町六角のムスタッシュ、河原町蛸薬師のインパルス、四条堺町のザ・マンホール、木屋町高辻のジェル、熊野神社のYAMATOYA、聖護院のREMA、北白川のふーんじゃらむ。大阪では梅田近辺のQUE QUE、ムルソー、JOJO、インタープレイ8、難波の845、バード56、上本町のSUB、合わせて七。神戸では元町のクル・セ・ママ、北長狭通りのさりげなく、ピサ、バンビ、とんぼの五。西宮甲風園にアウト・プット、デュオ。この数字から大雑把ながら一九七九年時点での全体像が浮かんで来るのだが、むろんこれらが当時のジャズ喫茶の全てではない。平凡出版の『週刊平凡パンチ』一九八一年三月二九日号は「オーディオ喫茶ガイド・関東編」として写真入で二九店舗を紹介している。重複も含め全店を挙げておく。吉祥寺に、音の殿堂ともいうべきFUNKY、ランサー一〇一をマランツでクリエイトしているMEG、浅草にはトイレの落書きが各セクトごとにびっしりのFLAMINGO、渋谷のBLACK HAWK、DUET、SWING、GENIUS、四谷のいーぐる、水道橋のSWING、横浜のDOWNBEAT、ちぐさ、リンデン、新宿のPONY、木馬、VILLAGE GATE、アカシヤ、DIG&DUG、ママ、中野のCRESCENT、JAZZ-O-DIO、銀座の69、後楽園のSTAMPEDE、神保町の響、日暮里のシャルマン、三崎町のCOMBO、代々木のNARU、阿佐ケ谷の毘沙門、川崎のオレオ、ガロ。これら以外に例えば、村上春樹が千駄ヶ谷で経営していたピーター・キャットを作家業に専念するために閉めたのは昭和五六年（一九八一）だった。[15]

雑誌『サライ』の平成八年（一九九六）一月一八日号にジャズ喫茶の特集が組まれている。そこで取材されているのは、岩手県一関市のベイシー、愛知県知立市のグッドベイト、横浜のちぐさ、東京白山の映画館、香川県高松市のアップタウン、そして新宿のDIG、DUGである。基本的には店主の好みが極めて明快な店ばかり。ジャズ喫茶をリードしてきたディグ、ダグの店主であり評論家の中平穂積はディグをニュー・ダグへ発展させ、ダグをライブハウスに変えるなど、時流に柔軟な対応を見せ、ベイシーの店主菅原昭二は、偉大なミュージシャンが大方他界してしまった今日、名演奏が聴けるレコードの方が貴重になる、レコードはライブを超えた、と断言する。[16] この二人の対照が印象的だ。どうやらジャズ・エイジはまだ終っていないらしい。

［1］村松梢風『女経』中公文庫、一九七五年。
［2］瀬川昌久「モダンボーイたちの子守唄」『太陽スペシャル　珈琲博物館』平凡社、一九八六年。

［3］加太こうじ『サボテンの花』廣済堂文庫、一九九三年。『東京人』東京都歴史文化財団、一九九八年六月号。

［4］『サライ』小学館、一九九六年一月一八日号。一九九四年に店主が他界した後も親族が続けていたが、二〇〇七年一月末に閉店。二〇一二年三月、野毛地区の別の場所で営業再開し、一般社団法人喫茶ちぐさ・吉田衛記念館として存続している。

［5］中上健次『鳥のように獣のように』北洋社、一九七六年。

［6］秋山邦晴「一枚の書きかけの地図の回想 植草甚一氏との出会い」『植草甚一主義』鍵谷幸信編、美術出版社、一九七八年。そして植草はジャズにはまり込む。《二千枚のレコードをみっちりと聴きとおすには、毎日三時間ずつどこかの喫茶店で頑張りとおして一日も欠かさない決心をし五年間つづけなければならないという計算になり、コーヒーを一杯七十円だとすると、一杯で三時間ねばったとしても十三万円ばかり聴き賃がいる》（植草甚一「マニア病」『植草甚一スクラップブック12 モダン・ジャズのたのしみ』晶文社、一九七六年）。

［7］植草甚一「コーヒーとモダン・ジャズ」『植草甚一スクラップブック23 コーヒー一杯のジャズ』晶文社、一九七八年。昭和二六年（一九五一）頃、有楽町のすし屋横丁の中に川桐徹が開いた小さなジャズ喫茶コンボは、大橋巨泉、ハナ肇、植木等、ジョージ川口、秋吉敏子、湯川れい子、フランキー堺、小野満らが常連で、米兵も出入りするアジトのような店だった。渡辺貞夫は妻貢とここで知り合い、秋吉はやはり同じ曲を何度も聴いて採譜していた。営業期間はわずか四年ほどだったという。（朝日新聞社会部「ジャズ」『有楽町有情』未來社、一九八一年）。

［8］ビートたけしインタビュー「永山則夫は一人で叛乱をおこした」『文藝別冊 完全特集永山則

夫』河出書房新社、一九九八年三月号。

［9］萩原朔美『思い出のなかの寺山修司』筑摩書房、一九九二年。《〝ビザール〟へは、最初は常連の客として、途中から従業員として毎日通った。アルバイト代はすべてLPレコードに姿を変えた。毎日顔を合せている連中の中に、西洋哲学史を自己流に学んでいるロリコンの男や画家志望、状況劇場の役者、フリージャズのプレーヤー阿部薫などが居た。みんなどこかで仲間を求めて集まってくるようだった》。小水一男はピンク映画、日活ロマンポルノの代表作家の一人で、一九九〇年、ビートたけし主演の映画「ほしをつぐもの」の監督を務めることになる。

［10］坂本龍一『時には、違法』角川文庫、一九九一年。

［11］嵐山光三郎『口笛の歌が聴こえる』新潮社、一九八五年。

［12］寺山修司『書を捨てよ、町へ出よう』角川文庫、一九七九年版。

［13］永山則夫『反―寺山修司論』JCA出版、一九七七年。

［14］坪内祐三×亀和田武トークショー抄録『彷書月刊』二五三号（二〇〇六年一一月号）、彷徨舎、二〇〇六年一〇月。

［15］岡崎武志「村上春樹」『上京する文學』ちくま文庫、二〇一九年。

［16］二〇〇一年一〇月から「著作権等管理事業法」が施行され、一般社団法人日本音楽著作権協会（通称JASRAC）による著作権管理が強化されたことで、かつてのようなジャズ喫茶の時代は終りを告げようとしているようだ。

フォーク

前述の『フーテン』とともに永島慎二は『若者たち』というやはり喫茶店に集まる若者たちを主人公とした作品を描いた。一九六〇年代叙事詩としての大河ドラマ性を持つ『フーテン』とは異なり、『若者たち』はコンパクトにまとまっている。喫茶店もぽえむ以外はほとんど出てこない。永島の自画像も脇へ引っ込み、村岡栄という等身大のマンガ青年がシテに配されている。アシスタントから独立したばかりの村岡は、書かない詩人の井上、歌手を目指すセキ、油絵を描いている三橋、小説を書いている向後たちを次々と自分の部屋に同宿させていく。彼らはぽえむのスパゲッティ一皿を五人で食べながら、交互にアルバイトのウエイトレスに恋をしてはふられるのだ。

実在の喫茶店ぽえむの店主山内豊之によれば『若者たち』の登場人物には全てモデルがいるそうだし、山内自身の風貌やぽえむの店内の様子も手に取るように分る仕掛けになっている。例えば、板張りの壁面に絵がたくさん掛けてあり、軒覆いに「ギャルリ・ド・ポエム」と表示されているなど、当時の絵画ブームから派生した画廊喫茶ブームを思わせて興味深い。

山内豊之は、昭和九年（一九三四）、高知県に生まれた。容堂山内豊信の子孫に当たるという。シナリオライターその他さまざまな職業を転々とした後、昭和四一年（一九六六)、阿佐ケ谷駅北口に七坪半の喫茶店ぽえむを開店した。[1] 東京の人口は昭和三七年(一九六二)に一〇〇〇万人を突破し、オリンピック(一九六四)を経て都市の相貌も大きく変わりつつあった。そんな中、戦後の喫茶店ブームが訪れていたのである。ぽえむが店開きした頃、阿佐ケ谷駅は高架化後の区画整理の最中で、高架下のダイヤ街、ゴールド街のオープンも間近だった。オープン後には、泉、ポニー、嵯峨野、ササキパーラー、銀泉、可否茶館などの喫茶店が出現して、しのぎを削ることになる。

開店当初、山内は考えた。コーヒーの味だけでは近くにあるプチには及ばない。プチは外村繁、上林暁、青柳瑞穂、辰野隆らうるさがたも通っていた定評ある珈琲専門店。[2] そこで、コーヒーの値段を抑えるとともに、ぽえむをフォークソングを聴かせる店にしようと目論んだ。ジャズ喫茶には老舗が多く、再生装置やレコード枚数では新参者が太刀打ちできるはずもなかったし、ちょうどカレッジフォークが盛り上がりを見せていた時期でもあった。ところが、フタを開けてみると、さほど集客効果がないことが判明、フォーク喫茶の看板はさっさと下ろしてしまう。だが、これはひとつの着眼だったといえる。

ぽえむが開店した昭和四一年(一九六六)、大阪労音にフォークソング愛好会が生まれ、年末には高石友也がデビューシングルをリリースした。翌年、岡林信康がラジオ関西に出演、初めて一般にその存在を知られ、昭和四三年(一九六八)には「山谷ブルース」

でレコードデビューする（発売中止）。高田渡の「自衛隊に入ろう」が物議をかもしたのもこの年である。それまでのカレッジフォークに飽き足りない若者たちは、高度成長の歪みやベトナム戦争の本格化に刺激されつつ、プロテストソングとしてのフォークに傾斜して行った。しかし、その熱気も昭和四四年（一九六九）に強行された機動隊による新宿西口「反戦フォークソング集会」排除に至って急冷する。岡林の失踪、高石の渡米も象徴的だ。続く昭和四五年（一九七〇）、アルバム「古い船をいま動かせるのは古い水夫じゃないだろう」を引っさげて吉田拓郎がデビュー。一九七〇年代の主流は抵抗から内向へ、広場から四畳半へとスイッチする。フォークの政治性は稀薄となり、支持層が大衆化、低年齢化するとともにニューミュージックの流れの中に呑み込まれてしまう。

七〇年代初め、高円寺、吉祥寺、国分寺、寺の付く街にフォークシンガーありといわれた。とくに高円寺には吉田拓郎、南こうせつ、青い三角定規らが住み、フォーク・ロックの街と称された。その切っ掛けは、昭和四三年（一九六八）、南口にムービンがオープンしたことだった。新宿のジャズ喫茶DIGでアルバイトしていた和田博己が独立してムービンを始めたのだったが、ジャズ専門ではあまりに流行らず、まだ珍しかったロック喫茶に転向した。常連だった田川律の関係から大阪のフォークシンガーたちが出入りするようになる。西岡恭蔵、中川五郎、大塚まさじ、岡林の姿もあった。友部正人は昭和四六年（一九七一）に八坪のムービンでライブを行っている。ムービンは昭和五〇年（一九七五）頃に閉店したが、その後も高円寺にはロック喫茶やライブハウスが増え続け、一九八〇年代のたま、人槻ケンヂなどを胚胎したのである。[3]

大阪難波元町にはディランがあった。大塚まさじが昭和四四年（一九六九）に開店。西岡恭蔵、中川五郎、中川イサト、友部正人、加川良らが集った。トイレがなく、二階のゲイバーの寮として使われているアパートの共同トイレを使っていた。カウンターにピンクの電話があり、電話をもたないフォークの若者たちはこれに頼った。すぐ裏手に「組」の事務所もあり、フォーク、ゲイ、やくざと混成のエリアだった。ディランを経営するため、大塚は喫茶教室に通い、一通りのことを学んだ。友部正人は名古屋から大阪へやってきた若者でディランに出入りしていたが、無口であまり喋らなかった。[4]

『若者たち』に実名で登場したぽえむはにわかに有名店となった。しかし、当座は『若者たち』の作者がいったいどの客なのか、山内は知らなかったという。そのうち《いつも店の隅のほうで静かにコーヒーを飲んでいた一人の男》が永島慎二だと判明した。いつしか漫画家は常連の定席になっていたカウンターへ座るようになった。後年『若者たち』は「黄色い涙」としてテレビ化される。[5] ぽえむの方も昭和四五年（一九七〇）に下高井戸に支店を出した後、チェーン店として急速に発展し、山内は日本珈琲販売共同機構を組織するまでになる。友の会を作り、機関紙『珈琲共和国』『珈琲連邦』を刊行するなど順風満帆の展開を続けた。[6]

川本三郎は「燃えていた町・阿佐谷」と題して一九六〇年代の阿佐谷の熱気について書いている。フーテンや漫画家のタマゴがたむろしているぽえむ、ジャズ喫茶吐夢、クラシックギターの曲ばかり流す喫茶店アランフェス、飲み屋多楽福、いろり、みみづく、スナックのイーグルや屋台店についてひとしきり語った後、詠嘆の調子で結んでいる。《いまの阿佐谷にはもう当時の熱気はない。〈ぽえむ〉はすっかりきれいになりおやじさんはたくさんのチェーン店をかかえる実業家になった。〈いろり〉はなくなり店はゲームセンターに変わった。〈イーグル〉にはもう〝テル・ミー〟は置いていない。〈吐夢〉もとうの昔になくなった。》[7]

平出隆は一九七二年春から阿佐谷の下宿に住み始めた。喫茶店では北口広場の向こうにあったベルク、欅並木の中杉通りにあった茜舎、西友裏のあじさい、ゴールド街の可否茶館によく行った。スパゲティのうまかった毘沙門。飲み屋では鈍我楽、ランボオ、桃園、案山子。

《一九七三年のオイルショックからはじまる数年間の自暴自棄の季節で、そこにいる連中はだれも、まともな市民生活を憧れない、という点で一致しているのだった。すぐに歌と踊りと馬鹿笑いになった。木のテーブルを片して、ロックンロール大会にはじまり、ハイサイオジサンから、暗黒舞踏もどきまで。歌は、歌われぬ歌手がないほどだった。あっというまに夜が明けて、いくら、と聞くと氷代三百円、というようなこ

とがしょっちゅうあった。あの店も、あの季節の終りとともに、あっけなく消えてしまった。[8]》

燃えていた時代はいつか終り、熱気を受けた人々の内面でのみ、その火はくすぶり続ける。昭和六一年（一九八六）一二月、山内豊之急逝。享年五二。


［1］山内豊之『実録珈琲店経営』明日香出版社、一九七四年。

［2］プチは昭和二〇年代末頃に阿佐ケ谷駅南口の川端通りに開店した一坪ちょっとの店。北口スターロード入口近くに移転後、さらに少し西へ移った（永島慎二『阿佐谷界隈怪人ぐらいだあ』旺文社文庫、一九八四年）。二〇〇八年閉店。

［3］『高円寺フォーク伝説展』杉並区立郷土博物館、一九九六年。

［4］ブログ「ｏｋａｔａｋｅの日記」二〇一七年一〇月一三日。第一五回「中川フォークジャンボリー」のトークより。

［5］「若者たち」は一九六八〜七〇年『漫画アクション』連載。単行本『若者たち』双葉社、一九七三年。『黄色い涙』青林堂、一九七六年にも収録され、二〇〇六年にマガジンハウスから再刊されている。ＮＨＫ銀河テレビ小説「黄色い涙」は一九七四年放送。

［6］当時、下高井戸店の店長だった田村治芳の語るところによれば、山内は、豆の質、焙煎、抽出にこだわった。ドリップで一杯ずついれるというのもその表れだし、チェーン店化を目指したのも、良い豆を確保し独自の焙煎を業者に要求するためで、量を注文すれば、発言力が増す、だから

同志を募った、というのである。ぽえむが誇ったのはジャーマン・ローストの強いのがフレンチ、弱いのがアメリカン。その他種々の豆を用意し「百種類のコーヒー」を売り文句にしたそうである（直話）。

［7］川本三郎『雑沓の社会学』ちくま文庫、一九八七年。

［8］平出隆「青春めいた、あの季節。」『東京人』東京都歴史文化財団、一九九五年一一月号。

うたごえ

昭和二三年（一九四八）、関鑑子《あきこ》によって共産党系の青年労働者を中心とした中央合唱団が創設された。労働組合員や職場のサークル仲間が昼休みなどにコーラスを楽しもうという主旨でスタートし、昭和二七年（一九五二）より全国大会「日本のうたごえ祭典」を開催する。それは全国勤労者音楽協議会連絡会議（労音）とともに戦後の大衆的な音楽普及において大きな推進力となるばかりでなく、原水爆禁止運動と結びつき、平和運動としても発展を見せることになる。関は東京音大卒の声楽家だが、戦前はプロレタリア芸術運動に参加していた。窪川稲子は、昭和二年（一九二七）、淀橋角筈の日本プロレタリア芸術家連盟（プロ芸）本部の木造洋館で関鑑子の指導により「インターナショナル」[1]や「にくしみのるつぼ」を中野重治ら大勢の仲間とともに歌ったことを記憶している。

昭和三〇年（一九五五）一二月、関が国際スターリン賞を受賞したのを切っ掛けとして、うたごえブームが到来した。歌のテキスト『青年歌集』は昭和二三年（一九四八）から四四年（一九六九）にかけて一〇集が発行されており、昭和二八年（一九五三）頃には隠れたベストセラーとささやかれていた。[2]

うたごえ喫茶として有名な灯《ともしび》は昭和二九年（一九五四）一一月、西武新宿駅前に第一号店を開いた。元はロシア料理を出す食堂だったのが、ロシア民謡のレコードに合わせて客が合唱することから、アコーディオン奏者を雇い、うたごえ喫茶に切り替えたのである。その頃から、うたごえのブームに乗って、うたごえ喫茶は全国におよそ二〇〇軒、都内に二〇軒ほどが開業したという。[2]

清水雅人はこう書いている。

《スプートニクの打上げで、ますます盛んになったソ連ブームに、すっかり悦に入っているのが、うたごえ喫茶である。数年前までは、せいぜい「どん底」の三階あたりで、アコーディオンの伴奏で歌われていた「青年歌集」が、西武新宿線の乗り入れで新興盛り場となった歌舞伎町近辺に、みるみるうちに広がってしまった。以前「オーレニカ」と云うロシヤ料理店のあった所に、「ともしび」が生まれ、その附近に、「カチューシャ」や「蟻」が開店した。左翼系の学生ばかりではなく、歌の好きなお嬢さん方も、無心に歌っているようだが、青春のはけ口としては、健康的で良いのかも知れない。[3]》

右上　関鑑子編『青年歌集』(1953)。左上から順に『灯歌集』、『カチューシャ愛唱歌集第4集』、『白十字歌集4』、『炎歌手1・2合本』

スプートニクはソ連の人工衛星。昭和三二年（一九五七）、打ち上げに成功し西側陣営に大きな脅威を与えた。灯は昭和三四年（一九五九）にビルを建て、渋谷、新宿コマ劇場裏に支店を出すまでになっている。清水の言葉通り、うたごえ喫茶の客層は若い労働者や学生が多かった。歌集はロシア民謡「灯」「トロイカ」「カチューシャ」「郵便馬車の馭者だった頃」「がんばろう」、他に「フニクリフニクラ」「国際学連の歌」などが並んでいた。客たちの風体にも歌声スタイルと呼ばれるものがあり、腕捲りしたカーキ色のシャツ、ビロードのルバシカを着ている者もいた。五木寛之は、

《要するにナロードニキ風であり、レジスタンス風《ゆんで》であって、歌う歌もロシア民謡が中心であった。右手《めて》にアラゴン、エリュアール、左手にチエホフ、ゴーリキイ、中には気取って「ヴォールガ・ヴォールガ・マーチ・ラドゥナーヤ・ヴォールガ・ルースカヤレカー……」などと怪しげなロシア語でリードをとる恰好良い野郎もいたものだ。》[4]

と回想し、彼らの時代には合唱によって自由と平和のための戦争と革命に対する一種の悲劇的な高揚感による連帯が生まれた、うたごえは一つのシンボルであり、心情のメッセージであり、自己陶酔的なフェティシズムの対象だった、と分析している。

新宿には灯の他にカチューシャ、エルベ、牧場、どん底などがあり、うたごえブームを支えている感があった。ただ、左翼の分裂錯綜、急激な経済発展などとともに、うたごえの性格も変化せざるを得なかったようだ。例えば、一九六〇年代、新宿における若

者の一日は次のようなものだった。昼、喫茶店風月堂でクラシック音楽を聴きながらサルトル、カミュを語る。しゃべり疲れると、新宿駅東口前の芝生辺りに寝そべって、シンナーに耽っているフーテン連中に仲間入りする。夕方になると、どん底で世界の民謡や歌曲を歌いまくり、深夜にはジャズ喫茶キーヨへ。そこで嘆息、「ああ、今日も一日、俺は一体なにをしていたんだ！」[5]。

新宿風月堂もきわだった店である。

《新宿三越裏の「風月堂」は午前十時開店前から御常連が待っています。ドアがあくととび込んで三〇円のコーヒーを注文します。夜の七〇円のコーヒーが朝三〇円で飲めるのです。レコードのコレクションはグレゴリアン聖歌から電子音楽まで、（中略）毎月一回のコンサートにレヂの美人の前にある小さなパンフレットCHAMBRE DE L A POESIE MUSIQUE（表紙デザイン杉浦康平、編集人清水雅人）に書いてあります。秋山邦晴氏の解説で意欲的な作品を紹介している。又このパンフレットは前衛詩人達のひとりごと発表の場にもなっていて、時たまキラリと光る本物にもお目にかかれる事がある。客は学生さんとか音楽家、新劇俳優、作家、詩人その他もろもろの一くせありげな皆々様、壁にくっついてうずくまっている。中には朝は風月で顔を洗い歯をみがき夜の十一時まで音楽をききっぱなし、一体この人いつメシ食うのかと心配したくなる人や、レジ交代のすきまを巧みに利用してジンを十一杯も飲んで消えうせるツワモノ

も来る。（中略）二階も半分以上は一階からの吹抜けになっていて音の空間をひろげているきわめて開放的な設計だ。》[6]

風月堂の大壁面に小山田二郎の代表的な油絵「ピエタ」（一九五五）が掛かっているのを見てショックを受けたのは学生時代の三木卓である。

《当時の風月堂は、入って右側だけに二階席があり、大部分の左側は天井まで吹き抜けになっていた。壁は布張りだった。吹き抜けになった大壁面に「ピエタ」をはじめとする小山田の絵の数々が飾られていた。二階から見るととても効果的だった。》[7]

新宿風月堂は、新宿駅東口（中央東口）をまっすぐ行った通りの右側にある、けっこう大きな喫茶店だった。若い芸術家やその卵たちの溜まり場としても使われていた店で、山崎朋子がウエイトレスをしており、客には松山樹子、岡本太郎、野坂昭如、五木寛之、小田島雄志、天本英世らの顔があり、堀川正美ら『氾』（一九五四年創刊）の詩人たちの木曜会も毎週持たれていた。山崎朋子は上笙一郎とここで出会って結婚した。[7] 島岡晨は寺山修司から《新宿のジャズ喫茶「風月堂」でお会いしたい。青いシャツを着て、手に「短歌研究」誌をもっているから》という手紙をもらったという。[8]

北園克衛がディレクションしていたVOU形象展も、第一三回から第二四回展（一九五九～六二）まで、東京では風月堂で開催されていた。音と声による詩、シネポエム（映画）なども開発され、最も勢いのあった時代である。

《第一回展から三年を経て「音と声による詩」が発表された。第十五回の会場、東京・風月堂。若者文化の発信基地でもあった音楽喫茶のギャラリィ。制作発表は、大学を終えたばかりの長谷部行勇、元木和雄、若き先輩の清水雅人ら。発案は北園さんである。それは、たとえばオモチャの笛や時計のチクタク、電話のベル、ドアのブザー、コップをたたいたり、ほっぺたを鳴らす音とか、ジャズの連続音などを素材にしてつくられた。（中略）時間は一編八分から十五分。プラス、マイナス両面の反響もあり、その後も岡部美民を加え、風月堂での発表がつづく。これらはすべてオープン・リールのテープ再生の方法によっていて、生の朗読はなかった。》[9]

新宿風月堂は戦後アヴァンギャルドを育んだ希有な喫茶店だったようである。[10]

一九六〇年代の終焉がうたごえブームの終りでもあった。七〇年安保闘争以後、労働大衆はその変質を明瞭に示し始め、革命思想そのものもテロリズムとしての相貌しか見せなくなる。要するに、人々は豊かになったのである。再び五木寛之の言葉を借りれば、六〇年代末のうたごえ喫茶からロシア民謡が消え、当世風の健全な少年少女《いわば青少年の中の人生派》ともいうべき若者たちが集まっては「夜明けのスキャット」「白いブランコ」「長崎は今日も雨だった」「ブルーライト・ヨコハマ」「港町ブルース」など、恋の歌を中心に、歌曲ではなく歌謡を歌う場となってしまった。《政治やイデオロギーは抜きなのである。右も左も真中も一切ぬきで、ただひたすら歌を歌として食物のように無造作にのみこんでしまう恐るべき健康さ》[4]がひどく印象的だった、ということになる。

中上健次は、昭和五三年（一九七八）のニューヨークで、ジャズとクスリに浸りきりだった六〇年代を回想している。中上が友人とうたごえ喫茶の前を通りかかったとき、その男がこういった。「オレよ、いっぺんでもよ、こんなにして歌ってみたい」。《その時はみんな歌声喫茶などで大声で「ガンバロウ」とかロシア民謡を歌う連中はウジ虫以下、朗々とした歌声を聞くと反吐が出ると思っていたので、その言葉が奇異に聞こえたが、それから十年ほど経った今、私、アイツのその言葉、分かる。》[11]

ジャズ喫茶派とうたごえ喫茶派の間には見えない壁があったようだ。それらのいずれもが過去のものとなって初めて、中上の中でそれらの持つ意味が形を成して来る、そういうことであろうか。灯一号店は昭和五二年（一九七七）に閉店したけれども、そこから派生した活動は今も続いている。灯は消えていない。

[1] 佐多稲子『夏の栞 中野重治をおくる』新潮文庫、一九八九年。
[2] 山本徹美「「現場」を歩く 新宿、今も続く〝歌声喫茶〟」『週刊ＹＥＡＲ ＢＯＯＫ 日録20世紀 １９５４』講談社、一九九七年一二月二日号。『「うたごえ」運動資料集』金沢文圃閣、二〇一六年。

［3］清水雅人「新宿」『机』紀伊國屋書店、一九五八年二月号。西武新宿駅の開業は一九五二年三月二五日。

［4］五木寛之『にっぽん漂流』文春文庫、一九七七年。

［5］井ノ部康之『新宿・どん底の青春』朝日新聞社、一九九二年。

［6］清水雅人「東京の喫茶店」『机』紀伊國屋書店、一九六〇年一二月号。創業者は横山五郎、昭和二一年（一九四六）開店、昭和四八年（一九七三）八月三一日閉店。風月堂の《早朝割引三十円》については五木寛之も記憶している（『デビューのころ』集英社、一九九五年）。エディトリアルデザイン研究所の松本八郎によれば《毎週金曜日に（確か夜一〇時から）秋山邦晴の新著レコード紹介。ジョン・ケージなどの訳の判らないミュージック・コンクレートを判ったふりして毎週通っていたのも懐かしく。金坂健二と知り合ったのもココ、よく蠍座に連れていかれ、アングラ映画にいっ時夢中になっていました。風月堂の絵の審査をしていたのは江川和彦先生。店が終った深夜、時折手伝わされたこともありました》（二〇〇二年二月付私信）。金坂健二は映画評論家、写真家。江川和彦は美術評論家、武蔵野美術大学教授、風月堂画廊で新人の企画展を一〇年余り続けた。

［7］三木卓「わが青春の詩人たち13　新宿風月堂をめぐる日々」『図書』岩波書店、一九九九年九月号。

［8］嶋岡晨『詩人という不思議な人々』燃焼社、一九九九年。

［9］高橋昭八郎「壁のページをひらく　VOU形象展」『彷書月刊』二〇七号（二〇〇二年一二月号）、弘隆社、二〇〇二年一一月。藤枝晃雄の回想に《新宿に風月堂という喫茶店があって、美術家や音楽家がよく集まっていたんですが、そこで詩画展をやりました。僕と金子真珠郎という作家

です。いい画家でした。金子さんが絵を描いて、僕が詩を書いた。それはいい詩なんです。いっぱい出しましたね。水尾比呂志さんも出したと後で聞きました。先ほどの渡辺恂三が絵を描いていました。その音頭を取ったのが寺山修司なんです》とある（藤枝晃雄オーラル・ヒストリー 二〇一〇年一月三〇日「日本美術オーラル・ヒストリー・アーカイヴ」）。

［10］山口守「風月堂物語 元支配人の回顧する新宿風月堂の二十八年」（『ユリイカ』青土社、一九八七年四月号）によれば、昭和二一年（一九四六）から四八年（一九七三）まで三越新宿店の裏で営業した。創業者横山五郎は兄のパン工場で作ったケーキを販売するために新宿の焼跡で開店した。喫茶に力を入れ、学生時代に集めたSPレコードを手回し蓄音機でかけた。昭和二四年（一九四九）夏に改装、《客席九十を擁し、天井には豪華なシャンデリアが輝き、白い円柱、浮彫のある漆喰の壁になった》。SPからLPへ、輸入レコードがどんどん増え、白壁には油絵が次々にかけられた。昭和三〇年（一九五五）再び改装、《前面は総硝子張り、中二階を間に恐ろしく高い天井、柱や桟は生地の色のコンクリートの打ちっぱなし、オブジェ風の石のテーブルをまじえて所せましと並べられた椅子や丸テーブル、木柵を櫛目のようにはめこんだ広い壁面、ブロックを積み上げただけのカウンターという、新進建築家増沢洵氏の当時としては画期的とも前衛的とも思える建物》になる。前衛絵画や抽象絵画の個展を企画し、バロックや現代音楽のコンサートも定期的に開いた。東京オリンピック（一九六四）のころから状況は変わりはじめる。外国人や過激な学生たち、そしてフーテンが頻繁に出入りし長居するようになる。近隣のビルの高層化、水商売の店が増えるなど、風月堂を取り巻く環境は変わってしまい、ついに一九七三年八月三一日をもって閉店にいたった。

［11］中上健次『破壊せよ、とアイラーは言った』集英社、一九七九年。

戦後喫茶店の概観

敗戦直後、人々は甘味とコーヒーに飢えていた。しかしそれらは容易に手に入るものではなく、進駐軍か流出したヤミ物資あるいは戦時中に隠退蔵された食品などのなかにわずかに含まれるだけであった[1]。

石川淳の小説「黄金伝説」の主人公は、焼跡の東京で三つの願いを抱いている。一つは腕時計を修理すること、一つは戦闘帽を捨てて別の帽子を求めること、そしてもう一つは心を寄せる女性に再会することである。前二者は案外と簡単に成就し、すっかり満ち足りた気分になったとき、俄然コーヒーを飲みたいという欲求が起ってくる。《わたしはすぐ省線電車に乗つて横浜に来た。そこの焼跡のバラック店のことは、きのふひとに聞いたばかりであつた。わたしはそのバラック店の片隅で、コーヒーとたばこのけむりの中にただよつた[2]》

コーヒー一杯のために省線（ＪＲの前身）で横浜まで出掛けなければならない時代、

ある意味では、純喫茶以上に喫茶店が純粋だった時期なのかもしれない。[3]

敗戦後数年もすると、世情はやや落ち着き、徐々に生活が改善され始める。昭和二四年(一九四九)に酒類の統制撤廃、二五年(一九五〇)にコーヒー豆輸入と味噌醤油の自由販売再開、二七年(一九五二)に砂糖、小麦粉の統制撤廃、二九年(一九五四)にパンの量産開始。ようやくこの頃から喫茶店は単に渇きをいやすためだけの存在ではなく、休息、商談、待ち合わせ等、社交の場としての機能を取り戻す。ビジネス街にできたビジネス喫茶、ステレオ装置を備えた名曲喫茶、テレビ喫茶、[4]美人喫茶、[5]変わったところでは禁色喫茶[6]なども出現し、戦後第一次の喫茶店ブームとなる。

さらに昭和三五年(一九六〇)にコーヒー豆の輸入が完全自由化され、森永製菓がデンマークのプラントを導入して国内初のインスタント・コーヒーを製造販売し始める。翌年にはインスタント・コーヒー、コカ・コーラの輸入が自由化される。昭和三七年(一九六二)、東京の人口は一〇〇〇万人を突破。三九年(一九六四)、東京オリンピック。「喫茶・軽食」という看板が全国的に目立つようになり、内容は均質化する。とともに種々の付加価値を競う店もまた増えていった。サイフォン式のコーヒー店が人気を呼び、同伴喫茶[7]が盛況となり、深夜喫茶、[8]ゴーゴー喫茶[9]が現われた。第二次喫茶店ブームである。

倉橋由美子「聖少女」(一九六五)に登場する喫茶店は一風変わっている。店内は修道院風で暗く陰惨、ボス、ブリューゲル、デルヴォー、ダリの複製画がかかり、魔女のようなホステスと両性的な美青年のボーイがいる。ブレンドとトルコ風コーヒーが二〇〇円、デミタスが一〇〇円、クロワッサン付カフェ・オ・レが一五〇円。営業は午後三時から翌日の日の出まで。[10]こんな店が現実に存在しても不思議ではない時代に入っていた。

昭和三三年（一九五八）のチキンラーメン登場とダイエー神戸三宮店オープンはその後の日本人の食生活を決定する重要なできごとだった。外食が頻繁になり、外食産業が急成長するとともにインスタント食品、レトルト食品も相次いで発売された。ラップ（一九六〇）と電子レンジ（一九六五）が現われ、冷蔵庫は大型化。飽食の時代が訪れた。フリーズドライのインスタント・コーヒー（一九六六）、缶コーヒー（一九六七）も発売される。この頃、電話喫茶[11]が登場。ケンタッキーフライドチキン第一号店（一九七〇）ができ、そしてマクドナルド第一号店（一九七一）も。ハンバーガー八〇円、コーヒー五〇円。一方で食のインスタント化への反動ともいえる本物志向も強まった。コーヒー専門店[12]が流行し、昭和五〇年（一九七五）頃にピークとなる。また昭和四八年（一九七三）にフィリップスが家庭用コーヒーメーカーを発売。五年後にはミル付になる。この前後からアメリカン・コーヒーが女性を中心に人気上昇。[13]紅茶専門店も増え始める。昭和五三年（一九七八）から翌年にかけてゲーム喫茶激増、昭和五六年（一九八一）にはノーパン喫茶[14]も話題となった。

昭和五七年（一九八二）、通産省がまとめた商業統計速報によると、全国の喫茶店数は一六万余でピークを示している。大阪府が二万三三〇〇でトップ、東京都は二万二四一、兵庫県は一万三三、京都府は五四一六である。

一九八〇年代後半、日本は空前のグルメ・ブームへ突入した。その結果、喫茶店は高級か立ち飲みかという二極化の傾向を示すことになった。原宿駅前にドトールコーヒーが第一号店を出すのが昭和五五年（一九八〇）、大阪梅田へ進出するのが昭和六〇年（一九八五）、コーヒー一五〇円。対して神戸のにしむら珈琲が北野坂店を会員制としたのは高級志向の好例である。バブル期の土地価格高騰によって中間的な性格の喫茶店は淘汰される運命にあった。店舗数もピーク時と比較しておよそ五万軒減少。中野翠は《私の愛したクラシック喫茶『麦』が、なんと某宗教団体の集会所（?）に変わっていたのだ！》[15]と歎いたが、これは昭和六三年（一九八八）を象徴する現象である。昭和の終焉は喫茶店の終焉でもあったのか。

喫茶店を取り巻く状況はバブル経済崩壊後も好転していない。ただ、グルメ・ブームを通過することによって日本人の味覚経験そのものはかなり豊かになった。平成八年（一九九六）に米国最大手のチェーン店スターバックスコーヒーが銀座に第一号店をオープンし、エスプレッソ、ラテなどを売り物として営業展開できたのも、イタリア料理（イタめし）の流行を抜きには考えられないだろう。本格インド料理の普及がチャイを一般化しているのと同じである。またファーストフード店がインテリアやコーヒーなどの質を高めたことも九〇年代の動向を明敏にとらえている。おそらくバブル以降の消費者はこれまでで最もシビアになっている。舌は肥え、財布は固い。そう考えると、どうやら、本物のブラジル・コーヒーとドーナツをそれぞれ五銭で提供したカフェーパウリスタの時代にまで立ち返ったと判断できるようである。あるいは、そこが喫茶店の原点なのかもしれない。[16]

［1］昭和二二年（一九四七）四月の「群馬コーヒー事件」がよく知られている。戦時中に隠退蔵されていたコーヒー豆が不当に高価に払い下げられ、混乱を引き起こした（関口一郎『新装 銀座で珈琲50年 カフェ・ド・ランブル』いなほ書房、二〇一二年）。

［2］石川淳『黄金伝説』河出文庫、一九五五年。

［3］昭和初期にカフェーなどの女給がサービスする風俗営業店と区別するために用いられ始めた名称。甲斐好知「喫茶店繁昌時代」によれば、純喫茶は《一切お酒を出さない女の子のゐる喫茶店》で、純喫茶に酒類を加えたものが普通喫茶、これらの店の女の子は注文品を運ぶだけだそうだ。女の子が客の側へ腰掛けて酒の酌をしてもよい店を特殊喫茶と呼び、学生の出入が禁止されていた（『サンデー毎日』毎日新聞社、一九三八年一月二三日号）。

［4］昭和二八年（一九五三）二月一日、NHKがテレビ放送を開始した。当時受像機は一八万円。コーヒーは三〇円前後。いち早くテレビを設置した喫茶店では「テレビ有ります」「プロレス受像

中」などのビラを出し、立錐の余地のないほどの盛況となった。常盤新平は《ユタには夜もしばしば来る。コーヒーを注文して、プロレスやプロ野球のテレビを見るのだ。プロレスや野球の放送があるときは、わりに小さなこの喫茶店はぎっしり満員になる》(『遠いアメリカ』講談社文庫、一九八九年)と記している。

[5] 昭和二八年(一九五三)に伊東絹子がミス・ユニバース世界第三位になったことで八頭身ブームが起こり、美人喫茶が出現した。ウエイトレスの身長は一六〇センチ以上。銀座の田園、コンパルなどが有名で、五分おきに立ち位置を変え、客とは言葉を交わさないのが普通だったが、コンパルではズラリと並んだウエイトレスが深々と頭を下げて「いらっしゃいませ」と客を迎えた。つげ義春は昭和四〇年(一九六五)頃、錦糸町のコンパルに通いつめたことがある。《私は女店員に片思いをし、食事を一食減らしてまで通っていた。(中略)コーヒーは七〇円が普通で、コンパルの九〇円は美人喫茶なので高かった》(「苦節十年記」『つげ義春全集』別巻、筑摩書房、一九九四年)。八重洲口のスターファイターは元ミス〇〇という女性を一五人そろえていた。銀座三原橋のプリンスは日活女優和泉雅子の店として人気があった。新宿歌舞伎町のローザは美人二〇人、席に呼ぶとコーヒー代金が倍になった。そういう店はとくに「ご指名喫茶」と呼ぶ(五木寛之「美人喫茶は昔の夢」『本の旅人』角川書店、一九九七年五月号。森本一成『足で集めた喫茶店ガイド』文芸出版、一九六七年)。

[6] 三島由紀夫『禁色』(第一部一九五一年、第二部一九五三年、新潮社)から。美少年愛好者が集まる店。銀座五丁目ブランズウィックが『禁色』に登場するルドンのモデル。大きな熱帯魚の水槽、闘牛のポスター、ソンブレロ、オートマティックプレーヤーがあり、昼間は喫茶店、夜は一

階がバー、二階がクラブとなる。暮どきになると美少年たちが出勤、二階へ上がって行くのを待ちかねた客が後を追う。二階はボックスシート、ピアノ・トリオが陣取り、中央はダンスフロアになっていた。煌々たる照明の下で客と美少年は堂々と唇を合わせ抱き合っている。三島も常連だった（野坂昭如『赫奕たる逆光』文春文庫、一九九一年）。新宿にも三島が現れるので有名な店があった。ジェラール・フィリップばりのハンサムなボーイがいて、客はいずれも中年のジェントルマンばかりだった（清水雅人「新宿」『机』紀伊國屋書店、一九五八年二月号）。

［7］シートがロマンスシートで白いシーツをかけたアベック用の喫茶店。通常一階が普通席で二階が同伴席になっている。利用客の少ない上階を同伴席にして空席を少なくしようという目論見で始まった。同伴席が人気になるとアベック以外お断りという店も増えてくる。新宿ではリーベが元祖。ボーイに導かれて席に着くまで、目に入る光景はキス、キス、キスというありさまだった。関西個室喫茶は衝立で仕切ったコーナーがあり、変わり種のローソク喫茶ではアベック専用の暗いボックス席にローソクを灯し、燃えつきるまで約四〇分利用できた。特二喫茶、デート喫茶、アベック喫茶などという呼び方もされた。

［8］昭和四一年（一九六六）頃より流行。喫茶店の深夜営業禁止により、飲食店営業許可を取って軽食、酒類を出す店。東京ではスナック、大阪ではサパークラブと呼ぶ。木村荘八は《渋谷の食傷新道は、――誰がどうして付けたか「恋文横丁」としゃれた名がある。――夜更けてますますこうこうたる活気である。（中略）この記を草した頃、三年前には、まだ「深夜喫茶」の名は、今程に喧ましくなかった。昭和三十三年十月誌》としている（『木村荘八全集』第四巻、講談社、一九八二年）。《コーヒー代六、七〇円で一晩ゆっくり楽しめる場所》だった深夜喫茶店は、昭和三四年

（一九五九）五月一日から風俗営業取締法改正により、廃業するか、風俗営業に切り替えざるを得なくなった（『日本珈琲史』珈琲会館文化部、一九五九年）。

［9］一九六八年九月、新宿三丁目に開店したパニックが代表的な店。外装、内装は宇野亜喜良の蛍光イラストで埋められ、長尺の鏡のある吹き抜けのフロア、一〇～二〇代の若者が大音響のR&Bで踊り狂った。入場料は男五〇〇円、女三〇〇円（『話題の喫茶店』商店建築社、一九七〇年）。

［10］倉橋由美子『聖少女』新潮文庫、一九九〇年版。

［11］各テーブルに電話機を置いてビジネスマンの便を図った。一九六〇年代末から七〇年代初めに見られた。元祖、新宿の白十字は一階全ての客席に電話があり、料金は一括してレジで支払う方式だった。他にコピー機を設置したコピー喫茶もあった。

［12］茜屋珈琲店が神戸に開店したのが昭和四一年（一九六六）。一般のコーヒーが八〇円の頃、一三〇円でスタート、すぐに一九〇円にし、他に九九五円のコーヒーも出した。カウンター上に種々の高級陶磁器のカップを吊るし客の好みで選べるようにした。昭和四四年（一九六九）、心斎橋に店を出しコーヒー三九〇円の他、大倉陶園製カップ付四九五〇円を呼び物とする。翌年、軽井沢にも出店し九九〇〇円コーヒーをかかげた。常にジャーナリズムの注意をひいて成功した（『偲ぶ 茜屋珈琲店主人』茜屋珈琲店、一九九八年版）。コーヒー専門店の特徴としては、コーヒーの種類が多く値段が高い、食事は出さない、内装がこげ茶色の西洋民芸調で、古いコーヒーミルなどの小道具を展示し、コーヒーは注文してからたてる、など。流行した第一の理由は一般の喫茶店より粗利益率が高いからであった。

［13］昭和五三年（一九七八）六月、ゲーム機メーカーのタイトーが業務用テレビゲーム「スペー

スインベーダー」を発売。接近してくる五五匹のインベーダーを撃破してゆく単純なゲームだが、大人も子供もその電子音のとりことなった。一ゲーム一〇〇円なのに一台で月平均四〇～五〇万円を稼ぎ出したともいう。喫茶店、ゲームセンターだけでなく、いたるところに置かれていた。最終的には国内で類似品も含め五〇万台が製造されたとも。ブームが社会問題化し、昭和五四年（一九七九）に自粛が宣言されるとともに人気は急失速したが、テレビゲーム時代の幕を開いた意義は大きい。

［14］『京都新聞』一九八一年三月七日号によれば、前日の六日に大阪府警は大阪市内南区宗右衛門町の喫茶トップレスのウエイトレスA子（一七）を公然わいせつの疑いで逮捕した。A子は透けて見える下着一枚の姿で働いていた。喫茶店内にはポラロイドカメラ三台を置き、客はコーヒー代、フィルム代などとして二五〇〇円を払っていた。約二〇坪の店だが、一日平均一五〇人近い客で繁盛している。A子のアルバイト料は一日六時間で二四〇〇〇円。大阪のキタ、ミナミでは昨年一一月頃からこの種の喫茶店が増え始め、南署の話ではこの四ヶ月間だけで市内で新しく七〇店がオープンしている。ヘアがはっきり見えるなどの行き過ぎ露出は公然わいせつと判断して摘発に踏み切った。また『どのくらい大阪』（いんてる社、一九八四年）によれば、天王寺駅そば、ノーパン喫茶の元祖スキャンダルではウエイトレス一〇人が超ミニのスッポンポンスタイルでコーヒーを運んでおり、昼間から二〇人ほどの客がおっぱいやおしりを眺めて時間をつぶしている。コーヒーの値段は三九八〇円（午後三時以降六九八〇円）。午前一一時から午後一一時の営業で一日の客は三〇〇人。一日中ねばる客が必ず一人か二人いる。身をぷるんぷりん。わいせつとならないように顧問弁護士に相談しており「ギリギリのちょっと安

全めをいきます」とある。昭和二九年（一九五四）頃にはヌード喫茶と呼ばれるものがすでにあった。《話題を呼んだが、当局のお叱りをうけて、モード喫茶に転向した。／私たちが行ったのは、戎橋の下、もと蛎船を改造したものだった。中は薄暗くて、喫茶店の女の子がセーターにタイツをつけ、その上から薄いブラウス、スカートをまとい、壁からの照明で、シルエットを浮かび上がらせるものだった》（清水幸義「三度目の旅」『VIKING』三六六号、VIKING CLUB、一九八一年六月）。もっと遡れば、昭和初期のカフェー乱立時代にもエロサービスの過熱があり、ノーズロースや羽織サービスといったことが考案されていた（白木正光『大東京うまいもの食べある記』丸ノ内出版社、一九三三年）。

[15] 中野翠『東京風船日記』新潮文庫、一九九三年。

[16] 食関連事項については「戦後の食動向一覧／食の流れ（一九四五～六四）」による（日本経済新聞社編『「食」最前線 どう変わる食状況・食業界』学習研究社、一九八八年、所収）。本書初版では触れられなかった二〇世紀末から二一世紀にかけての喫茶店の様相を簡単に補足しておく。まず、ネットカフェの流行は逃せない。ネットカフェは一九九〇年代初め頃から登場しはじめ、ウィンドウズ95の発売とともに急速に普及した。一九七〇年代に誕生したとされる漫画喫茶と一体化し宿泊もできるようになるのは一九九九年頃から。世界最大をうたうイージーエブリシング一号店がニューヨークに開店したのは二〇〇〇年である。最新型のパソコン八〇〇台がズラリと並んだ。二〇〇六年、日本複合カフェ協会に登録していたのは一三二〇店で、都市部では宿泊利用者が増え「ネットカフェ難民」という言葉も生まれた（『朝日新聞』二〇〇〇年一二月一二日号、二〇〇六年一一月二日号）。そして、世界的にその特異性が注目されたメイド喫茶またはメイドカフェがある。

一九九〇年代にイベントの一種として始まり、二〇〇一年、常設店舗として秋葉原にキュアメイドカフェ、ひよこ家などが誕生したのが大流行のきっかけとなった（「FRIDAY DIGITAL」二〇一九年一月九日号）。メイド服姿の接客係が店舗を邸宅に見立ててメイドのように振る舞うのが特徴である。最盛期にはそこに集まるオタクたちの入店待ちの長い行列ができ、彼らのスラングである「萌え〜」が流行語大賞（二〇〇五）にも選ばれた。また、ブックカフェも今世紀的な営業形態であろう。その発祥は一七世紀アメリカに遡るとも言われるが、日本では二〇〇三年にＴＳＵＴＡＹＡが六本木ヒルズ内にブック・アンド・カフェの店舗をオープンして以降たちまち全国的に普及するに至った。書店と喫茶店、ともに店舗数を大幅に減らしつづけている業種が合体したわけだが、ある種のセレクトショップとしての個性を打ち出して互いの欠点を補い合っているとも考えられる。喫茶店ではなくカフェと呼ばれることも、その業態の微妙な変化がそこにこめられているのであろう。犬カフェ・猫カフェなども含め、多数・多様体こそ二一世紀の喫茶店の姿なのかもしれない。

解説日記

内堀弘

一月十五日（水）

林哲夫さんの個展を見に、渋谷の喫茶店ウィリアム・モリスに出かける。以前（というのは一九七〇年代のことだが）、大学がこの近くで、周りには小さな喫茶店がいくつもあった。クリエート、ドルフィン、スイス、ＯＡ、エル、砂丘、その頃行っていた喫茶店の名前は今でもすぐに思い出せる。宮益坂を上って青山通りとの交差点で信号を待っていると、見知った風景はもう何も残っていない。それでも、道路の交わる角度や、その上の空の拡がり方がちっとも変わっていないのに感心する。

会場で古本屋月の輪書林の高橋徹君と合流。久しぶりに三人で会おうと、昨年の暮れから約束していた。お客さんの小さな輪から林さんが抜けてきて「驚きました」と言う。一昨日、共通の友人の坪内祐三さんが急逝したのだ。一人で過ごすには辛い夜だ。三人で店を移して、遅くまで坪内さんの思い出話が続いた。

別れ際、「じゃあ、解説頼みますね」と念押しされる。印象深い夜に引き受けることになった。帰りの地下鉄で、この日を起点に日記で解説を書いてみようと思う。

一月二二日（水）

書架から『喫茶店の時代』を探すと、そこにいくつも付箋が貼ってある。この元版が編集工房ノアから出たのは二〇〇二年だから、もう二十年近くも使っている。「読む」ではなく「使っている」と書くのは、私にとっては事典だからだ。といっても、事典特有の妙な整合性はない。売れない詩人たち、新鋭の作家たち、無頼な絵描きたち、果敢な革命家たち。彼らの足跡を追えば、名脇役のようにいくつか喫茶店の名前がある。そんなときこの本を開いて、気がつくと読み込んでいた。なにしろ類書がないのだ。

この日は夕刻から坪内さんの通夜だった。早くに着くと、以前「彷書月刊」でお世話になった河内紀さん、坂崎重盛さんも直ぐにみえた。この雑誌は一九八五年から二〇一〇年まで続いた古本系のリトルマガジンで、私も起ちあげのメンバーだった。林さん、坪内さんともここで付き合いを深くした。林さんの本業は画家で、筑摩書房のPR誌「ちくま」の表紙も描いていたが（二〇〇九～一〇年）、「彷書月刊」では描き手ではなく、いつも書き手だった。小さな雑誌はずっと赤字で、それでも、これがなければ生まれなかっただろう繋がりを周りに拡げた。その豊かさが雑誌の「儲け」なのだろう。喫茶店も小さな雑誌も、そして古本屋も、そのへんはよく似ている。

二月一日（土）

付箋の貼っている頁を見ていると、ブラジレイロが目に留まった。もうずいぶん前、私はボン書店という小さな出版社のことを調べていた。昭和のはじめに、モダニズムの尖った詩集を出していたところで、やがて風花のように消えてしまう。その手がかりを探していたとき、「前線」（二四号・昭七年）というモダンな文芸誌を見つけた。その発行所が喫茶店のブラジレイロだった。ボン書店はここに広告を載せている。しかも、まだ最初の詩集を出す前で、つまり初めての広告が、既存の文芸誌ではなく、喫茶店が発行する雑誌だったのだ。若く無名な「ひとり出版社」が、時代の尖端をどこに見ていたのかがよくわかる。編集工房ノアからこの本が出たとき、知りようもなかったブラジレイロのことが書かれていて、私は興味深く読んだ。ところが、ちくま文庫版では、その部分がずいぶん加筆されている。あれから古書でも見ることがなかった「前線」についての詳細な記載や、京都店の内部の写真まである。加筆というより、この本は増殖しているのだ。

二月八日（土）

渋谷で写真家ソール・ライターの展覧会を見る。雨の日、硝子窓を流れる水滴ごしに、いつもの街や人の輪郭が滲んでいる。そんな作品の横に「神秘的なことは、馴染み深い場所で起こる。なにも、世界の裏側まで行く必要はない」とある。今日は、いい言葉に出会った。

林さんはこの本の「はじめに」で、これは「喫茶店の本ではない」、「ひとつのコレクション」だと書いている。林さんらしい言葉だと思った。コレクション（蒐集）の面白さは、蒐《あつ》めることで初めて見えてくる世界があるということだ。元々、蒐集はそれ自体が目的だ。たとえば、古い雑誌に載った喫茶店の挿絵や記事、誰かの回想に出てくる喫茶店の話など、それを見つけては切り抜き、あるいはメモして袋に入れていく。その破片がどんどん増え、分類され、あちこちで繋がりが生まれる。そしておぼろげに世界が姿を見せはじめる。いや、そうでなければ起ち上がらない世界がある。この本はそういう本だ。つまり、神秘的な本だと、言ってみたいのだ。林さんは「デイリースムース」という人気の書物ブログを長く続けている。日記も日々の出来事の蒐集だから、この人はつくづくコレクターということか。

二月二二日（土）

京都の三月書房が年内で閉店するという。寺町通りの小さな書店は、本好きに知られていたが、普通の佇まいで、よく雑誌が特集する「ちょっと素敵な本屋さん」というのではなかった。伝説の書店として、これからどう語られていくのだろう。

新宿にビレッジバンガードというジャズ喫茶があった。高校生の頃（一九七〇年頃）、私も何度か行ったことがある。記憶の中のこの店は街の食堂のような椅子とテーブルで、照明も蛍光灯だった。だから、下校途中の高校生でも気負わず入れたのだ。七〇年代を回想する本が出はじめると、ここは連続射殺魔永山則夫がアルバイトをしていて（エピソードの数々は本書にも詳しい)、激しかった時代の新宿を象徴する、つまり伝説の店になっていた。特別な印象はなかったから、私が覚えているのは別な店だろうと思った。今回のちくま文庫版ではここも加筆されていて(いや、増殖だった)、亀和田武さんの「(ビレッジバンガードは)本当につまんない店でした」という、あるトークイベントでの発言を紹介している。私もその日、イベントの会場にいた。終演後、亀和田さんに私の記憶の情景を話すと「それビレッジバンガードだよ。営業のサラリーマンがさぼって珈琲飲んでいたりしてね」と答えてくれた。ここで言う「つまらない」は、客がラリっているような「いかにも」な感じがなかったということだ。特別なことは特別な場所で起こるわけではない。むしろ、普通の、何げない場所が、時代の最前線になることもある。蒐集はそれも記録する。増殖に増殖を重ね、なんと贅沢な文庫本になったものかと思う。

ところで、このトークイベントに亀和田さんと一緒に登壇していたのが坪内祐三さんだった。二〇〇六年とあるから十四年前だ。昨日買った『小説新潮』の三月号に亀和田さんが坪内さんの追悼を書いていた。十四年前のことがついこの前に思えるのに、一カ月前はずいぶん昔のような気がする。

(うちぼり・ひろし　古書店「石神井書林」店主)

人名索引

店名索引

本書は二〇〇二年二月に編集工房ノアより刊行されたものを改稿しました。

ちくま文庫

喫茶店《きっさてん》の時代《じだい》　あのとき　こんな店《みせ》があった

二〇二〇年四月十日　第一刷発行

著　者　林哲夫（はやし・てつお）
発行者　喜入冬子
発行所　株式会社　筑摩書房
東京都台東区蔵前二―五―三　〒一一一―八七五五
電話番号　〇三―五六八七―二六〇一（代表）
装幀者　安野光雅
印刷所　明和印刷株式会社
製本所　株式会社積信堂

ISBN978-4-480-43645-0 C0195